经济合作与发展组织教育研究报告译丛
丛书总主编：张民选

# 为21世纪培育教师和学校领导者
## ——来自世界的经验

〔德〕安德烈亚斯·施莱克尔　主编
郭　婧　高　光　译
经合组织提交2012年教师专业国际峰会的背景报告

# 图书在版编目(CIP)数据

为 21 世纪培育教师和学校领导者:来自世界的经验/(德)施莱克尔(Schleicher, A.)主编;郭婧,高光译.—北京:北京大学出版社,2013.11
(经济合作与发展组织教育研究报告译丛)
ISBN 978-7-301-23372-6

Ⅰ.①为… Ⅱ.①施… ②郭… ③高… Ⅲ.①教师培训—研究②学校管理—领导者—培训—研究 Ⅳ.①G451.2②G47

中国版本图书馆 CIP 数据核字(2013)第 254282 号

书　　　名:为 21 世纪培育教师和学校领导者——来自世界的经验
著作责任者:〔德〕安德烈亚斯・施莱克尔　主编　郭　婧　高　光　译
策 划 编 辑:姚成龙
责 任 编 辑:王慧馨
标 准 书 号:ISBN 978-7-301-23372-6/G・3733
出 版 发 行:北京大学出版社
地　　　址:北京市海淀区成府路 205 号　100871
网　　　址:http://www.pup.cn　新浪官方微博:@北京大学出版社
电 子 信 箱:zyjy@pup.cn
电　　　话:邮购部 62752015　发行部 62750672　编辑部 62765126　出版部 62754962
印　　刷　者:北京富生印刷厂
经　销　者:新华书店
　　　　　　787 毫米×1092 毫米　16 开本　9 印张　136 千字
　　　　　　2013 年 11 月第 1 版　2013 年 11 月第 1 次印刷
定　　　价:24.00 元

未经许可,不得以任何方式复制或抄袭本书之部分或全部内容。
版权所有,侵权必究
举报电话:010-62752024　电子信箱:fd@pup.pku.edu.cn

# 总　序

随着全球化时代的来临、全球性问题的增多和全球治理需求的出现，政府间国际组织在国际关系中扮演的角色越来越重要，对世界各国的政治、经济、社会和文化活动的影响越来越大。在全球化的进程中，各国教育的改革发展也不再能闭关自守、仅仅关注国内问题、仅仅参照国内经验，而需要把握世界发展趋势、学习他国成功经验、甚至接受国际社会资金和技术支持。在此过程中，政府间国际组织的作用正日益提升，国际组织对世界教育发展的研究成果、为各国教育改革提出政策建议、发展理念与他国经验，正在成为各国教育政策制定者和实践者不可忽视的信息甚至依据。

我们已经看到，政府间国际组织在倡导先进教育理念、提供人力财力支持、提供教育实践案例、咨询各国教育决策等方面正在发挥越来越大的作用。比如，联合国教科文组织和经济合作与发展组织已经成为具有全球性影响的教育理念倡导者、教育信息传播者、教育政策研究者和教育改革推动者。它们提出的许多教育政策建议（"教育质量保障""学习型社会建设""教育财政投入超过GDP的4%"，等等）和全球教育倡议（如"全民教育""学会生存""教育国际化"，等等）已经有力地推动了世界很多国家的教育变革。

经济合作与发展组织（简称"经合组织"或"OECD"）最初只是一个由美国和西欧国家为战后重建而设的一个应急协作机构。20世纪50年代末，它完成了战后重建的任务，开始改组为一个政治经济组织。1961年它才正式启用"经济合作与发展组织"（OECD）这个名字。由于该组织当时全部由坚持市场经济、坚持西方民主的西欧北美富国组成，所以被戏称为"富国俱乐部"。随着美国对经合组织影响力的减弱和20世纪90年代"新欧洲国家"（原东欧转型国家）的出现，在美国的极力推荐下，经合组织又吸收了日本、澳大利亚、墨西哥和一批东欧国家，使经合组织的成员国增加到34个国家。今天，经合组织已经是国际政治、世界经济和科技创新等领域中都具有重大影响的国际组织。

而且，经合组织也已经成为一个在教育领域中影响巨大的国际组织。然而，在成立之初，经合组织并不关注教育事务。经合组织是随着"人力资本理论"的兴起，是随着教育对各国经济社会发展的影响剧增，才越来越关注成员国教育发展问题和世界教育发展趋势的。20世纪90年代以来，经合组织的教育司除了统计分析成员国的教育发展，每年出版《教育概览：经合组织指标》，还积极开展各种专题性、前瞻性的教育研究，形成一份份由专家撰写的决策咨询报告，供各国政府、教育决策者和实际工作者参考。教育体制、人力资源、高等教育、成人教育、终身学习、学前教育、教师教育、教育技术、高等教育国际化等领域，都已经受到经合组织的关注，并成为经合组织专家的研究专题。

经合组织擅长组织高效精致的大型跨国测试研究和国际数据分析。比如，经合组织从2000年所开始的"国际学生评估项目"（PISA）影响巨大，现已经吸引了近70个国家15岁学生的参与。经合组织希望以测试结果和比较分析，在数据分析的基础上分析各国存在问题、提供他国最佳实践经验、帮助各国制订以证据为基础的教育政策，促进各国基础教育的公平而卓越的发展。近年来，它还相继组织了已有24国参加的"国际教学调查"（TALIS）、17国参加的"高等教育学习成果测试"项目（AHELO）和"国际成人胜任能力测试"（PIAAC）。这些大型跨国测试研究以及在这些测试基础上形成的大量研究报告，不仅为经合组织成员国，也同时为其他参与国和世界各国，提供了难得的教育改革信息、理论、案例和证据，为世界各国的教育改革和发展起到了引领性作用。

中国的教育改革和发展需要关注其他发展中国家的经验和教训，更要吸收和借鉴发达国家的经验和教训。发达国家已有的成功经验和最新理念值得我们认真研究和借鉴，而发达国家目前已经存在或者面临的问题，也可能是我们未来发展中可能遭遇的问题和挑战。正是在这个意义上，上海师范大学国际与比较教育研

# 总　序

究中心决定连续性地翻译出版经合组织的研究报告，形成"经济合作与发展组织教育研究报告译丛"，为我国的教育研究者、实践者和政策制定者提供可资借鉴的教育理念、经验、教训和方法。

长期以来，上海师大国际与比较教育研究中心（简称"CICE"）和经济合作与发展组织的教育司保持着密切联系。本中心的成员很早就开始跟踪研究PISA，主持和参与了上海2009年PISA测试。2011年本中心举办了"国际组织与教育发展"高峰论坛，邀请了联合国教科文组织、世界银行、经合组织、欧盟、国际教育局、国际教育规划研究所及国际终身学习研究所的高层官员和专家学者，"PISA之父"、经合组织教育司副司长安德烈亚斯·施莱克尔（Andreas Schleicher）也亲自到会并作讲演。在施莱克尔先生的支持和协调下，经合组织授权上海师大国际与比较教育研究中心翻译经合组织教育研究报告，我们在此对经合组织赠与版权深表感谢。

当前，"教师专业发展、提升教师质量"已经成为提高基础教育质量的关键，成为世界各国和国际组织的一大共识。为此，我们首先翻译出版的这四份研究报告，都与教师专业发展有关。我们真诚地感谢全国教育规划办、上海教育委员会、以及上海师范大学内涵建设项目对"一流学科""高校智库"建设的资助，为我们的翻译工作和出版印刷提供了不可或缺的财政支持。我们还要感谢北京大学出版社，你们的大力支持使得本套译丛能顺利出版，北大出版社各位编辑认真负责的态度令我们感动。以后，我们还将继续按专题翻译经合组织的教育研究报告，并将委托给北京大学出版社出版。

参与这第一批研究报告翻译工作的多为本中心的教师、博士后和博士生。由于我们学识粗浅，兼之时间较紧，因此，尽管我们付出了时间和心血，在翻译过程中仍会有些疏漏之处，恳请读者朋友批评指正。

最后，我们真诚希望，经合组织的教育研究报告能成为我国教育工作者认识发达国家教育发展的新窗口，并能为我国的教育改革提供理论指导和实际帮助。

教育部国际教育研究培育基地<br>
国际与比较教育研究中心主任<br>
张民选<br>
2012.12

# 前　言

世界各国都在为更好地培养年轻一代适应21世纪生活和工作的更高教育需求进行着广泛的改革。

在这个快速发展变化的世界里，什么是年轻一代需要的技能？什么是教师所需的用于有效传授年轻人必备技能的能力？教师培训和后续专业发展为即将毕业的师范生做些什么，才能使他们在21世纪课堂中悉心教学？21世纪学校领导者的角色和责任有什么不同？世界各国如何成功地培育这些领导者？

要回答这些问题，我们需要对教育系统的很多方面进行反思：招聘系统的质量；新教师入职前接受的教育类型；如何监管这些新教师，为他们提供怎样的教育与支持；如何对他们进行结构化补偿；如何改进不合格教师的表现，并促进优秀教师的发展。

为了帮助政府有效地解决这些问题和其他关键事宜，将教师和学校领导者置于大力改革的核心位置，美国教育部、经济合作与发展组织和国际教育协会邀请各国教育部长、工会领袖和其他教师领导者共同参加2012年3月举办的第二届教师专业国际峰会。本书概述了峰会的支撑证据，通过数据分析和经验分析，为优质生活制定更好的教育政策。

安吉尔·葛利亚

经济合作与发展组织秘书长

# 致　　谢

　　本书由安德烈亚斯·施莱克尔（Andreas Schleicher）经与教师专业国际峰会的协办单位磋商后编写，峰会的协办单位包括美国教育部、国际教育协会、全美教育协会、美国教师联盟、全美州立学校首席官员委员会、美国亚洲协会、纽约公共电视台（WNET-TV）和全美教学专业标准委员会。本书主要是在经合组织的数据统计和比较分析基础上撰写的。第一章是由Beatriz Pont起草，并与Pauline Musset、Andreas Schleicher、Diana Toledo Figueroa和Juliana Zapata合作编写。第二章由David Istance、Stephan Vincent-Lancrin起草，并与Dirk Van Damme、Andreas Schleicher和Kristen Weatherby合作编写。第三章是由Andreas Schleicher起草，并与Dirk van Damme和Pauline Musset合作编写。

# 目 录

导　　言 ................................................................................ 1

第一章　发展有效的学校领导力 ............................................ 1
　　学校领导力的变化概况 ................................................ 1
　　支持、评价和发展教师素质 ........................................ 7
　　目标设定、评估和问责 ................................................ 8
　　战略资源管理 ................................................................ 9
　　超越学校围墙的领导力 .............................................. 10
　　分布式领导力 .............................................................. 12
　　为明天的教育系统发展领导力 .................................. 14
　　选拔合适的候选人 ...................................................... 17
　　培训的有效性 .............................................................. 19
　　培训的类型 .................................................................. 20
　　职前培训项目 .............................................................. 22
　　入职培训项目 .............................................................. 23
　　在职进修项目 .............................................................. 24
　　对学校领导者的考核 .................................................. 24
　　本章小结 ...................................................................... 25
　　参考文献 ...................................................................... 26

第二章　培育优秀教师：教给学生21世纪的技能 ............ 29
　　学生技能需求的变化 .................................................. 29

一个基于教师需求的议程 ························································· 32
　　通过理解学习过程改善教学实践 ············································· 38
　　探究式教学 ································································· 39
　　将评价纳入教学过程 ························································ 41
　　合作学习 ····································································· 43
　　课堂中的先进技术 ··························································· 45
　　没有单一的最佳方法 ························································ 48
　　为21世纪教学工作设计生态系统 ············································ 48
　　研究与发展 ································································· 50
　　学校组织 ····································································· 51
　　为教师设计专家系统 ························································ 56
　　本章小结 ····································································· 57
　　参考文献 ····································································· 58

第三章　培育优秀教师，调节供给与需求 ··········································· 60
　　师资短缺的挑战 ····························································· 60
　　使教师成为一个有吸引力的职业选择 ······································ 63
　　调节师资供给与需求的补偿计划 ············································ 70
　　建立有效的雇佣条件 ························································ 78
　　确保高质量的教师职前教育 ················································· 81
　　提供有吸引力的职业 ························································ 82
　　满足在职专业发展的需要来解决教师供给问题 ····························· 86
　　本章小结 ····································································· 93
　　参考文献 ····································································· 94

**附录A　选自经合组织数据库的比较数据** ········································· 95

# 导　言

很多国家都出现了高等学历人才数量增长的情况。但是在这个日新月异的世界里，生产太多同样的教育产品并不足以应对未来的挑战。目前，教师面临的最具有挑战性的难题是日常认知技能，这些技能是最容易传授和测试的，同时也是最容易数字化、自动化和外包化的。在上一代，教师们可以期望着他们教授给学生的技能足够贯穿他们的一生。而今天，任何个人都可以从谷歌搜索引擎上获得他们需要的内容，常规的认知技能已经被数字化和外包化。而且，当今的工作岗位正在迅速变革，教育系统需要更加强调将学生个体培养成终身学习者，能够掌握复杂的、计算机无法轻易接管的思维方式和工作方式。学生需要的不仅是持续适应的能力，还需要继续学习和成长的能力，从而在飞速变化的世界里定位和重新定位自己。

这些变化已经深深的影响着教师、教学以及学校与教育系统的领导力。在过去，政策重点关注于教育供给；而现在，则注重教育结果。政策导向从向上看转变为向外看，关注的不再是教育官僚机构，而是未来的教师和未来的学校。过去的教育只是传递知识与智慧，而当代教育面临的挑战是在一线教师中培养出智慧的生产者。在过去，教师往往只在乎课堂上重要的教学指令。而现在最先进的教育系统是为学生设立既定目标，让学生清晰的了解到能够做什么，然后培养教师，为教师提供构建不同学生所需的、有针对性的教学内容和教学方法的工具。过去，教师使用同样的教学方式给不同的学生上课；而现在，人们期望教师可以通过不同的教育实践掌握多元化、因材施教的教学方法。过去的教育目标是培养符合统一标准的人才，而现在的教育目标是使学生拥有独创性和个性化的学习经历；过去的教育以课程为中心，而现在的教育以学习者为中心。如今，教师通常被要求给予学生个性化的学习经验，保证每一位学生在课堂上都有成功的机会，处理日益增长的文化多样性的机会和保证不同学习风格的机会，允许每一位学习者个体有个性化的学习方式，以此敦促他们的进步。

当今社会所需的教育，要求教师成为高水平知识工作者，在不断增长专业知识的同时，还要提升个人职业的发展。但是那些把自己看作是知识工作者的教师是不会被流水生产线一样的学校所吸引的，在这样的学校里，教师不得不在一个官僚指挥控制的环境中与其他教师机械的交流工作。为了吸引和发展知识工作者，教育系统需要转变学校的领导力和工作组织，用专业性规范管理补偿官僚和行政形式的管控。教师社会地位、薪酬、专业自主性和高质量培训的发展变化，是与专业化工作、有效的教师评估体系、分化的职业发展路径以及职业的多样性密切相关的。

经合组织的国际学生评估项目（PISA）结果显示，教育系统使学生具备重要基础技能的成功程度有显著不同（数据参见附录）。自从教学质量成为学生学习成就的核心，人们就急切地将表现较好和进步迅速的教育系统领导者聚集在一起，来发掘与教育成功的程度相关的超越国家文化特质并促使学生成功的政策。最后，第二届教师专业国际峰会已于2012年3月在纽约举办，本次峰会由美国教育部、经合组织和教育国际联合主办。

本次峰会将各国教育部长、教师工会领导者，以及其他表现优异并发展迅速的教育系统教师领导者聚集在一起，通过PISA研究的标准来讨论如何在最大程度上提高教学、教师和学校领导者的质量。

本书作为峰会的支撑证据，汇集了针对教育改革有效性研究的现有成果，强调有具体改革结果的案例，展示可行的或富有创造性的变革实施路径。峰会围绕三个相互联系的主题开展：

● **发展有效的学校领导力**。当越来越多的国家要求学校表现得更优异，并在课程设计和资源管理方面赋予学校更大的自主权时，学校领导者的角色远远地超越了行政管理者。发展学校领导力需要明确定义他们的职责，为他们整个职业生涯提供适当的职业发展，承认他们在提升学校及学生学业成就时举足轻重的作用。21世纪学校领导者的角色与责任有什么不同？各国如何在全国范围内成功发展有效的学校领导力？第一章总结了经合组织关于这些问题的政策比较研究结果。

● **培训优秀教师，教给学生21世纪技能。**世界上许多国家为了使儿童适应21世纪生活和工作更高的教育需求，已经在课程、教学和评估等方面进行了广泛的改革。年轻一代在高速发展的世界中需要什么样的技能来立足于社会，教师又需要什么样的教学能力，而后又怎样有效的传授这些技能呢？由此引发了一个问题：需要为师范类毕业生准备什么样的教师培训项目，才能使其为21世纪课堂教学做好准备。然而，能够回答这个问题的可比较性证据非常少，第二章强调了有望执行的政策及实践范围。

● **培训优秀教师，调节供给与需求。**很多教育系统在招聘高质量的毕业生作为教师时，都面临着一个艰巨的挑战，特别是在那些师资短缺的地区，一旦录用一位教师就会持续聘用他。世界各国如何成功地调解高质量教师的需求与供给之间的平衡？各国如何为优先发展的学科和优先发展的地区培训教师？师资供需问题既复杂又多维，正如它所反映的相关挑战一样：如何扩大合格教师群体、如何应对特定学科领域的师资短缺、如何招聘教师到最需要他们的地方去、如何以公正有效的方式分配师资、如何保留合同到期的合格教师。第三章总结了现有数据，并在两个层面对应对政策进行了检验。首先是要关注教学工作的本质和教师工作的环境。这些政策试图改善教学工作的总体状态和就业市场中的竞争地位，这也是本书的重点。其次，涉及更多有针对性的应对特定师资短缺问题的激励措施，这些措施希望人们认识到教师招聘过程中不只是一个专为教师准备的单一劳动力市场，而应该是一个以学校类型、学校特点或具体学科等作区分的组合型市场。

# 第一章
# 发展有效的学校领导力

随着更多的国家在课程设计和资源管理上,赋予学校更大的自主权,以提高学校的成绩,学校领导者早已超越了行政管理人员的角色。在学校领导者的培育上,我们必须更清晰地界定他们的职责,并在其一生的职业生涯中,为其提供适当的专业发展机会,承认他们在提高学校和学生成绩上的关键作用。21世纪的学校领导者应承担起哪些新的角色和责任?那些成功的国家又是如何有效地提升学校领导力的?本章将概述经合组织对这一问题的研究。

## 学校领导力的变化概况

国际学生评估项目(PISA)研究表明,经合组织国家中有相当大一部分学生所在学校在各个领域的决策上都拥有高度的自主权。PISA还发现,高绩效的、公平的学校系统也倾向于在课程和评价的制定和使用上给予学校更大的自主权。[①] 在一部

---

① OECD (2010), PISA 2009 Results: What Makes a School Successful? Resources, Policies and Practices (Volume IV), OECD Publishing.

分国家中，学校自主权主要表现为对教育内容的开发和改编（见表1.1a）。其他一些国家的学校则通过市场化的治理工具或学校之间甚至学校与当地社区其他利益相关者之间的合作等方式加强管理，进而推进课程和标准的集中治理（见表1.1b）。然而，有效的学校自主权依赖于有效的领导者，包括整个教育系统的领导者、校长、教师领导者、资深教师以及高级教师，另外还要有强有力的支持系统。这就转而要求有效的分布式领导，为学校领导者提供新型的培训和发展，以及适当的支持和激励。因此，对于为学校领导者提供的精良培训来说，至关重要的是要满足这些领导者们的需求，并且让他们感到领导一所学校是一份非常有价值的、专业性的工作。在一些国家，培育有效的学校领导者甚至被置于教育改革的关键地位（见专栏1.1）。

**专栏1.1　安大略省——通过更有效的学校领导者改善教育**

伴随着2004年新一届政府的选举，安大略省政府部门设计并实施了一个新的教育改进战略（《激励安大略教育》，*Energizing Ontario Education*），战略聚焦于三个主要目标：提升学生成绩，75%的六年级学生达到省级标准并且毕业率达到85%；缩小学生成绩的差距；提高公众对公立教育的信心。

为实现这些目标，安大略省开发了一个连贯的领导力战略，建立了强大的支持系统，并且使相关各方如学校董事会、教师工会、学者和实践者在改革过程中能够协同行动。在这一战略中，具体的领导力框架从五个方面对有效的领导者进行了界定：设定方向；建立关系；培养人才；组织建设；领导教学计划；对组织和工作负责。

领导力战略专注于吸引优秀的候选人，对他们加强培养，使其为未来工作做好准备，并且在工作中提高教学质量。学校董事会为领导层的换届交接做好计划，做到公开、透明。在学校领导层有空缺岗位之前，吸引和准备后备人才的工作就已经开始了。潜在的领导候选人需要具有本科学历；5年教学经验；学校层面的认证；两个专家或额外的荣誉专家资格证书（教学领域的专家）或硕士学位；完成安大略大学、教师联合会和校长协会联合开发的校长任职资格项目（Principal's Qualification Program，简称PQP），该项目包含一个125个小时的实习课。

在开始工作的最初两年里，新任的校长、副校长、监察人员和主任们将要接受一定的指导。校长和副校长必须保持一个年度增长计划,而且要根据学生们的成绩和幸福感对其绩效进行评价,该评价每五年一次。

资料来源:OECD (2010), Improving Schools: Strategies for Action in Mexico, OECD Publishing.

学校领导者们应能够制定出该校的教育目标,并且确保教学实践朝向这些目标进行,如观察和评价教师,为教师改进教学实践提供建议,指导教师的专业发展,帮助教师解决课堂上或教师之间出现的问题,与社区和学生家长保持联系。他们也要懂得采取必要的激励措施,鼓励教师提高教学质量。[1] PISA要求学校领导者汇报他们在以下几个问题上的参与水平,包括确保教师的工作与发展能够反映学校的教育目标,监测学生表现和课堂活动,同教师一起解决问题。(见表1.2)

在经合组织国家中,93%的学生所在学校领导者报告他或她"常常"或"经常"确保教师的工作反映学校的教育目标;86%以上的学生所在学校领导者"常常"或"经常"主动讨论教师们可能会在课堂上遇到的问题;一半的学校领导者"常常"或"经常"听课;61%的学校领导者当做出有关课程开发的决定时,会"常常"或"经常"考虑到考试成绩;超过1/4的学校领导者"常常"或"经常"会为那些意外缺席的老师代课。在智利、韩国和美国,学校系统中领导者角色的差异最大;而在丹麦和挪威的学校中,领导者的角色则相对具有更多同质性。

对部分经合组织国家的研究结果表明,学校领导者是如何受不断增长的个人时间需求所影响的。在英格兰,61%的校长感到其工作、生活处于不平衡甚至极不平衡的状态。[2] 有人将其归因于工作时间过长或缺乏工作实践能力,例如,有些学校校长不知道如何安排或分配他们的工作。在新西兰,一项研究发现,重大的教育改革实施了八年后,学校领导者的行政工作大幅增加,他们每周的工作时间比改革前平均增加了10个小时。这项研究和其他研究都发现,行政管理事务占用了学校领导者34%的时间,这一点毫无疑问地占居了其工作时间的首位。[3]

---

[1] Hallinger, P. and R. Heck (1998), "Exploring the Principal's Contribution to School Effectiveness: 1980-1995", School Effectiveness and School Improvement, Vol. 9, pp. 157-191.
[2] PricewaterhouseCoopers (2007), "Independent Study into School Leadership: Main Report", Department for Education and Skills, London.
[3] Wylie, C. (2007), School Governance in New Zealand: How Is It Working?, New Zealand Council for Educational Research, Wellington.

### 表1.1a 在课程和评估上，学校拥有多少自主权

在那些校长报告仅有"校长和/或教师"、仅有"地方和/或国家教育当局"或"校长和/或教师"和"地方和/或国家教育当局"两者对以下任务具有相当大责任的学校学生百分比

- A 建立学生评估政策
- B 选择使用哪套教科书
- C 决定课程内容
- D 决定开设哪些课程

1 仅有"校长和/或教师"
2 "校长和/或教师"和"地方和/或国家教育当局"两者都是
3 仅有"地方和/或国家教育当局"

| | | A | | | B | | | C | | | D | | | 数据的离散程度(标准差) |
|---|---|---|---|---|---|---|---|---|---|---|---|---|---|---|
| | | 1 | 2 | 3 | 1 | 2 | 3 | 1 | 2 | 3 | 1 | 2 | 3 | |
| 经合组织成员国 | 澳大利亚 | 65 | 33 | 2 | 92 | 8 | 0 | 46 | 40 | 14 | 75 | 24 | 1 | 0.9 |
| | 奥地利 | 57 | 27 | 15 | 94 | 5 | 1 | 37 | 40 | 23 | 32 | 40 | 29 | 0.8 |
| | 比利时 | 78 | 19 | 14 | 94 | 4 | 1 | 32 | 42 | 26 | 40 | 46 | 13 | 0.8 |
| | 加拿大 | 28 | 62 | 10 | 40 | 49 | 11 | 12 | 51 | 38 | 44 | 54 | 3 | 0.6 |
| | 智利 | 72 | 21 | 6 | 73 | 20 | 7 | 43 | 22 | 35 | 64 | 20 | 16 | 1.0 |
| | 捷克 | 95 | 5 | 0 | 89 | 11 | 1 | 83 | 16 | 1 | 88 | 11 | 1 | 0.8 |
| | 丹麦 | 61 | 28 | 11 | 100 | 0 | 0 | 56 | 32 | 12 | 47 | 39 | 14 | 0.9 |
| | 爱沙尼亚 | 63 | 33 | 3 | 66 | 32 | 2 | 66 | 30 | 4 | 79 | 20 | 2 | 0.9 |
| | 芬兰 | 50 | 43 | 7 | 98 | 2 | 0 | 32 | 52 | 16 | 55 | 39 | 6 | 0.8 |
| | 法国 | w | w | w | w | w | w | w | w | w | w | w | w | w |
| | 德国 | 71 | 21 | 9 | 84 | 13 | 3 | 21 | 47 | 32 | 80 | 18 | 2 | 0.7 |
| | 希腊 | 20 | 12 | 68 | 7 | 8 | 85 | 1 | 3 | 96 | 6 | 5 | 88 | 0.3 |
| | 匈牙利 | 94 | 6 | 0 | 98 | 2 | 0 | 49 | 36 | 15 | 43 | 28 | 29 | 0.9 |
| | 冰岛 | 92 | 8 | 1 | 93 | 4 | 3 | 61 | 26 | 13 | 48 | 42 | 10 | 0.9 |
| | 爱尔兰 | 87 | 13 | 0 | 97 | 3 | 0 | 29 | 37 | 34 | 78 | 21 | 1 | 0.7 |
| | 以色列 | 80 | 20 | 0 | 53 | 43 | 4 | 52 | 44 | 5 | 44 | 50 | 6 | 1.0 |
| | 意大利 | 45 | 28 | 27 | 1 | 99 | 1 | 0 | 77 | 23 | 14 | 49 | 25 | 27 | 0.9 |
| | 日本 | 98 | 2 | 0 | 89 | 8 | 3 | 93 | 6 | 1 | 94 | 5 | 2 | 0.7 |
| | 韩国 | 92 | 6 | 2 | 96 | 4 | 0 | 89 | 8 | 2 | 79 | 17 | 4 | 0.8 |
| | 卢森堡 | 9 | 33 | 58 | 13 | 80 | 7 | 9 | 72 | 20 | 18 | 61 | 21 | 0.6 |
| | 墨西哥 | 56 | 15 | 29 | 63 | 11 | 26 | 14 | 7 | 79 | 5 | 5 | 91 | 0.5 |
| | 荷兰 | 99 | 1 | 0 | 100 | 0 | 0 | 87 | 12 | 1 | 89 | 10 | 1 | 0.6 |
| | 新西兰 | 81 | 17 | 2 | 99 | 1 | 0 | 77 | 16 | 7 | 92 | 7 | 0 | 0.8 |
| | 挪威 | 38 | 36 | 27 | 97 | 2 | 1 | 30 | 40 | 30 | 23 | 33 | 44 | 0.7 |
| | 波兰 | 92 | 8 | 0 | 92 | 8 | 0 | 93 | 7 | 0 | 40 | 31 | 29 | 0.8 |
| | 葡萄牙 | 35 | 37 | 28 | 98 | 2 | 0 | 1 | 3 | 92 | 10 | 5 | 86 | 0.4 |
| | 斯洛伐克 | 76 | 21 | 3 | 56 | 39 | 5 | 48 | 47 | 5 | 52 | 48 | 1 | 1.0 |
| | 斯洛文尼亚 | 46 | 48 | 5 | 72 | 27 | 1 | 34 | 59 | 6 | 28 | 52 | 20 | 0.8 |
| | 西班牙 | 44 | 34 | 23 | 95 | 5 | 0 | 32 | 31 | 37 | 30 | 31 | 39 | 0.8 |
| | 瑞典 | 66 | 30 | 3 | 99 | 1 | 0 | 0 | 6 | 94 | 0 | 8 | 91 | 1.0 |
| | 瑞士 | 57 | 27 | 16 | 40 | 40 | 20 | 21 | 41 | 38 | 24 | 50 | 27 | 0.7 |
| | 土耳其 | 42 | 29 | 30 | 14 | 18 | 68 | 9 | 15 | 76 | 14 | 21 | 65 | 0.4 |
| | 英国 | 88 | 12 | 0 | 98 | 2 | 0 | 77 | 20 | 2 | 86 | 14 | 0 | 0.7 |
| | 美国 | 46 | 40 | 13 | 62 | 28 | 10 | 36 | 46 | 18 | 58 | 37 | 4 | 0.9 |
| | 经合组织平均数 | 66 | 23 | 11 | 78 | 15 | 8 | 45 | 31 | 24 | 50 | 28 | 21 | 0.8 |
| 经合组织伙伴国或地区 | 阿尔巴尼亚 | 51 | 16 | 33 | 91 | 8 | 1 | 35 | 7 | 57 | 35 | 12 | 53 | 0.8 |
| | 阿根廷 | 74 | 20 | 6 | 81 | 16 | 3 | 28 | 43 | 29 | 8 | 30 | 61 | 0.6 |
| | 阿塞拜疆 | 54 | 8 | 38 | 50 | 6 | 43 | 27 | 9 | 61 | 37 | 5 | 58 | 0.8 |
| | 巴西 | 47 | 27 | 26 | 88 | 9 | 2 | 35 | 25 | 40 | 18 | 17 | 65 | 0.8 |
| | 保加利亚 | 25 | 37 | 38 | 88 | 12 | 1 | 10 | 26 | 65 | 10 | 15 | 75 | 0.4 |
| | 哥伦比亚 | 39 | 21 | 39 | 92 | 3 | 4 | 69 | 23 | 8 | 64 | 14 | 23 | 0.8 |
| | 克罗地亚 | 26 | 36 | 38 | 63 | 34 | 3 | 1 | 70 | 30 | 3 | 25 | 72 | 0.4 |
| | 迪拜(阿拉伯联合酋长国) | 77 | 10 | 13 | 55 | 17 | 27 | 62 | 13 | 26 | 59 | 16 | 25 | 1.1 |
| | 中国香港 | 93 | 7 | 0 | 93 | 7 | 0 | 81 | 17 | 2 | 87 | 13 | 0 | 0.8 |
| | 印度尼西亚 | 67 | 28 | 6 | 80 | 13 | 7 | 75 | 18 | 7 | 49 | 23 | 28 | 0.9 |
| | 约旦 | 27 | 4 | 70 | 4 | 1 | 95 | 1 | 7 | 93 | 7 | 1 | 92 | 0.5 |
| | 哈萨克斯坦 | 31 | 22 | 47 | 16 | 14 | 70 | 11 | 18 | 71 | 40 | 22 | 37 | 0.5 |
| | 吉尔吉斯斯坦 | 65 | 8 | 26 | 68 | 8 | 23 | 59 | 10 | 31 | 44 | 7 | 49 | 1.0 |
| | 拉脱维亚 | 56 | 40 | 4 | 71 | 27 | 2 | 19 | 46 | 36 | 34 | 42 | 23 | 0.6 |
| | 列支敦士登 | 69 | 25 | 6 | 54 | 5 | 40 | 41 | 0 | 59 | 53 | 9 | 38 | 1.1 |
| | 立陶宛 | 75 | 20 | 5 | 89 | 11 | 1 | 50 | 35 | 15 | 75 | 20 | 5 | 0.9 |
| | 中国澳门 | 95 | 0 | 5 | 100 | 0 | 0 | 94 | 6 | 0 | 81 | 14 | 4 | 0.8 |
| | 黑山共和国 | 40 | 32 | 28 | 5 | 30 | 65 | 5 | 34 | 60 | 17 | 20 | 63 | 0.6 |
| | 巴拿马 | 41 | 25 | 34 | 52 | 26 | 22 | 41 | 23 | 36 | 26 | 23 | 51 | 0.8 |
| | 秘鲁 | 75 | 15 | 10 | 52 | 12 | 37 | 53 | 23 | 24 | 45 | 18 | 37 | 1.0 |
| | 卡塔尔 | 45 | 18 | 37 | 37 | 16 | 47 | 31 | 9 | 60 | 35 | 17 | 48 | 0.9 |
| | 罗马尼亚 | 42 | 36 | 22 | 86 | 13 | 1 | 46 | 33 | 20 | 31 | 41 | 29 | 0.7 |
| | 俄罗斯 | 63 | 25 | 12 | 55 | 27 | 18 | 21 | 8 | 71 | 22 | 7 | 71 | 0.8 |
| | 塞尔维亚 | 49 | 44 | 7 | 19 | 59 | 23 | 2 | 41 | 57 | 0 | 12 | 87 | 0.2 |
| | 中国上海 | 86 | 9 | 5 | 49 | 17 | 34 | 45 | 22 | 33 | 52 | 23 | 20 | 1.0 |
| | 新加坡 | 57 | 41 | 2 | 72 | 34 | 3 | 44 | 38 | 18 | 66 | 31 | 4 | 0.9 |
| | 中国台北 | 74 | 17 | 8 | 92 | 8 | 0 | 81 | 15 | 4 | 68 | 25 | 7 | 0.9 |
| | 泰国 | 79 | 18 | 2 | 89 | 10 | 1 | 89 | 11 | 0 | 91 | 8 | 1 | 0.8 |
| | 特立尼达和多巴哥 | 50 | 45 | 5 | 29 | 62 | 10 | 21 | 40 | 39 | 34 | 51 | 15 | 0.7 |
| | 突尼斯 | 11 | 11 | 78 | 0 | 1 | 99 | 3 | 14 | 83 | 4 | 9 | 87 | 0.1 |
| | 乌拉圭 | 23 | 30 | 47 | 31 | 36 | 33 | 4 | 26 | 71 | 21 | 19 | 59 | 0.4 |

资料来源：OECD, PISA 2009 Database, Table IV.3.6.

## 第一章　发展有效的学校领导力

### 表1.1b　在资源分配上，学校拥有多少自主权

在那些校长报告仅有"校长和/或教师"、仅有"地方和/或国家教育当局"或"校长和/或教师"和"地方和/或国家教育当局"两者对以下任务具有相当大责任的学校学生百分比

- A 聘用教师
- B 解聘教师
- C 确定教师起薪
- D 确定教师工资的增长
- E 制定学校预算
- F 决定学校预算分配

1 仅有"校长和/或教师"
2 "校长和/或教师"和"地方和/或国家教育当局"两者都是
3 仅有"地方和/或国家教育当局"

| | | A | | | B | | | C | | | D | | | E | | | F | | | 学校承担资源分配责任的指数 | 数据的离散程度（标准差） |
|---|---|---|---|---|---|---|---|---|---|---|---|---|---|---|---|---|---|---|---|---|---|
| | | 1 | 2 | 3 | 1 | 2 | 3 | 1 | 2 | 3 | 1 | 2 | 3 | 1 | 2 | 3 | 1 | 2 | 3 | | |
| 经合组织成员国 | 澳大利亚 | 61 | 20 | 19 | 43 | 12 | 45 | 12 | 5 | 84 | 13 | 6 | 81 | 68 | 16 | 16 | 93 | 6 | 0 | | 0.9 |
| | 奥地利 | 13 | 25 | 52 | 5 | 26 | 68 | 1 | 0 | 99 | 1 | 0 | 99 | 11 | 9 | 80 | 84 | 12 | 4 | | 0.3 |
| | 比利时 | 75 | 13 | 12 | 63 | 21 | 17 | 0 | 1 | 99 | 0 | 1 | 99 | 56 | 15 | 29 | 80 | 15 | 5 | | 0.3 |
| | 加拿大 | 54 | 39 | 7 | 17 | 35 | 48 | 3 | 5 | 92 | 4 | 6 | 91 | 25 | 30 | 45 | 76 | 19 | 5 | | 0.5 |
| | 智利 | 69 | 8 | 23 | 59 | 3 | 38 | 37 | 1 | 62 | 37 | 1 | 62 | 55 | 9 | 36 | 71 | 9 | 20 | | 1.2 |
| | 捷克 | 100 | 0 | 0 | 99 | 1 | 0 | 77 | 15 | 8 | 65 | 25 | 11 | 75 | 1 | 24 | 75 | 24 | 1 | | 1.2 |
| | 丹麦 | 97 | 2 | 0 | 69 | 15 | 16 | 20 | 10 | 70 | 16 | 14 | 70 | 80 | 13 | 8 | 98 | 2 | 0 | | 0.9 |
| | 爱沙尼亚 | 98 | 2 | 0 | 95 | 5 | 0 | 7 | 20 | 73 | 12 | 33 | 55 | 57 | 14 | 29 | 89 | 8 | 3 | | 0.6 |
| | 芬兰 | 32 | 43 | 25 | 18 | 19 | 63 | 8 | 7 | 84 | 5 | 15 | 80 | 36 | 41 | 23 | 92 | 6 | 1 | | 0.5 |
| | 法国 | w | w | w | w | w | w | w | w | w | w | w | w | w | w | w | w | w | w | | w |
| | 德国 | 29 | 36 | 34 | 7 | 14 | 79 | 3 | 0 | 97 | 4 | 15 | 81 | 29 | 4 | 67 | 97 | 2 | 1 | | 0.5 |
| | 希腊 | 0 | 1 | 99 | 0 | 2 | 98 | 0 | 0 | 0 | 0 | 0 | 00 | 34 | 7 | 59 | 59 | 7 | 34 | | 0.1 |
| | 匈牙利 | 99 | 1 | 0 | 97 | 2 | 1 | 49 | 7 | 44 | 56 | 7 | 37 | 73 | 15 | 12 | 85 | 9 | 5 | | 1.2 |
| | 冰岛 | 94 | 6 | 0 | 70 | 7 | 13 | 80 | 4 | 16 | 80 | 7 | 13 | 77 | 0 | 22 | 0 | 0 | 0 | | 0.5 |
| | 爱尔兰 | 61 | 26 | 14 | 36 | 14 | 50 | 0 | 2 | 98 | 1 | 0 | 99 | 60 | 13 | 27 | 89 | 5 | 6 | | 0.2 |
| | 以色列 | 67 | 30 | 3 | 49 | 38 | 13 | 9 | 4 | 87 | 13 | 6 | 80 | 15 | 25 | 59 | 66 | 24 | 11 | | 0.8 |
| | 意大利 | 9 | 10 | 82 | 9 | 1 | 71 | 3 | 1 | 74 | 8 | 1 | 74 | 0 | 1 | 96 | 7 | 7 | 86 | 69 | 11 | 21 | 0.5 |
| | 日本 | 25 | 2 | 73 | 22 | 1 | 77 | 13 | 0 | 87 | 16 | 3 | 80 | 28 | 4 | 69 | 89 | 3 | 8 | | 1.0 |
| | 韩国 | 32 | 6 | 62 | 23 | 4 | 74 | 6 | 0 | 92 | 6 | 0 | 94 | 29 | 12 | 58 | 86 | 6 | 8 | | 0.7 |
| | 卢森堡 | 21 | 41 | 38 | 19 | 36 | 45 | 6 | 0 | 92 | 6 | 0 | 94 | 31 | 57 | 12 | 78 | 14 | 8 | | 0.8 |
| | 墨西哥 | 34 | 5 | 61 | 22 | 4 | 73 | 8 | 0 | 92 | 6 | 0 | 94 | 6 | 48 | 71 | 7 | 22 | | | 0.8 |
| | 荷兰 | 100 | 0 | 0 | 99 | 1 | 0 | 52 | 8 | 20 | 55 | 12 | 33 | 99 | 1 | 0 | 100 | 0 | 0 | | 1.0 |
| | 新西兰 | 100 | 0 | 0 | 89 | 7 | 4 | 3 | 88 | 15 | 24 | 64 | 95 | 4 | 1 | 89 | 9 | 1 | | | 0.7 |
| | 挪威 | 72 | 21 | 6 | 44 | 22 | 34 | 8 | 4 | 88 | 6 | 13 | 81 | 55 | 28 | 17 | 88 | 12 | 1 | | 0.6 |
| | 波兰 | 87 | 12 | 1 | 90 | 10 | 0 | 9 | 20 | 71 | 4 | 20 | 77 | 7 | 42 | 51 | 26 | 43 | 31 | | 0.4 |
| | 葡萄牙 | 13 | 57 | 30 | 14 | 0 | 86 | 5 | 2 | 94 | 63 | 10 | 27 | 89 | 10 | 2 | | | | | 0.7 |
| | 斯洛伐克 | 98 | 2 | 0 | 98 | 2 | 0 | 39 | 27 | 34 | 32 | 23 | 35 | 45 | 40 | 15 | 70 | 27 | 3 | | 1.1 |
| | 斯洛文尼亚 | 96 | 4 | 1 | 88 | 10 | 1 | 7 | 11 | 82 | 13 | 31 | 56 | 26 | 8 | 66 | 92 | 4 | 4 | | 0.6 |
| | 西班牙 | 31 | 3 | 66 | 32 | 1 | 67 | 3 | 2 | 95 | 3 | 2 | 95 | 63 | 4 | 33 | 93 | 4 | 3 | | 0.6 |
| | 瑞典 | 96 | 4 | 0 | 63 | 17 | 20 | 57 | 16 | 27 | 69 | 22 | 9 | 64 | 20 | 16 | 92 | 5 | 3 | | 1.1 |
| | 瑞士 | 82 | 15 | 3 | 60 | 26 | 15 | 8 | 8 | 84 | 8 | 13 | 79 | 56 | 30 | 35 | 83 | 13 | 4 | | 0.7 |
| | 土耳其 | 1 | 1 | 99 | 2 | 2 | 96 | 1 | 0 | 99 | 1 | 0 | 99 | 34 | 19 | 47 | 56 | 16 | 28 | | 0.2 |
| | 英国 | 90 | 9 | 0 | 70 | 22 | 8 | 52 | 23 | 25 | 67 | 17 | 15 | 57 | 29 | 14 | 95 | 5 | 1 | | 0.6 |
| | 美国 | 88 | 12 | 0 | 75 | 20 | 5 | 7 | 34 | 59 | 7 | 18 | 74 | 51 | 30 | 18 | 87 | 9 | 3 | | 0.9 |
| | 经合组织平均数 | 61 | 14 | 25 | 51 | 13 | 37 | 17 | 7 | 77 | 17 | 10 | 73 | 46 | 22 | 32 | 81 | 12 | 8 | | 0.7 |
| 经合组织伙伴国或地区 | 阿尔巴尼亚 | 8 | 14 | 78 | 7 | 14 | 79 | 3 | 0 | 97 | 3 | 1 | 96 | 33 | 12 | 55 | 61 | 8 | 31 | | 0.5 |
| | 阿根廷 | 44 | 5 | 51 | 27 | 3 | 70 | 2 | 1 | 97 | 1 | 4 | 96 | 22 | 5 | 73 | 64 | 12 | 24 | | 0.4 |
| | 阿塞拜疆 | 40 | 22 | 38 | 61 | 17 | 22 | 35 | 6 | 59 | 5 | 1 | 94 | 6 | 4 | 89 | 20 | 4 | 76 | | 0.3 |
| | 巴西 | 17 | 7 | 76 | 14 | 8 | 78 | 6 | 3 | 91 | 9 | 1 | 92 | 14 | 5 | 80 | 21 | 6 | 73 | | 0.8 |
| | 保加利亚 | 93 | 5 | 2 | 97 | 2 | 1 | 67 | 19 | 14 | 84 | 12 | 4 | 33 | 15 | 52 | 92 | 7 | 1 | | 1.1 |
| | 哥伦比亚 | 21 | 5 | 75 | 21 | 1 | 78 | 14 | 0 | 86 | 13 | 1 | 86 | 58 | 5 | 36 | 87 | 5 | 7 | | 1.0 |
| | 克罗地亚 | 90 | 10 | 0 | 84 | 11 | 5 | 1 | 12 | 87 | 2 | 11 | 86 | 22 | 34 | 40 | 68 | 23 | 9 | | 0.4 |
| | 迪拜(阿拉伯联合酋长国) | 65 | 12 | 23 | 67 | 9 | 24 | 62 | 3 | 34 | 68 | 1 | 31 | 75 | 2 | 22 | 92 | 3 | 5 | | 1.2 |
| | 中国香港 | 83 | 15 | 2 | 78 | 19 | 3 | 58 | 15 | 27 | 64 | 17 | 19 | 74 | 84 | 15 | 2 | 91 | 9 | 0 | | 0.9 |
| | 印度尼西亚 | 29 | 5 | 66 | 26 | 11 | 63 | 20 | 9 | 70 | 23 | 11 | 66 | 83 | 1 | 15 | 71 | 10 | 19 | | 1.0 |
| | 约旦 | 6 | 1 | 93 | 4 | 1 | 95 | 1 | 1 | 98 | 2 | 0 | 98 | 83 | 1 | 17 | 70 | 2 | 28 | | 0.4 |
| | 哈萨克斯坦 | 88 | 10 | 2 | 95 | 4 | 2 | 17 | 9 | 73 | 8 | 10 | 82 | 6 | 3 | 91 | 19 | 64 | | | 0.7 |
| | 吉尔吉斯斯坦 | 74 | 14 | 11 | 68 | 13 | 19 | 19 | 4 | 77 | 13 | 3 | 84 | 12 | 7 | 81 | 19 | 17 | 74 | | 0.6 |
| | 拉脱维亚 | 94 | 4 | 2 | 96 | 4 | 0 | 15 | 9 | 75 | 14 | 5 | 75 | 18 | 25 | 57 | 52 | 12 | 81 | 16 | 3 | | 0.7 |
| | 列支敦士登 | 41 | 0 | 59 | 37 | 0 | 63 | 6 | 0 | 94 | 39 | 17 | 45 | 37 | 0 | 63 | 100 | 0 | 0 | | 1.0 |
| | 立陶宛 | 96 | 4 | 0 | 91 | 0 | 1 | 7 | 11 | 81 | 6 | 8 | 86 | 25 | 27 | 48 | 92 | 5 | 2 | | 0.5 |
| | 中国澳门 | 92 | 4 | 4 | 91 | 5 | 4 | 91 | 4 | 5 | 90 | 4 | 5 | 95 | 0 | 5 | 84 | 16 | 0 | | 1.0 |
| | 黑山共和国 | 89 | 1 | 10 | 87 | 2 | 11 | 67 | 6 | 28 | 79 | 6 | 15 | 63 | 15 | 23 | 91 | 5 | 4 | | 0.3 |
| | 巴拿马 | 22 | 3 | 75 | 20 | 6 | 72 | 14 | 5 | 81 | 14 | 8 | 79 | 6 | 15 | 43 | 10 | 47 | | | 0.9 |
| | 秘鲁 | 38 | 15 | 47 | 30 | 9 | 61 | 22 | 2 | 76 | 22 | 2 | 77 | 60 | 9 | 31 | 79 | 6 | 15 | | 1.3 |
| | 卡塔尔 | 52 | 3 | 44 | 54 | 5 | 41 | 57 | 9 | 34 | 7 | 3 | 50 | 47 | 6 | 54 | 71 | 2 | 44 | | 1.2 |
| | 罗马尼亚 | 1 | 9 | 91 | 4 | 11 | 86 | 0 | 2 | 97 | 1 | 4 | 95 | 7 | 25 | 68 | 40 | 13 | 47 | | 0.1 |
| | 俄罗斯 | 95 | 4 | 1 | 90 | 5 | 0 | 35 | 15 | 50 | 29 | 20 | 51 | 8 | 30 | 62 | 46 | 28 | 27 | | 0.7 |
| | 塞尔维亚 | 72 | 28 | 1 | 64 | 30 | 7 | 8 | 90 | 16 | 19 | 65 | 9 | 27 | 64 | 74 | 16 | 10 | | | 0.3 |
| | 中国上海 | 98 | 2 | 0 | 97 | 1 | 1 | 5 | 59 | 43 | 6 | 51 | 43 | 12 | 6 | 82 | 81 | 19 | 0 | | 1.1 |
| | 新加坡 | 14 | 38 | 48 | 14 | 24 | 62 | 4 | 3 | 93 | 7 | 17 | 75 | 49 | 22 | 29 | 91 | 8 | 1 | | 0.6 |
| | 中国台北 | 73 | 13 | 14 | 70 | 16 | 14 | 7 | 75 | 23 | 7 | 70 | 50 | 13 | 37 | 78 | 8 | 14 | | | 1.0 |
| | 泰国 | 30 | 20 | 50 | 59 | 12 | 28 | 29 | 14 | 57 | 72 | 24 | 5 | 70 | 20 | 10 | | | | | 1.1 |
| | 特立尼达和多巴哥 | 17 | 14 | 69 | 6 | 4 | 90 | 2 | 1 | 96 | 5 | 0 | 89 | 46 | 28 | 26 | 75 | 12 | 12 | | 0.6 |
| | 突尼斯 | 0 | 2 | 98 | 1 | 0 | 99 | 1 | 1 | 99 | 1 | 0 | 99 | 10 | 17 | 72 | 56 | 13 | 31 | | 0.3 |
| | 乌拉圭 | 17 | 5 | 78 | 13 | 1 | 86 | 3 | 1 | 96 | 2 | 1 | 96 | 73 | 12 | 15 | 49 | 16 | 55 | | 0.6 |

资料来源：OECD, PISA 2009 Database, Table IV.3.5.

## 表1.2 学校校长在参与学校事务上的观点
### 基于学校校长报告的校长领导力指数

- A 我确保教师的专业发展活动与学校的教学目标相一致。
- B 我确保教师按照学校的教育目标进行工作。
- C 我在教室里观察教学。
- D 我运用学生的学习成绩来制定学校的教育目标。
- E 我为教师提供改进教学的建议。
- F 我对学生的学习、行为等情况进行监控。
- G 当教师在他/她的课堂上遇到问题时,我主动与其进行讨论。
- H 我告诉教师要更新其知识和能力。
- I 我检查课堂活动是否符合我们的教育目标。
- J 我将考试结果作为课程开发决策的重要依据。
- K 我确保课程协调责任的清晰。
- L 当教师提出课堂教学问题时,我与他们共同解决。
- M 我关注课堂中的捣乱行为。
- N 当教师意外缺席时,我为他们代课。

那些校长报告在过去的一学年里,以下的活动和行为"常常"或"经常"发生的学校学生百分比

| | | A | B | C | D | E | F | G | H | I | J | K | L | M | N | 数据的离散程度（标准差） |
|---|---|---|---|---|---|---|---|---|---|---|---|---|---|---|---|---|
| 经合组织成员国 | 澳大利亚 | 98 | 99 | 64 | 93 | 76 | 58 | 89 | 95 | 81 | 81 | 97 | 93 | 94 | 32 | 1.0 |
| | 奥地利 | 89 | 92 | 41 | 60 | 67 | 86 | 84 | 79 | 67 | 72 | 87 | 85 | 87 | 53 | 0.8 |
| | 比利时 | 95 | 97 | 43 | 42 | 68 | 33 | 89 | 90 | 82 | 46 | 74 | 98 | 95 | 4 | 0.8 |
| | 加拿大 | 98 | 98 | 77 | 91 | 86 | 60 | 93 | 96 | 86 | 63 | 87 | 99 | 95 | 19 | 1.0 |
| | 智利 | 97 | 98 | 55 | 93 | 75 | 73 | 90 | 96 | 82 | 84 | 94 | 97 | 97 | 62 | 1.1 |
| | 捷克 | 95 | 98 | 57 | 82 | 77 | 76 | 89 | 91 | 76 | 94 | 75 | 99 | 96 | 23 | 0.8 |
| | 丹麦 | 86 | 89 | 25 | 44 | 53 | 39 | 94 | 91 | 76 | 25 | 76 | 99 | 95 | 29 | 0.6 |
| | 爱沙尼亚 | 92 | 94 | 59 | 84 | 58 | 75 | 72 | 93 | 57 | 62 | 87 | 83 | 79 | 24 | 0.9 |
| | 芬兰 | 64 | 81 | 61 | 77 | 46 | 40 | 61 | 57 | 13 | 77 | 98 | 94 | 39 | | 0.7 |
| | 法国 | w | w | w | w | w | w | w | w | w | w | w | w | w | w | w |
| | 德国 | 82 | 94 | 40 | 57 | 53 | 82 | 80 | 85 | 75 | 71 | 73 | 95 | 84 | 42 | 0.7 |
| | 希腊 | 40 | 78 | 12 | 61 | 53 | 46 | 97 | 96 | 67 | 34 | 69 | 98 | 96 | 63 | 1.0 |
| | 匈牙利 | 93 | 99 | 54 | 84 | 62 | 84 | 89 | 95 | 65 | 73 | 86 | 94 | 91 | 41 | 0.8 |
| | 冰岛 | 88 | 89 | 39 | 78 | 77 | 89 | 87 | 96 | 54 | 59 | 87 | 100 | 75 | 26 | 0.7 |
| | 爱尔兰 | 88 | 88 | 14 | 64 | 41 | 50 | 88 | 92 | 85 | 77 | 88 | 97 | 97 | 39 | 0.9 |
| | 以色列 | 94 | 99 | 46 | 87 | 85 | 81 | 94 | 89 | 86 | 90 | 94 | 97 | 58 | 26 | 0.9 |
| | 意大利 | 97 | 99 | 39 | 86 | 75 | 87 | 96 | 98 | 88 | 77 | 92 | 98 | 58 | 18 | 0.9 |
| | 日本 | 43 | 51 | 37 | 30 | 38 | 40 | 29 | 50 | 31 | 37 | 29 | 61 | 60 | 17 | 0.9 |
| | 韩国 | 80 | 86 | 42 | 64 | 68 | 56 | 75 | 60 | 46 | 63 | 79 | 68 | 7 | | 1.2 |
| | 卢森堡 | 87 | 98 | 32 | 65 | 52 | 64 | 96 | 67 | 74 | 32 | 47 | 98 | 98 | 23 | 1.0 |
| | 墨西哥 | 95 | 97 | 68 | 94 | 89 | 90 | 95 | 91 | 97 | 97 | 96 | 43 | | | 1.0 |
| | 荷兰 | 95 | 97 | 52 | 66 | 73 | 50 | 76 | 82 | 79 | 65 | 82 | 98 | 71 | 16 | 0.7 |
| | 新西兰 | 99 | 98 | 68 | 98 | 73 | 42 | 78 | 84 | 67 | 83 | 94 | 12 | | | 1.0 |
| | 挪威 | 81 | 88 | 24 | 70 | 49 | 55 | 90 | 91 | 48 | 47 | 81 | 98 | 95 | 28 | 0.6 |
| | 波兰 | 94 | 97 | 93 | 95 | 89 | 96 | 91 | 95 | 89 | 97 | 97 | 93 | 7 | | 0.8 |
| | 葡萄牙 | 93 | 97 | 9 | 94 | 65 | 49 | 91 | 89 | 48 | 82 | 97 | 99 | 97 | 7 | 0.7 |
| | 斯洛伐克 | 97 | 99 | 67 | 96 | 90 | 86 | 95 | 76 | 86 | 91 | 91 | 15 | | | 0.7 |
| | 斯洛文尼亚 | 99 | 100 | 77 | 78 | 85 | 90 | 90 | 95 | 85 | 65 | 93 | 98 | 94 | 23 | 0.8 |
| | 西班牙 | 86 | 97 | 28 | 85 | 55 | 45 | 86 | 86 | 66 | 71 | 92 | 99 | 99 | 63 | 0.9 |
| | 瑞典 | 80 | 96 | 38 | 83 | 63 | 29 | 89 | 90 | 52 | 68 | 93 | 98 | 87 | 13 | 0.8 |
| | 瑞士 | 72 | 82 | 64 | 34 | 60 | 61 | 85 | 29 | 59 | 17 | 54 | 92 | 83 | 31 | 0.8 |
| | 土耳其 | 85 | 95 | 70 | 93 | 85 | 90 | 75 | 90 | 87 | 78 | 93 | 97 | 99 | 36 | 0.9 |
| | 英国 | 100 | 100 | 93 | 100 | 92 | 87 | 95 | 97 | 97 | 99 | 96 | 97 | 25 | | 1.0 |
| | 美国 | 98 | 98 | 95 | 96 | 94 | 72 | 95 | 97 | 84 | 80 | 97 | 96 | 16 | | 1.1 |
| | 经合组织平均数 | 88 | 93 | 50 | 75 | 69 | 66 | 86 | 89 | 72 | 61 | 82 | 94 | 90 | 29 | 0.9 |
| 经合组织伙伴国或地区 | 阿尔巴尼亚 | 97 | 100 | 74 | 97 | 93 | 98 | 95 | 84 | 88 | 87 | 93 | 96 | 96 | 47 | 0.8 |
| | 阿根廷 | 95 | 98 | 63 | 90 | 96 | 84 | 94 | 91 | 86 | 66 | 87 | 96 | 98 | 43 | 0.9 |
| | 阿塞拜疆 | 95 | 96 | 97 | 89 | 94 | 95 | 97 | 98 | 86 | 90 | 90 | 99 | 77 | | 1.0 |
| | 巴西 | 99 | 99 | 60 | 94 | 94 | 91 | 97 | 97 | 91 | 94 | 94 | 99 | 94 | 44 | 1.1 |
| | 保加利亚 | 100 | 100 | 92 | 95 | 79 | 93 | 87 | 89 | 94 | 71 | 98 | 91 | 96 | 29 | 0.8 |
| | 哥伦比亚 | 95 | 98 | 66 | 95 | 96 | 92 | 91 | 98 | 87 | 92 | 96 | 96 | 31 | | 1.2 |
| | 克罗地亚 | 94 | 98 | 70 | 80 | 92 | 96 | 96 | 95 | 98 | 55 | 99 | 100 | 19 | | 0.8 |
| | 迪拜(阿拉伯联合酋长国) | 100 | 100 | 97 | 97 | 96 | 96 | 96 | 90 | 93 | 98 | 97 | 73 | | | 1.2 |
| | 中国香港 | 99 | 99 | 99 | 97 | 100 | 93 | 96 | 98 | 95 | 92 | 97 | 96 | 96 | 45 | 0.9 |
| | 印度尼西亚 | 94 | 99 | 97 | 77 | 89 | 96 | 96 | 95 | 81 | 93 | 81 | 93 | 47 | | 1.0 |
| | 约旦 | 99 | 100 | 100 | 99 | 100 | 99 | 99 | 95 | 81 | 81 | 100 | 99 | 90 | | 1.1 |
| | 哈萨克斯坦 | 96 | 98 | 97 | 97 | 97 | 85 | 99 | 60 | 87 | 86 | 89 | 17 | | | 0.8 |
| | 吉尔吉斯斯坦 | 90 | 92 | 95 | 90 | 94 | 89 | 96 | 95 | 87 | 86 | 81 | 29 | | | 0.9 |
| | 拉脱维亚 | 96 | 97 | 90 | 97 | 97 | 83 | 86 | 85 | 74 | 93 | 96 | 98 | 38 | | 0.8 |
| | 列支敦士登 | 53 | 21 | 3 | 15 | 14 | 46 | 82 | 16 | 10 | 0 | 13 | 96 | 58 | 44 | 0.7 |
| | 立陶宛 | 97 | 94 | 87 | 92 | 75 | 60 | 87 | 83 | 7 | 5 | 90 | 83 | | | 0.8 |
| | 中国澳门 | 100 | 100 | 88 | 74 | 82 | 96 | 86 | 52 | 88 | 90 | 90 | 45 | | | 0.9 |
| | 黑山共和国 | 95 | 100 | 89 | 97 | 100 | 92 | 99 | 98 | 84 | 100 | 100 | 96 | 23 | | 0.7 |
| | 巴拿马 | 91 | 95 | 86 | 88 | 95 | 84 | 94 | 92 | 84 | 57 | 85 | 88 | 97 | 43 | 1.1 |
| | 秘鲁 | 94 | 98 | 84 | 88 | 96 | 84 | 94 | 92 | 81 | 97 | 91 | 95 | 45 | | 1.1 |
| | 卡塔尔 | 96 | 100 | 100 | 98 | 97 | 98 | 98 | 84 | 87 | 96 | 96 | 28 | | | 1.1 |
| | 罗马尼亚 | 98 | 100 | 87 | 98 | 98 | 98 | 99 | 91 | 99 | 100 | 96 | 40 | | | 0.8 |
| | 俄罗斯 | 99 | 99 | 92 | 95 | 97 | 97 | 97 | 97 | 55 | 97 | 96 | 86 | 31 | | 0.9 |
| | 塞尔维亚 | 97 | 100 | 67 | 90 | 91 | 97 | 99 | 87 | 95 | 97 | 92 | 96 | 45 | | 0.8 |
| | 中国上海 | 98 | 98 | 94 | 57 | 99 | 69 | 91 | 93 | 96 | 70 | 98 | 99 | 89 | 14 | 0.9 |
| | 新加坡 | 100 | 100 | 80 | 99 | 94 | 98 | 93 | 93 | 98 | 98 | 97 | 96 | 8 | | 0.9 |
| | 中国台北 | 96 | 92 | 84 | 86 | 94 | 86 | 98 | 86 | 90 | 95 | 97 | 95 | 20 | | 0.9 |
| | 泰国 | 94 | 99 | 88 | 92 | 95 | 97 | 94 | 92 | 96 | 98 | 97 | 45 | | | 0.9 |
| | 特立尼达和多巴哥 | 97 | 98 | 67 | 89 | 82 | 84 | 89 | 91 | 97 | 99 | 96 | 39 | | | 1.0 |
| | 突尼斯 | 84 | 97 | 92 | 97 | 91 | 97 | 82 | 84 | 40 | 59 | 99 | 99 | 45 | | 1.1 |
| | 乌拉圭 | 85 | 98 | 89 | 90 | 81 | 92 | 84 | 95 | 73 | 98 | 100 | 25 | | | 0.8 |

注释：指数的值越高,学校校长对教育问题的参与率就越高。

资料来源：OECD, PISA 2009 Database, Table IV.4.8.

# 支持、评价和发展教师素质

经合组织对各国学校领导力[1]进行比较后认为，支持、评价和发展教师素质应作为有效领导力的核心。它包括协调课程与教学项目、监测和评价教学实践、促进教师的专业发展、建立互相协作的工作文化。例如，在瑞典，学校领导者经常花费大量的时间对教师工作情况进行反馈。他们还乐于频繁地挑战教师们的设想，通过向教师们提出诸如"我们是怎样知道的？"、"我们可以尝试另一种方法吗？"、"我们知道其他学校教师的哪些做法？"等问题，培养学校的学习氛围。

经合组织对各国学校领导力进行比较后发现，对教师的监督和评价在学校领导者职责中的地位越来越重要。一般来说，定期的教师评价只牵涉到学校领导者和其他高级职员。然而在诸如法国、比利时等国家，一个由校外成员组成的考核小组也会参与其中。虽然，教师评价的性质和影响在各国差异很大，但大多数国家关于教师评价都有正式的规定。各国关于教师评价的形式、严格程度、内容以及影响差异很大——这种差异有时也存在于一个国家的内部。在大多数实施了教师评价的国家中，它是作为大规模质量检查或学校改进过程的一个部分进行的。评价目标相对均匀地分布在形成性评价、绩效考核、职业发展规划和晋升支持等方面。

各国教师评价的标准也不相同，有时包括教学绩效的评估和在职培训，有时又包括对学生成绩的测量。课堂观察、访谈、文献研究是在经合组织对学校领导力评价研究中使用的比较典型的方法。这些方法在各国学校领导者观察或监控教学中的重要程度也各不相同，例如，在斯洛文尼亚非常重要，而在智利则不太重要（只占10%）。在斯洛文尼亚，学校领导者几乎完全依赖他们的课堂观察；而丹麦、英格兰、韩国、新西兰和苏格兰等国的学校领导者依赖的数据则更加广泛，包括教学计划、观察会议、与家长沟通情况、学生成绩、同行评议以及教师自我评价。观察频率的范围从英格兰的每年3—6次到智利的每四年1次，各不相同，另外还有几个国

---

[1] Pont, B., D. Nusche and H. Moorman (2008), Improving School Leadership: Volume 1: Policies and Practices, OECD, Paris. Much of this chapter is based on this study which covered Australia, Austria, Belgium (Flanders and French Community), Chile, Denmark, Finland, France, Hungary, Ireland, Israel, Korea, The Netherlands, New Zealand, Norway, Portugal, Slovenia, Spain, Sweden and the United Kingdom (England, Northern Ireland and Scotland).

家确定了每年一次的年度观察制度。那些实行教师评价的国家，几乎每年都要在领导者与教师之间召开某种形式的会议。

PISA测试结果表明，经合组织国家平均有61%的15岁儿童所在的学校中，数学教师的教学实践在上一年度通过学校领导者或高级职员的观察来监控。当教师被学校领导和校外巡视员通过听课的方式来问责的时候，学生在PISA测试中的成绩往往更高。

经合组织对各国学校领导力进行比较后还发现，学校领导力在促进教师的专业学习与发展方面，起着至关重要的作用。各国经常举行不同类型的教师专业发展活动，然而这些活动的有效性在近年来发生了变化。全体教师或一大组教师参加的校本专业发展活动正变得越来越普遍，然而教师自发的、个人化的发展却越来越少，至少按照公共基金支持的项目来看是这样的。当前，大多数国家都将教师专业发展作为学校发展的重点，并且努力协调相应的在职培训活动。学校领导者和当地教育部门在教师专业发展活动的规划中扮演着非常重要的角色。包括英格兰等在内的一些国家，也在确保教师能够认识到他们自身的专业发展需要。

最后同样重要的是，支持协作的工作文化越来越重要，并且被公认为学校领导者的责任。有些经合组织国家尤其是丹麦、芬兰、挪威和瑞典，团队合作以及教学人员互相协作的历史更加悠久，特别是在小学里。其他国家如爱尔兰，正在转变思路，鼓励这类实践。调查过程中，芬兰的学校领导者们非常热情地谈论互相协作的好处。共享资源和思想有助于解决他们在时间和精力上的需要，相互支持有助于他们更好地去应对困难。例如，某位教师"喜爱数据"，而另一位"讨厌数据"，那么她就需要依靠那位"喜爱数据"的同事来帮助做统计工作。作为交换，她则提供数据分析时所需的人力发展方面的专业知识。

## 目标设定、评估和问责

根据外部标准调整教学方式、设置学校学生成绩的目标、测量背离这些目标的进展、对学校计划进行调整以提高绩效，这些都被认为是学校领导力的其他重要内容。

虽然大多数国家在国家或州的层面上，建立了一个核心课程或课程框架，但是能否有效地开展课程和实施教学经常取决于学校的领导者。PISA数据表明，经合组织国家平均超过一半的15岁学生所在学校，学校层面的利益相关者有决定提供哪些课程的职责，40%以上的学生所在学校可以自主决定课程内容。一般来说，在设计编排课程内容、组织教学资源、以及监控教学质量等方面，学校领导者都有一定的自由裁量权。如前所述，PISA数据也表明，在那些学校领导者职责更高的国家，学生的表现也往往更好，即使二者之间的关系还受到许多其他因素的影响。

学校领导者在整合内、外部问责体系上也起着关键的作用，他们的做法通常是支持教师调整教学，使之与既定的学习目标和绩效标准相一致。例如，英格兰的某些学校将数据作为媒介，参与领导力团队和教师的学校改进活动，利用学生的学业成就为每一个学生和每一个课堂开发学习策略。每隔六周收集一次信息。为学生和课堂层面的分析提供一个现存问题的概述。然后由干预团队介入，调查表现不佳的潜在原因，并且提出应对策略。

大多数国家都有悠久的学校巡视传统，巡视中将会对学校领导者公共资金的使用情况、他们建立的目标结构和实施过程进行问责。大多数经合组织国家报告称，他们有或者正在研发某种形式的国家目标或学生成绩标准。为了对这些目标或标准进行评估，问责框架往往要基于学校和学生的信息之上。

为了评价学校的表现，2/3的经合组织国家规定，初中学校要定期接受检查；少部分国家要求学校进行周期性的自我评价。在大约3/4的经合组织国家中，学校的检查和学校的自我评价，对学校管理层和教师个人具有非常重大的影响。在超过一半的经合组织国家中，学校巡视制度被用于决定是否关闭学校。

2/3的经合组织国家会开展义务教育阶段学生的周期性标准化评估，以获取关于学生成绩的信息。在略少于一半的经合组织国家中，全国性的考试对初中学生有非常现实的影响，例如，这些考试可以使他们接受更高层次的教育。只有比利时（荷语文化区）、智利和捷克等少数国家报告称，对学校的检查会影响关于财政奖励或处罚的决策。

## 战略资源管理

使用战略资源并且将其与教学目的相一致，有助于学校活动更好地聚焦于改善教学上。然而，在那些实现了权力下放、学校领导者在学校的维护、整修及大额资金项目运作上拥有自由裁量权的国家，学校领导者经常被要求履行许多人不具备的、专业性的职责。即使是学校董事会的职责，也经常被正式地或非正式地委托给学校领导者。

PISA数据表明，在经合组织国家中，平均有84%的15岁学生在完全拥有预算开支自主权的学校就读，57%的15岁学生在完全拥有预算制定自主权的学校就读。然而，PISA数据也显示，学校领导者在教师工资设定或加薪奖励方面的权力非常有限，这在某种程度上削弱了前面提到的"学校领导者享有预算自由裁量权"的说法。在这些经合组织国家中，有不到60%的学生在拥有教师聘用权的学校就读，50%的学校在拥有教师解聘权的学校就读。此外，很多学校在对待低效教师上缺乏透明且可行的做法，这就意味着这类教师仍然留任在自己的岗位上，这样不仅得不到任何专业发展援助，同时又对学生的学习、学校的声誉和教学工作产生许多不良影响。

无论是正式还是非正式地负责管理资源的学校领导者，都应该接受培训，以便使他们能够有效地调整资源，使其与教学目的相一致。经合组织通过对学校领导力的比较发现，学校领导者战略性地配置资金和人力资源的能力，因缺乏相应的培训而被限制。学校领导者经常报告不得不参与学校运营事务，而无暇顾及提供在总体设想和资源分配上都非常必要的战略规划。

## 超越学校围墙的领导力

经合组织对各学校领导力进行比较后发现，学校领导者的另一个重要作用是与周围其他学校和社区合作。这些学校及其领导者们加强合作、形成网络、共享资源、相互支持。这些活动能将领导力的范围扩展到校园之外，惠及学校所在城市、乡镇或地区的年轻人。他们还能够在提高了学校领导力的社区培育一种文化，从而增加所有相关人士的利益。例如，在芬兰的一些自治市，学校领导者也是学区的领导人，他们将1/3的时间奉献给学区，2/3的时间放在自己学校的事务上。这些学校的管理、监督、评价以及教育发展规划可以共享，其目的是使学校与自治市结盟合作，做到系统思考，进而推动建立学校教育的共同愿景和统一的学校制度。

同时，这些自治市的经验也表明，为了让学校领导者在整个教育系统层面，能够承担更大的角色，在学校层面的领导力必须进一步分散，以便当学校领导者承担更大的角色时，副职领导和领导团队可以承担学校领导者的部分任务。总体来看，这项研究表明，学校领导者与其他学校和当地社区之间，通过加强互动、交流和集体学习，能够更好地解决所面对的问题。同时，通过增加学校和地方层面的领导团队机会密度，也有助于培育学校其他干部的领导才能，从而保持干部队伍的连续性和稳定性。

表1.3表明了一些国家对学校领导者角色的界定，专栏1.2对澳大利亚学校领导力的情况进行了更详细的描述。

**表1.3 所选国家如何定义学校领导者**

| 奥地利领导力学院 | 安大略省学校领导力框架 | 英格兰的国家校长专业资格证书 |
| --- | --- | --- |
| • 战略领导<br>• 教学领导<br>• 人力资源管理<br>• 组织发展<br>• 变革管理<br>• 终身学习<br>• 行政管理 | • 设定方向<br>• 建立良好的人际关系和培育人才<br>• 完善组织架构<br>• 领导教学计划<br>• 确保问责到位 | • 塑造未来（战略上）<br>• 领导学习和教学<br>• 发展自我及他人<br>• 管理学校<br>• 确保问责到位<br>• 加强共同体建设 |

**专栏1.2 澳大利亚提升学校领导力的途径及其国家校长专业标准**

澳大利亚教学与学校领导力研究所（Australian Institute for Teaching and School Leadership）创建于2010年，旨在促进教学和学校领导力的发展。作为教育部支持的一个独立的公共研究机构，其任务是研发与维护教学和学校领导力的国家专业标准，实施基于标准而建立的并且已经达成共识的国家教师认证制度，培育高质量专业发展的教师和学校领导者。

国家校长专业标准（National Professional Standard for Principals）于2011年7月引进，主要基于三项领导力要求：愿景与价值观；知识与理解；个人素质、社会和沟通能力。其作用体现在五个专业实践领域：领导教学；发展自我和他人；引领改进、创新和变革；领导学校管理；参与社区工作。

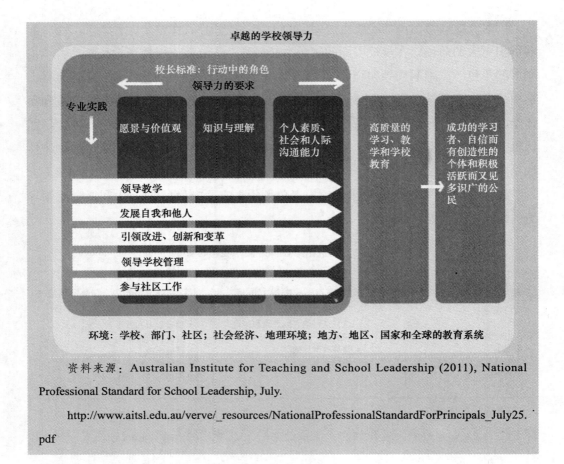

资料来源：Australian Institute for Teaching and School Leadership (2011), National Professional Standard for School Leadership, July.

http://www.aitsl.edu.au/verve/_resources/NationalProfessionalStandardForPrincipals_July25.pdf

# 分布式领导力

随着学校领导者的责任和义务越来越大，领导力需要更有效地在学校内部和学校间进行分配。学校领导者需要开发一个网络，将任务分派给副校长、助理校长、职业或技术部门主管、工作坊管理者或协调员以及被赋予特别职责的教师。为鼓励权力在这些主体中的分配，领导体制架构或更多基于专业和当前需要而设立的非正式特别团体得以形成。

贺灵杰（Hallinger）和赫克（Heck）通过研究认为："与校长独自的领导截然相反，协同领导可能为学校改进提供一条路径。"① 也有新证据可以证明，当教

---

① Hallinger, P. and R. Heck (2010), "Collaborative Leadership and School Improvement: Understanding the impact on school capacity and student learning", School Leadership and Management, 30:2, pp. 95-110.

师被鼓励在学校和教育系统内部，在教学、课程及课程评估和学生行为评价等领域施展领导力时，其领导力会对自我效能表现出重要的影响。[①] 当然，对于定义"协同领导"的标准属性还存在争论。例如，美国教师领导力探索联盟（Teacher Leadership Exploratory Consortium）包括高等教育机构和教师工会，它为教学专业自身使用需要，发布了一套教师领导者模型标准。最后还要指出的是，教育工会正越来越鼓励教师在个体学习中起到带头作用。[②]

在挪威，部分学校建立了一个三人领导小组：一人负责教学，一人负责人事，一人负责财务。在葡萄牙，学校往往被以集体管理的形式组合在一起，以致学校领导被视为学校教学的协调者，拥有很小的决策权。在荷兰，教育系统采取的是分权式管理方式，学校领导的角色在各个学校都不相同，学校领导任务和职能的分配也是自由的。在苏格兰，自治政府根据学校领导者的新标准《21世纪的教学工作》（*A Teaching Profession for the 21st Century*），在学校领导者、副校长和教师领袖中，采取了一个分布式的管理方式。[③]

在分布式的管理方式下，校长和其他领导者肩负着不同的责任，在学校发展和改进中更好地发挥作用。

● 校长、副校长和助理校长。在韩国，副校长的角色及其权力范围很灵活，主要取决于领导者的领导风格。在法国中等教育阶段，学校领导者的背后有一个支持其工作的领导团队，成员包括一位或多位副校长、一位行政管理人员、一位或多位教育顾问。在某些情况下，例如，比利时荷语文化区和韩国等国家或地区，副校长的人数可能取决于学校学生数，他们还可能要负责一些特别的管理领域，例如，学生纪律或课程协调。

● 教师领袖也扮演着一个重要的角色，并且要承担学校的部分领导和管理职责。在澳大利亚，教师领袖负责教师团队、年级组或课程领域的工作。新西兰指定了整个年级组的教学能手、课程领导者和课堂教学专家。在韩国，首席教师承担着中层的监督职责；在西班牙，减少了工作量的教师扮演着领导助理的角色，将学校领导者从部分行政事务中解放出来。

---

① Frost, D. (2011), "Supporting Teacher Leadership in 15 Countries, International Teacher Leadership project Phase 1, Leadership for Learning", University of Cambridge Faculty of Education.
② Bangs, J. and J. MacBeath, "Collective Leadership: the role of teacher unions in encouraging teachers to take the lead in their own learning and in teacher policy", Professional Development in Education, Vol. 38, No. 2, April 2012, pp. 331-343.
③ Ingvarson, L., M. Anderson, P. Gronn and A. Jackson (2006), "Standards for School Leadership: A Critical Review of the Literature", Teaching Australia, Australian Institute for Teaching and School Leadership Ltd., Canberra.

● 学校董事会一般由教师、社区成员、家长和学生组成，在分布式学校领导方式中也扮演着重要的角色。在比利时荷语文化区，学校董事会对学校和学校资源负有极为重要的责任；在匈牙利、韩国、葡萄牙和西班牙，学校董事会主要是咨询机构。在荷兰和苏格兰，学校董事会的角色则由当地社区或学校定义。

## 为明天的教育系统发展领导力

那些成功的国家是如何大范围、有效地培养学校领导者的呢？经合组织创新领导力发展项目[1]研究组发现了他们的一些重要做法：

● 运用创新的方法准备和发展学校领导者，使其能够承担更多的角色和责任，明确学校教育的目的，这些方法使用核心技术以达到预期的结果。

● 项目设计的目的在于培养出努力构建以学生为中心的学校领导者，使学校拥有较高的成就，并且能够持续不断地改进与发展。

● 从整个教育系统出发，以便这些项目与系统的更大目标和系统进程相一致，改善学校和学生成绩，提高效率和有效性。

有效的领导力发展项目常常还包括参与者之间所构建的网络，这些网络有助于推动协作式问题的解决，并且缓解部分领导者所感受到的孤立感。基于为促进教师专业发展所做工作的研究发现，训练与指导也能在这些项目上占有一席之地。[2] 通过指导，新任命的学校领导者可以从拥有多年经验的学校领导者那里获得有益的建议和忠告。

虽然许多研究表明，领导力发展项目对学生成绩的影响只是间接的，但是研究又真实地显示出，参与这些项目的学校领导者对所在学校进行的改革，最终使学校取得了更好的教学成果。例如，斯坦福大学教育领导力学院（Stanford Educational Leadership Institute）[3]发现，参与"示范项目"（"exemplary programs"）（见专栏1.3）的学校董事们在学校实际工作中表现得更加自信、持续、有效。

---

[1] Pont, B., D. Nusche and H. Moorman (2008), Improving School Leadership: Volume 2: Case Studies on System Leadership, OECD Publishing.
[2] OECD (2009), Creating Effective Teaching and Learning Environments: First Results from TALIS, OECD Publishing.
[3] Darling-Hammond, L., M. LaPointe, D. Meyerson, M.T. Orr and C. Cohen (2007), Preparing School Leaders for a Changing World: Lessons from Exemplary Leadership Development Programs, Stanford University, Stanford.

## 专栏1.3 促进领导力发展的"示范项目"的特色

所有被斯坦福大学教育领导力学院归为"示范"的职前培训项目，都具有以下特色。

● 开设一门综合而连贯的课程，该课程与本州的专业标准相一致，特别是与州际学校领导者认证协会（Interstate School Leaders Licensure Consortium）制定的标准相一致，强调教学领导力。

● 开设一门哲学课程，强调教学领导力和学校改进。

● 教学方面，以学生为中心，激发学生主动性，将理论与实践相结合，并且关注学生的反应。使用的教学策略包括问题导向学习、行动研究、实地考察、日志写作和作品分享，其中作品分享的特点是以大量运用来自同行、教师和自身的评价与反馈为主。

● 任课教师在其学科领域拥有一定的建树，包括大学教授和拥有丰富学校管理经验的实践者。

● 以队列结构的形式提供社会和专业支持，由专家校长提供正式的指导和建议。

● 通过有力的、有针对性的招聘和选拔，挑选出有领导潜能的专家教师。

● 制定精心设计的、有监督的行政实习，实习中允许候选人长期参与领导事务，并由退休的专家校长予以指导。

资料来源：Darling-Hammond, et al, 2007.

## 专栏1.4 美国的学校领导力培育

2000年，由一群社会企业家创立的新领导（New Leaders，原名"新学校新领导"，"New Leaders for New Schools"）是一家全国性的非营利性组织，为美国学校系统培育学校领导者并设计领导力政策和实践。在成立的最初十年，新领导通过"立志校长项目"（Aspiring Principals Program）在12个城市培训了800位领导者，对那些缺乏领导者的学校的25万学生产生了影响。该组织也是第一个基于毕业生成绩来追踪和测量其成功与否的校长培训机构。不过它只是一个为地方和特许学校准备领导者的全国性校长培训项目。

新领导旨在通过招聘、选拔、培训和支持杰出的学校领导者来提高学生的成绩，同时该机构与合作学校共同努力、创造条件，使这些领导者在工作中取得成功。为了达到这一目的，新领导具体采取了以下措施。

● 吸引高质量的候选人。新兴的领导项目成功的为教师和助理校长提供了免费的、高质量的专业发展培训，前提是他们对提高自身领导能力感兴趣，并且将来有可能成为校长。这一思维为那些原本无望成为校长的有效的教师和其他优秀的指导者创造了通向学校领导者的途径。

● 严格选拔。新兴的领导项目和立志校长项目在人员选拔上都是精挑细选。新领导组织要求候选人要相信每一个孩子的潜能，拥有过硬的教学知识，在提高学习成果上有过较好的表现，具有成熟的领导潜能。

● 进行最重要的培训。在选择了最有前途的候选人后，立志校长项目会为未来的领导者进行职业培训，另外候选人还要在领导力缺乏的学校进行一整年的、全时住校实习。当地工作人员也会为每一位住校实习生建立一个个性化的学习计划。

● 建立一个支持性的网络。新领导与学校系统合作，以建立学校领导的网络。在合作中，该组织设计并实施了校长绩效标准和评价系统，界定校长的角色，为校长管理提供支持和培训。

2011年，在八个美国城市中，新领导学校都进入了排名前十的最佳学校之列。

有几个学校系统在开发自身的校长培训项目中，采用了新领导模式的部分元素，而且在不久的将来，会有更多的学校系统计划效仿。此外，新领导也努力去影响关键的决策者和公共教育政策，以此提高学校领导力，推动教育不断走向卓越。

**城市卓越框架™（Urban Excellence Framework™，简称UEF）**

2007年，新领导创建了城市卓越框架™（UEF），以寻求成功的学校领导者在提升学生成绩上的做法。如今，该框架已能够为领导力培训项目提供支持，并为合作学校提供建议。为开发该框架，研究人员访问了100多所取得巨大成就的学校，并对其进行了案例研究，对有效学校和领导力进行了大量的调查研究，整个框架凝聚了新领导成员和参与者的集体智慧。

资料来源：www.newleaders.org。

有许多案例表明，各国都在努力投资于领导力发展这一领域（见专栏1.4）。领导力项目对学校的运作方式和质量具有非常重要的影响。对瑞典35所学校进行的纵向研究①发现，这些培训强化了教师之间的合作。在英格兰，关于领导力发展项目影响的调查研究显示，有领导者参与国家学校领导力学院（National College for School Leadership）发展项目的学校比其他学校提高的更快。评估结果表明，来自参与这一项目学校的16岁学生学业成就从2005年到2009年提高了8.1%，而没有参与这一项目的学校只提高了5.8%。同样，领导者获得国家校长专业资格证书（National Professional Qualification for Headship）认证的学校中，有43%的学校从2005至2008年实现了总体成绩的提高。相比较而言，那些没有获得这一认证的学校，其总体成绩得到提高的则仅有37%。来自美国的一项研究②数据发现，受过良好培训的学校领导者在招聘、选拔及对教师进行重新培训时，都更加关注教师的学术背景，特别是那些位于低收入地区的学校，这使得学生能够取得更好的学习成就。

## 选拔合适的候选人

许多国家依靠个人的自我选择来拟定培训和发展项目的人选。虽然这一方法激发了教师的主动性，然而其效果可能并不好。自我选择的候选人可能是、也可能不是最能胜任的。在那些额外培训意味着获得更高的薪水的国家里，参加这些项目的动机也许不是为了做好领导角色，而是赢得加薪。此外，自我选择也不能解决学校或管辖权范围内对继任规划的特殊需要。其他国家，如新加坡则使用一种规划模型，可以持续地评估位于不同领导岗位上的教师，并且为其提供培训的机会（见专栏1.5）。

---

① Blossing, U. and M. Ekholm (2005), "School Reforms and Local Response in the Long Run: A Twenty-year Longitudinal Study of 35 Swedish 'Grund' Schools", paper presented at the Second OECD Conference on Evidence-Based Policy Research, Stockholm, 27-28 January.
② Baker, B. and B. Cooper (2005), "Do Principals With Stronger Academic Backgrounds Hire Better Teachers? Policy Implications for Improving High-Poverty Schools", *Educational Administration Quarterly*, August, Vol. 41, No. 3, pp. 449-479.

> **专栏1.5** 新加坡对学校领导者的选拔和培训

新加坡为了确保拥有最好的学校领导者,年轻教师要不断地接受领导潜力评估,并为其提供发展领导能力的机会。未来的学校领导者从已经在教育系统中取得成功的教师中选择。而且,所有的教育领导职位都是教学职业生涯结构的一部分。潜在的学校领导者可以在各种基层委员会服务,也可以被提升到中层领导职位工作(例如,部门主管),还可以被调到政府部门工作一段时间。

基于面试和领导实践的锻炼情况,成功而有潜力的学校领导者被选拔去参加新加坡国立教育学院(Singapore's National Institute for Education,简称NIE)的学校管理和领导力项目(Management and Leadership in Schools program)。一经录取,这些有抱负的学校领导者将要参加为期4个月的行政领导力培训。有潜力的副校长将会参与为期6个月的教育领导者项目(Leaders in Education program)。两个项目的候选人都是带薪培训。每年仅有35人能够被选拔参加行政领导力培训。

近来,新加坡越来越倾向于让经验丰富的学校领导者的指导者们来任命领导者;而且作为新加坡持续改进战略的一部分,校长们也被定期地在学校之间进行调动。经验丰富的学校领导者们有机会成为学校领导群体督导,这是其迈向整个系统领导角色的第一步。

资料来源:Moursher M., C. Chijioke and M. Barber (2010), "How the World's Most Improved School Systems Keep Getting Better", McKinsey and Company. OECD (2011), Strong Performers and Successful Reformers in Education: Lessons from PISA for the United States, OECD Publishing.

为了应对合格候选人短缺的问题,一些提供领导力发展培训的机构也参与审查有潜力的领导候选人。另一个预审和选拔候选人的途径是为那些对领导力感兴趣的人提供短期、快速的课程(见专栏1.6)。

> **专栏1.6** 丹麦和荷兰对学校领导力的抽样

丹麦为有抱负的学校领导者引进了一个叫做"品尝者"("taster")的课程。那些想进入领导岗位的丹麦教师可以通过当地学区或自治市提供的这门课程,了解要成为一位学校领导者应做好哪些方面的工作。参与者可以参加领导力教育文凭(Leadership Diploma of Education)的一个或多个模块的活动。该课程由理论教学、案例研究、个人反思、与指导者就职业发展机会、个人特长及发展领域进行讨论、网络交流等部分组成。参与者也必须在他们自己的学校运作一个类似项目。那些希望得到继续教育的领导者们可以参加一个为期两年的领导力文凭课程（Diploma in Leadership course），包括经济财务、个人领导力、指导培训、战略实施、变革管理及问题解决等各个方面研讨科目。这一项目由学校领导力发展部门管理，但是其组织者是丹麦各地方政府的培训和发展部门，同时，该项目也是丹麦所有自治市与地方培训和发展部门的中心工作。

在荷兰，培训机构会为对领导力感兴趣的教师提供定向课程，以发现他们是否具备必要的能力。例如，管理定向课程（Orientation towards Management）是一个简短的培训项目，它由教育劳动者市场的部门委员会下属的学校领导者协会（Association of School Leaders for the Sectoral Board for the Education Labour Market，是一个由教育领域里雇主和雇员组织的基金会）提供。首先，要求学校董事会、学校高层管理者以及学校领导者从他们各自的学校里挑选候选人。在参与了两天关于各种领导力话题的培训课程之后，候选人将会基于对自身能力的分析，起草一份个人发展规划。然后，管理定向课程为有兴趣并且合适的候选人提供进一步的培训。

资料来源：Moos L. (2011), "Educating Danish school leaders to meet new expectations?", School Leadership & Management, Vol. 31, Issue 2.

## 培训的有效性

直到最近，大部分的教育系统仍然不需要学校领导者具备特殊的领导力资格证书（请参见附录表A.21）。在部分国家，虽然在资格证书上并没有强制要求，但是对此仍然积极鼓励。例如，在芬兰，学校领导者在申请领导职位之前，被鼓励去获得教育管理资格证书（Certificate in Educational Administration）或者应具备足够的教育管理知识。澳大利亚对学校领导者仅有的正式要求是四年的教学资格。[1] 然而，自2006年以来，澳大利亚针对学校领导者的国家项目已经得到了有效地实施。在日本，当前的教育改革包括建立教师培训项目的研究生院，它也为学校领导者提供培训。这些项目用教育理论和实践技能武装学校领导，帮助他们提高教学能力。在英格兰，新的学校领导者一

---

[1] Stephen Dinham, Michelle Andersonb, Brian Caldwellc and Paul Weldon (2011), "Breakthroughs in school leadership development in Australia", in School Leadership and Management, Vol. 31, No. 2, pp. 139-154.

般都能获得国家学校领导力学院（National College for School Leadership）授予的国家专业领导资格证书（National Qualification for Professional Headship）。

尽管进行了许多培训，但是经合组织国家的学校领导者仍然常常报告说，他们感到没有受到足够的培训，不适应工作岗位的需要。虽然大多数学校领导岗位的候选人都有教学背景，但是在教育创新、财务管理或人力资源管理等方面，则不一定能胜任。然而，一旦学校领导者的角色和责任被清晰地界定，并在能力方面对其进行专门地培训，候选人本身所具备的能力与领导岗位对他们所要求的能力之间的差距，大部分都能被弥补。

## 培训的类型

领导力和发展领域的专家认为，学校领导者的"专业发展活动应该持续不断地、分阶段地进行规划，并且每个阶段之间要互相衔接。"[①]（见表1.4）

**表1.4 部分国家的领导力发展情况**

◆职前　■新入职　●在职

| 澳大利亚 | 奥地利 | 比利时（荷语文化区） | 比利时（法语文化区） | 智利 | 丹麦 | 英格兰 | 芬兰 | 法国 | 匈牙利 | 爱尔兰 | 以色列 | 日本 | 韩国 | 荷兰 | 新西兰 | 挪威 | 北爱尔兰 | 葡萄牙 | 苏格兰 | 斯洛文尼亚 | 西班牙 | 新加坡 | 瑞典 |

1. 比利时（荷语文化区）：仅有社区学校。

资料来源：Updated from Pont, Nusche and Moorman, 2008.

---

① Davis S., L. Darling-Hammond, M. LaPointe and D. Meyerson (2005), "Review of Research, School Leadership Study: Developing Successful Principals", Stanford Educational Leadership Institute and the Wallace Foundation, Stanford.

英格兰、安大略省（加拿大）、爱尔兰、北爱尔兰、苏格兰和维多利亚州（澳大利亚）都有相对全面的培训计划，包括职前资格证书项目、支持新入职领导者的上岗培训以及针对在职学校领导者的进修项目。维多利亚州和安大略省将这些培训计划整合为国家战略以改善学校。大部分项目的设计和领导都有一个专门领导机构负责，例如，英格兰设立的国家学校领导力学院、北爱尔兰的地区培训项目组（Regional Training Unit）以及澳大利亚的维多利亚州教育部（Department for Education in Victoria）。在英格兰，领导力发展战略为学校领导力的发展制定了五个阶段。每一个阶段都基于学校领导者的职前教育、入职培训和发展进修等需求，提供了一系列发展机会。在北爱尔兰，不但有为一般领导者和管理者提供的培训服务，而且还为那些具有迫切需要和抱负的领导者提供培训。另外，专栏1.7详细介绍了苏格兰学校领导力发展项目的具体情况。

在那些培训项目相对全面的国家中，项目参与者、学校、中央或地方政府都为这些项目提供了资金支持。例如，在英格兰，参与者及其他机构可能分享项目的经费或补贴。参与培训的人员应该得到一定的激励。

---

**专栏1.7** *苏格兰的领导力发展项目*

自2000年以来，苏格兰强制要求新上任的学校领导者要具备职前培训资格证书，还要参加上岗培训。2003年，苏格兰实施了新的领导力发展框架，为那些参与领导力团队的人员和更多的高级职员提供学习机会。教育领导者持续专业发展（Continuing Professional Development for Educational Leaders）项目建立在教育领导力专业发展生涯概念基础之上，它主要体现在四个大的领域。

● 项目领导力。主要针对那些拥有或承担了领导一个小规模项目责任的教师。这可能适应于那些希望发展诸如课程开发或学生学习支持等方面领导能力的教师，或者是那些希望通过小型的校本研究项目来提升领导力的教师。

● 团队领导力。主要针对那些除了领导小规模项目之外，还经常负责领导拥有固定成员的团队或任务组/工作组的教师。这与那些有抱负的首席教师关系尤其密切，无论他们的职责是否主要在课程或指导领域。

● 学校领导力。主要针对那些领导项目和团队，并且已经拥有或正在谋求所在机构某一方面领导职位的人员。包括那些渴望和已经成为高级领导团队成员的一般教师或首席教师。有些高级领导团队的成员也希望能够成为学校的校长。

> ● 战略领导力。针对那些除了项目、团队和学校领导力之外,还全面负责领导一所机构或正在指导制定地方或国家战略方案的人员。这与校长以及那些在教育服务领域工作、在改进苏格兰教育上发挥战略作用的人员关系尤其密切。
>
> 资料来源:Scottish Executive Education Department, 2007.

学校领导者的培训对于那些学校和学校领导者拥有高度自治权的国家,是特别重要的。新西兰是一个学校系统高度分权的国家,它为学校领导者制定了四个发展计划:针对第一次担任学校领导者的入职培训项目;建立学校领导者的电子网络——领导空间(LeadSpace);建立学校领导者的研修中心——校长发展规划中心(Principals' Development Planning Centre)和制定学校领导者专业发展指南。[①]

## 职前培训项目

许多国家都提供职前领导力准备项目,一般为获取大学学位或专门资格证书项目(见专栏1.8)。法国和韩国教育部为预选的候选人提供这些项目,使其在培训之后成为学校的领导者。其他国家的项目则由合作的大学、当地自治市或其他机构提供。西班牙最近强制要求实施这些项目,然而具体的培训则由该国的地方政府负责提供。

关于是否应该强制实施初期培训的问题,始终存在争论。支持者将职前培训视为学校领导力走向专业化的一种方式,并且认为它有助于将项目聚焦于国家目标和优先发展领域。反对者则认为,强制性培训不利于鼓励灵活和创新,当职前培训是出于个人意愿而不是立法强迫的时候,这些培训会更加有效,而且反对者还认为,地方教育部门能够比国家教育部门更好地决定学校领导者的培训需求。

> **专栏1.8** 芬兰和挪威的领导力准备项目
>
> 芬兰于2010年在76个教育网络启动了重新设计整个国家学校领导力发展模式的项目。该项目的主要目标是,给予学校更大的责任以实施教师发展活动,

---

[①] New Zealand Ministry of Education (2002), "Principals' Development Package", unpublished paper.

> 满足教师个人或学校组织的需要。该项目还赋予教师自主创建并实施自己拥有的专业发展项目的权力。项目最初针对的是学校领导者和55岁以上的教师，近年来又扩展到那些没有参与过专业发展活动的人员。它鼓励互相协作、使用创新的学习方法、构筑学校内部的专业发展制度。
>
> 2009年，挪威中央教育部门引进了一个新的两年制项目，以发展校长们的教学领导能力。该项目涵盖了学生的学习成果和环境、行政管理、组织和协作、教师指导、发展与变革以及领导身份认同等领域。这一项目最初提供给上任不到两年的新校长，以后也会提供给那些经验更加丰富的学校领导者。
>
> 资料来源：Hamalainen K., K. Hamalainen and J. Kangasniemi (2011), "2011 Annual Conference of the Association for Teacher Education in Europe", 24-28 August 2011: 12 December 2011, www.ppf.lu.lv/pn/files/articles/ATEE%202011%20Hamalainen.doc. "Osaava verme", 3 July 2011, http://ktl.jyu.fi/ktl/verme/osaavaverme, and OECD (2011).

# 入职培训项目

许多国家为新任命的学校领导者提供领导力培训，然而大部分项目都是非强制性的。针对新的学校领导者，这些项目可以帮助塑造初期的学校领导实践，建立网络，使领导者们可以互相分享各自的想法。这些项目应该将理论知识、实践知识以及自我研究相结合，项目设计应该与更广泛的发展框架相一致。

在美国，50个州里有一半以上要求新任的学校领导者接受某种形式的入职培训。在澳大利亚和匈牙利，入职培训项目是一门短期的课程，由任命学校领导者的当地教育部门组织。在丹麦，这些课程可能只需一个月，但在其他国家可能要达到1-3年。

爱尔兰于2001年推出了新任命学校领导者的入职培训项目——勇气项目（Misneach，盖尔语，意为"勇气"）。该项目聚焦于自我管理、学习领导、组织领导和对他人的领导四个方面。在参与培训项目之前，参与者中仅有18%感到他们已经为要承担的学校领导者角色做好了充分的准备。[1]

---

[1] Morgan, M. and C. Sugrue (2005), "Evaluation of the MISNEACH Program", Clare Education Centre, Ennis, Ireland.

# 在职进修项目

在职进修能够应对学校领导者的特殊需要。因此，它应该周期性地提供给学校领导者和领导团队，使他们能够不断地更新其能力或分享其新经验。澳大利亚、奥地利、智利、英格兰、芬兰、爱尔兰、新西兰、北爱尔兰、斯洛文尼亚和瑞典等国为学校领导者提供了系统的在职进修项目。在芬兰，每年对发展培训的最低要求是3天；在匈牙利，其要求是每七年最低120小时；在苏格兰，为保证学校领导者和教师都能得到在职培训，他们每年必须要参与一个追加的35小时的培训，教师也必须保持参加专业发展活动的记录。但在其他大多数国家，对此则没有要求。

在职进修覆盖了学校管理和教育领导力的各种不同方面，它还可以对国家的新要求进行重点培训。例如，奥地利领导学院（Austria's Leadership Academy）建立的目的，就是为了培养那些刚刚获得较大的自主权、却缺乏科层结构外运作经验的学校领导者，使其更加具备独立行动能力和主动性，帮助其学校准确地实施政府的改革。巡视员、在职进修机构的工作人员、教育部和省级教育部门的官员都会被邀请加入在职进修的工作。

各国还提供基于课程的培训、集体培训、自主学习以及其他的项目。专业网络也能够被非正式地用于发展学校的领导者和领导团队。例如，在澳大利亚、英格兰、新西兰和北爱尔兰等国，虚拟的网络能帮助学校领导者分享他们最好的实践。

# 对学校领导者的考核

对学校领导者绩效的考核有助于改进学校实践。大部分经合组织国家都通过对系统的绩效考核来评价学校领导者。丹麦小学的绩效考核系统是在自治市的自由裁量权之下的，但是其中学的绩效考核系统则基于结果的协议。绩效高的领导者的奖励情况由自治市来决定，而且中学领导会得到金钱上的奖励。在爱尔兰，绩效考核的执行权在巡视员手中，其考核依据是预订的学校目标。如果学校表现不佳，将会启动更进一步的评价。在斯洛文尼亚，年度绩效考核由学校董事会执行，其成绩标准在学校计划中已预先决定。绩效不佳或成绩不佳将会反映在学校领导者的薪水上。奥地利、比利时的法语文化区和芬兰没有进行系统的绩效考核。在英格兰、北爱尔兰和苏格兰，绩效数据被用于跟踪和监控学生的进步情况，指导教学的持续改善，尽管北爱尔兰指出其内部的评估数据并没有充分地运用于学生进步的评价或课堂教学实践的改进上，也没有充分地运用于提升学生工作的质量。在苏格兰，皇家教育巡视员工作在开发国家课程指南的苏格兰教学局旁边，以促进学生标准、质量和成绩的提高。它通过年度检查的方式，来评估学前教育、学校与教师教育、社区学习与发展和继续教育的质量。[①]

对于指向改进的问责制度而言，他们需要更加关注与教学密切相关的信息，激励个人和学校运用那些信息去改进实践，并且建立解释和应用信息所需要的知识体系。这就要求那些善于解读测试结果，善于运用数据规划和设计适当的改进策略的学校领导者能够积极参与其中。它还要求学校领导者在使用问责数据强化学校内部的专业学习共同体时，能够包容他们的教师，并且吸引那些需要改革实践的人员参与其中。

## 本章小结

如果学校领导者被赋予重大决策的自主权，那么他们对学校和学生的成绩会产生非常重要的影响。为了更有效地行使好自主权，学校领导者需要能够调整好教学计划，满足当地的需要，促进教师之间的团队合作，并积极进行教师的监测、评价和专业发展。他们在制定战略方向上也要有一定的自由裁量权，能够制定学校发展规划与目标，并对其进展进行监控，懂得运用数据改进实践。他们也要能够对教师招聘施加影响，以使教师候选人和学校的需要相匹配。最后还要指出的是，领导力准备和培训项目在整个工作中应处于中心位置，应构建学校网络，激发和传播创新思想，开发多样化的课程，延伸服务和专业性的配套支持能够带来实实在在的好处。

---

① http://www.hmie.gov.uk/NR/rdonlyres/0980BB93-8806-40D9-806C-AA35532BA931/0/PrinciplesofInspectionandReview2010FINAL.pdf

# 参 考 文 献

**Anderson, M., Gronn P., Ingvarson L.,** and **Jackson A**. (2006), *Standards for School Leadership: a Critical Review of Literature*, Teaching Australia.

**Augustine, C.,** et al. (2009), *Improving School Leadership The Promise of Cohesive Leadership Systems*, RAND.

**Baker, B.** and **B. Cooper** (2005), "Do Principals With Stronger Academic Backgrounds Hire Better Teachers? Policy Implications for Improving High-Poverty Schools", Educational Administration Quarterly, August, vol. 41, no. 3, pp. 449–479.

**Barber, M.** and **M. Mourshed** (2007), *How the World's Best-Performing School Systems Come Out on Top, McKinsey*, London.

**Bush, T.** and **D. Glover** (2004), "Leadership Development: Evidence and Beliefs", National College for School Leadership, Nottingham.

**Bush, T.** and **D. Jackson** (2002), "A Preparation for School Leadership: International Perspectives", *Educational Management Administration and Leadership*, Vol. 30.

**Darling-Hammond, L.,** et al. (2007), *Preparing School Leaders for a Changing World: Lessons from Exemplary Leadership Development Programs*, Stanford University.

**Davis, S.,** et al. (2005), *Review of Research, School Leadership Study: Developing Successful Principals*, Stanford Educational Leadership Institute and the Wallace Foundation.

**Day, C.,** et al. (2009), "The Impact of School Leadership on Pupil Outcomes", Research Report DCSF-RR108, University of Nottingham.

**Fry, B, G. Bottoms,** and **K. O'Neill** (2004), "The Principal Internship: How Can We Get It Right?", Southern Regional Education Board (SREB).

**Gorham, M., M. Finn-Stevenson** and **B. Lapin** (2008), "Enriching School Leadership Development through Coaching", Research and Policy Brief, The School of the 21st Century, Yale University.

**Heck, R.** and **P. Hallinger** (2009), "Assessing the Contribution of Distributed Leadership to School Improvement and Growth in Math Achievement", *American Educational Research Journal*, Vol. 46, No. 3 (Sep., 2009), pp. 659–689.

**Hess, F.** and **A. Kelly** (2007), "Learning to Lead: What gets taught in principal-preparation programs",

*The Teachers College Record*, Columbia University.

**Karstanje, P.** and **C. Webber** (2008), "Programs for school principal preparation in East Europe", *Journal of Educational Administration*, Vol. 46, N° 6.

**Leithwood, K.**, et al. (2004), *How Leadership Influences Student Learning*, Minneapolis, Minn.: Center for Applied Research and Educational Improvement, University of Minnesota.

**Leithwood, K.**, et al. (2006), *Seven Strong Claims about Successful School Leadership*, National College of School Leadership, Nottingham.

**Levine, A.** (2005), *Educating School Leaders*, The Education Schools Project.

**Matthews, P.** (2009) *Twelve outstanding secondary schools: excelling against the odds*, Ofsted: England.

**Ross, J.** and **P. Gray** (2006), School Leadership and Student Achievement: The Mediating Effects of Teacher Beliefs, Canadian Journal of Education, v29.

**Matthews, P.** (2009) Twenty outstanding primary schools: Excelling against the odds, Ofsted: England.

**Morgan, G.** and **R. Hawkins** (2004), "Generational Change in the Principalship", Leadership Fellowship 2004 – Frank Farrell Award, NSW Department of Education and Training.

**Murphy, J.** (1992), "The landscape of principal preparation: Reframing the education of schools administrators", Newbury Park.

**OECD** (2010), *Improving Schools: Strategies for Action for Mexico*, OECD Publishing.

**OECD** (2011), *Improving Lower Secondary Schools in Norway*, OECD Publishing.

**Olson, L.** (2007), "Getting Serious About Preparation" in *Leading for Learning*, Supplement to the 12 September 2007, issue of Education Week.

**Paredes, R.** and **V. Paredes** (2010), "Chile: Educational Performance and Management under a Rigid Employment Regime", CEPAL Review N° 99.

**Pont, B., D. Nusche** and **H. Moorman** (2008), *Improving School Leadership: Volume 1: Policies and Practices*, OECD Publishing.

**Pont, B., D. Nusche** and **H. Moorman** (2008), *Improving School Leadership: Volume 2: Case Studies on System Leadership*, OECD Publishing.

**Reeves, P.** and **J. Berry** (2008), "Preparing, Developing and Credentialing K–12 School Leaders: Continuous Learning for Professional Roles", National Council of the Professors of Educational Administration.

**Robinson, V., C. Lloyd** and **K. Rowe** (2008), "The Impact of Leadership on Student Outcomes: An Analysis of the Differential Effects of Leadership Types".

**Ross, J.** and **P. Gray** (2006), "School Leadership and Student Achievement: The Mediating Effects of Teacher Beliefs", *Canadian Journal of Education*, v29.

**Smith, B., R. Harchar** and **K. Campbell** (2006), "Reality Check: Designing a New Leadership Program for the 21st Century", National Council of the Professors of Educational Administration.

**Witziers, B., R. Bosker** and **M. Kruger** (2003), "Educational Leadership and Student Achievement: the Elusive Search for an Associaton", *Educational Administration Quarterly*, Vol. 39.

# 第二章
# 培育优秀教师：教给学生21世纪的技能

在21世纪，学生必须具备不同以往的新能力，以应对来自生活和工作的挑战。为此，许多国家在课程、教学和评估等方面进行了广泛的改革。在飞速变化发展的世界中，年轻人成功所需的技能是什么？什么是教师所需的用于有效地传授给年轻人的必备技能的能力？当然，由此产生的问题是，需要什么样的教师培训项目，才能使其培养的师范类毕业生为21世纪课堂教学做好准备。然而，这个问题很难利用现有可比较的证据来回答。

## 学生技能需求的变化

众所周知，世界正在发生着日新月异的变化，个体和社会都在面临着全球化和现代化带来的挑战。对于21世纪的教育工作者来说，最具有挑战性的困难是基于日常规则的知识，既是最容易传授和检测的，又是最容易数字化、自动化和外包化的。21世纪技能的问题，并不意味着与传统教育内容毫不相干，而事实上，恰恰与其密切相关。[1]

---

[1] 关于21世纪技能的更详细信息，请参见Trilling,B. and C.Fadel(2009), 21st Century Skills-Learning for Life in our Times, Wiley。

以数学为例，传统的数学课通常是在一个抽象的数学世界里进行的。例如，教学生算术技巧时，教师首先使用从真实情景中提取出来的公式，使学生们无法看到公式与真实情景的联系，然后给学生们一些算术题让他们完成；或者教师给学生们展示如何运用一些特殊类型的方程式，然后再给学生类似的方程式让他们去解答。与此相反，在21世纪，学生们需要理解数学的基本概念，他们需要在面临一种新的情况或者问题时，能够将其转化成一种与数学相关的形式，通过数学方法来改善所遇到的问题，再确定并运用相关的数学知识来解决问题，然后在最原始的问题情境中评价解决问题的方案。进一步来讲，通过提出新颖的问题解决方案或者是设计没有标准答案的新问题，学生们的创造力会得到大大提升。再以读写能力为例，过去的读写能力主要是指"学会阅读"，这是一整套专门技能，个体只要曾经学会阅读，就可以终生拥有加工、处理获得广泛认同的编码知识主体的能力。在21世纪，读写能力则是指"为了学习而阅读"，是定义、理解、创新和交流知识，以及在不断变幻的情景中使用具有不同关联性书面材料的能力与动机。过去，教师让学生们到百科全书中寻找问题答案就足够了，而且学生们通常认为他们在百科全书中找到的答案是正确的。而现在，读写能力可以是求知欲、自我引导、非直线型信息结构管理、建立个人心理表征，以及通过互联网以个性化的方式综合信息的能力；读写能力还可以是处理歧义、发展健康的质疑精神和追问探究的心态，以及解释和分析相矛盾的信息片段的能力。

同样，学校常规的问题解决方案是先将问题分解成若干个能够掌握的单元或片段，然后再传授学生解决问题的技巧。而现在，个体通过综合不同的单元与片段来创造价值。这与个体的思维开放性有关，个体可以将那些之前看似不太相关的思想连接在一起，当然，这也要求个体熟知或易于接受不同领域的知识。世界已经不再单单分为专才与通才。在21世纪，人们认为更重要的是复合型人才（the Versatilists），因为复合型人才能够将深层次技术技能应用到日益扩张的情境与经验范围之中，获取新的能力、建立人际关系、承担新的角色。复合型人才不仅具有持续适应与调节的能力，而且还能不断地学习与发展，从而在飞速发展的世界中不断定位和重新定位自己。

在所有21世纪技能中，特别值得一提的是创造能力和创新能力。在国家、组织和个人层面，创造能力和创新能力被公认为解决就业问题、个人发展问题和社会危机问题的希望。学校需要通过所有学科，而不仅仅是人文学科，来有意识地、系统地培养学生的创造能力和创新能力。

最后，在今天的学校里，学生通常采取自主学习，到学年末，学校统一组织鉴定学生们的个人学业成就。但是，世界越是彰显相互共存与相互依赖的特征，个体的合作精神与组织协调能力也就越为重要。在这个扁平化的世界里，今天所有的个人专有知识都将在明天成为任何一个人的可用资源。在沟通与协作力量日益增强的知识储存世界中，堆放在任何角落的知识都在迅速贬值。

很多学者努力将21世纪技能进行系统化分类，而大多数分类框架都得出以下特性的分析结果（见专栏2.1）。

---

**专栏2.1　ATC21S——21世纪技能教学与评价项目**

21世纪技能教学与评估项目（ATC21S）开始的前提是，在知识经济社会中，最基本的技能是学会与他人合作、学会技术整合。21世纪技能教学与评估项目集合了全球60多所研究机构的250余名研究人员，这些研究人员将21世纪技能分为四大板块。

**思维方式：** 创新思维、批判思维、问题解决、学习决策

**工作方式：** 沟通与合作

**工作工具：** 信息通讯技术、信息素养（information literacy）

**生存技能：** 公民道德、生活与职业、个人与社会责任

该项目还概述了应对实践中各种变化的评估体系的性质，说明了评估体系与教学之间转换的技术运用，并且提出了评估21世纪技能的模式。

更多信息，可见 **www.atc21s.org.**

查尔斯·法德尔（Charles Fadel）将21世纪教育定义及课程方面的相关挑战归纳为以下内容。[1]

**知识**——相关要求：学生缺乏目的动机，并且经常不知所措，反映出教育系统无法与现实世界相关联。他建议有必要反思教学内容的现实意义和应用价值，采取行动来实现理论与实践之间更好的平衡。

**技能**——教育成果的必需品：高阶技能（"21世纪技能"），例如，4C能力（4C's），分别是创新能力、批判思维、沟通能力、合作能力（Creativity, Critical thinking, Communication, Collaboration）。查尔斯认为，超负荷的

---

[1] 查尔斯·法德尔是课程设计中心的创始人和会长，关于21世纪教育定义课程方面更详细的分析，请参见http://curriculumredesign.org and co-author with Bernie Trilling of 21st Century Skills (Wiley, 2009), *www.21stcenturyskillsbook.com/index.php*。

课程内容导致学生们在习得技能时更加困难；换句话说，教师也很难通过深入实践教学计划来向学生传授技能。而且他还进一步指出，虽然人们在技能的内容、以及通过项目使用教学方法会影响技能的习得等方面达成一定的共识，但是，学生在校期间，教师很少有足够的时间向学生传授课堂内容的深层本质，而且很少有人将教师的专业知识与指导材料和评价体系相结合，将知识与技能联系成一个融合的整体。

**特性**（行为、态度、价值观念）——面对世界日益增长的挑战：随着社会变革复杂性的增长，人们重新发现教学品格特性的重要性。例如，性能相关的特性包括适应力、持久力、灵活性；道德相关的特性包括诚实、正义、同情心、道德标准。公共教育系统面临的挑战，基本上类似于查尔斯所描述的以上技能传授时可能遇到的挑战；然而对于私立学校来说，应对额外的、具有复杂性的个性发展问题，已经成为其内在任务的重要内容。

**更高层次要素**（学会学习、学科交叉、系统思考、个性化等）——这些更高层次的要素经常会被忽略，很少被提及，当然也极少采取实际行动。更高层次要素分为三个维度，分别是基本建立终身学习的习惯，形成知识迁移的能力；构建专业知识与技能，通过类比提升创新能力；增强学生自身素质的复合性，应对不同的个体需要。

# 一个基于教师需求的议程

技能需求的变化对能力培养产生着深远的影响，教师只有获得行之有效的教学能力，才能将21世纪技能有效地传授给他们的学生。在上一代，教师们有理由期望自己的教学内容能够持续一生，因为当时在很多国家，内容固定的教学大纲就是教育的核心。而今天，个体可以在搜索引擎中查找任何内容，基于日常规则的知识正在被数字化、自动化和外包化的。而且，工作岗位正在迅速发生变革。此时，教师需要使学生们成为终身学习者，使他们掌握计算机无法轻易取代的、非常规的、复杂的思维方式和工作方式。在过去，政策重点关注于教育供给；而现在，则注重教育结果。政策导向从向上看转变为向外看，关注的不再是同一区域同一层次的教育实践，而是关注未来的教师和未来的学校。过去的教育只是传递知识与智慧，而当代教育面临的挑战是在一线教师和学校领导者中培养出智慧的生产者。过去，教师使用同样的教学方式给不同的学生上课；而现在，人们期望教师可以通过不同的教育实践掌握多元化、因材施教的教学方法。过去的教育目标是培养符合统一标准的人才；而现在的教师目标是要培养有独创精神的一代人，要使他们获得个性化的教育经历。过去的教育以课程为中心，而现在的教育以学习者为中心，这就意味着教育系统越来越需要鉴别不同个体在学习过程中的不同差异，并且建立新的教育供给模式，从而使每一位学习者能够运用最适合他们的学习方式来促进自身发展。

简言之，当今社会所需的教育要求教师成为高水平知识工作者，在不断增长专业知识的同时，还要提升个人的职业发展。教师需要成为创新的代言人，因为创新对于通过提升效率和产量来促进新资源增长是至关重要的。[1] 在教育领域也是如此，创新在课程与教学中的应用，有助于改善学习成果，培养学生应对21世纪劳动力市场快速变化所需的技能。在许多国家，创新教学都被公认为学校评价与教师评价体系中的重要要素。2008年经合组织的教学国际调查（the OECD teaching and learning international survey，TALIS）[2] 报告结果可以使人们清醒地认识到一个事实，即调查中四分之三的受访者反馈他们正在进行的创新教学得不到相应的嘉奖，鼓励创新教学的激励机制正在萎靡。[3]

**专栏2.2　新加坡21世纪教师教育模式（TE21）**

新加坡国立教育学院（NIE）附属于新加坡南洋理工大学，是一所大学依托型教师教育机构，力求通过提供理论基础来培养"思维型教师"，同时与重要的利益相关者、各级各类学校保持紧密的联系，以确保有效教学实践和教师专业发展的实现。新加坡国立教育学院开展的21世纪教师教育新模式，旨在提升教师教育的关键要素，包括哲学基础、课程设置、教学目标、教学方法。这

---

[1] 教师教学工作创新内容的更多分析，请参见OECD(2010a)Innovation Strategy A Head Start on Tomorrow, OECD Publishing。

[2] 国际教学调查（Teaching and Learning International Survey，简称TALIS，实施于2007—2008年），主要关注中等教育低年级阶段（1997年国际教育分类标准中的第二个层次）学校的领导者和教师，试图提供相关数据支持将政策重点放在学校领导力的作用和功能、如何评价和反馈教师教学工作、教师专业发展、教师对其教学实践的信念与态度等方面上。国际教学调查是由经合组织国家和合作国共同努力的结果。参与2008年调查的23个国家是：澳大利亚、奥地利、比利时（荷语文化区）、巴西、保加利亚、丹麦、爱沙尼亚、匈牙利、冰岛、爱尔兰、意大利、韩国、立陶宛、马来西亚、马耳他、墨西哥、挪威、波兰、葡萄牙、斯洛伐克、斯洛文尼亚、西班牙和土耳其。原本调查还包括荷兰，但是由于荷兰的调查没有完成取样标准，因此荷兰的数据没有参与国际比较。

[3] 相关数据请参见OECD(2009), Creating Effective Teaching and Learning Environments: First Results from TALIS,OECD Publishing。

些要素被视为应对21世纪课堂挑战的关键前提条件。21世纪教师教育模式要求教师应具备三种价值观念：以学习者为中心、教师身份的认同、对专业领域与社会的贡献。以学习者为中心的价值观念体现在将学习者置于教师工作的核心地位，意识到学习者的多样化发展需求，相信所有年轻人都可以学习，关心所有学习者，使学习者在教学过程中获得学业成就了解不同学习者学习的最佳方式，学会设计最适宜的学习环境。教师身份认同的价值观念体现在飞速变化的教育环境下，教师以高标准和强动力来学习，并不断完善自己，以满足学生们的需求。对专业领域与社会的贡献价值体现在教师义务上，广大教师通过积极合作和努力成为更好的实践者，使整个教育共同体受益。这种教师教育模式还强调指出，教师必须根据最新的全球趋势掌握相应的新知识与新技能，从而提升学生们的学业成果。

| 21世纪教育专家的特质 | | |
|---|---|---|
| 价值观念一——以学习者为中心 | 价值观念二——教师身份的认同 | 价值观念三——专业与社会贡献 |
| —具有同情心<br>—相信每一个学生都能学习<br>—致力培养每一个学生<br>—重视学生多样性 | —高标准<br>—寻找真实本性<br>—促进学生学习<br>—努力完善自我<br>—热情<br>—适应力、灵活性<br>—道德标准<br>—专业精神 | —合作学习与实践<br>—建立师徒关系<br>—社会责任与社会参与<br>—管理工作 |

| 技能 | 知识 |
|---|---|
| —反思技能和批判思维能力<br>—教学技能<br>—人员管理技能<br>—自我管理技能<br>—行政管理技能<br>—沟通交流技能<br>—引导讨论技能<br>—业务技术技能<br>—创新管理技能<br>—社交智能和情感智能 | —自我<br>—学生<br>—社会群体教学共同体<br>—学科内容<br>—教育学<br>—教育基础和教育政策<br>—课程<br>—多元文化素养<br>—全球视野<br>—环境意识 |

资料来源：www.nie.edu.sg/files/spcs/TE21_Executive%20Summary_101109.pdf.

第二章 培育优秀教师：教给学生21世纪的技能

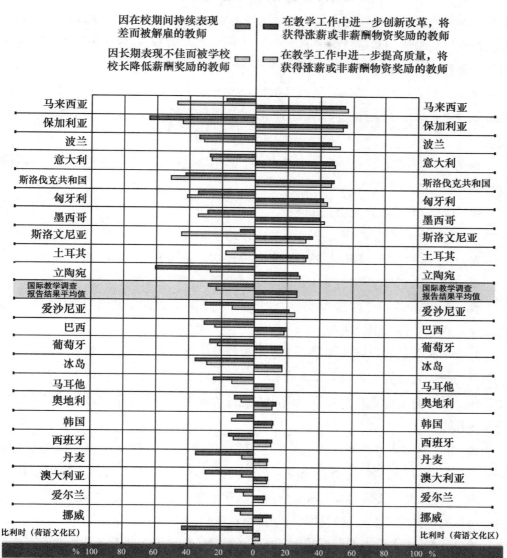

表2.1 教师表现影响结果统计表

资料来源：OECD (2009), Creating Effective Teaching and Learning Environments: First Result from TALIS, Table5.9.

教师培训项目要怎样开展，才能培养出在21世纪课堂中教学表现优秀的师范毕业生？各国教育系统都在努力寻找这个问题的答案。然而，国家与国家之间没有一致的准则来衡量成功和质量保证的标准。不过，世界各国都一致认为提供21世纪学习环境是教师培训项目中的重要因素。

例如，经合组织的《创新学习环境比较研究述评》（The OECD's Comparative Review of Innovative Learning Environments）指出，为提高教学效率，应构建的学习环境为：①

● 以学习为中心，鼓励学生参与，并能够使学生意识到他们的角色是学习者的地方；

● 保证学习的社会性和合作性；

● 高度协调学生的学习动机和重要的情绪情感；

● 对个体的差异性极度敏感，这种差异包括先验知识；

● 对每个学生有一定的要求，但不让学生承受过重的负担；

● 使用评价手段，并强调形成性评价反馈的作用；无论在是校内还是校外，促进活动课程与学科课程的联系。

综合起来，这些原则形成了一个基于教师专业化需求的框架。除了发展个人技能以外，教师还需要有机会与他人合作，共同设计满足特殊学生群体学习需求的学习环境，促进自身专业化发展，以团队方式进行教学。《创新学习环境比较研究述评》还指出：

● 为了能够熟练地使用不同的教学方法，教师需要精通其所教学科的专业知识。必要时，改变教学方法来优化学生的学习，包括教授特定内容的策略和方法；

● 教师需要一整套内容丰富、全面的教学策略，以及整合教学方法的能力，并且能够因时因地采用具有针对性的教学策略和教学方法；

● 教学策略应包括直接教学法、整体教学法、指导发现法、小组合作探究法、简易化的自学法和个人发现法，还应该包括个性化的反馈；

● 教师需要对学习的发生过程有深层的理解，总的说来，特别包括学生的个体学习动机、情绪情感和课堂外的生活；

● 教师需要能够以高度协作的方式工作，与其他教师、在同一组织的专业人员和专业辅助人员、或者其他组织的个人、专业团体和不同合作关系的网络组织，以

---

① 关于创新学习环境的更详细内容，请参见OECD(2010), The Nature of Learning: Using Research to Inspire Practice, OECD Publishing.。

及实习辅导教师等一起工作；

● 教师需要获得较强的技术技能，并且能够将技术技能作为教学工具熟练使用，在教学过程中既能够优化数字资源的利用，又能够使用信息管理系统记录学生的学习过程；

● 教师需要通过与他人协作，不断发展协助设计、领导、管理和规划学习环境的能力；

● 教师需要反思教学实践，并从中总结经验。

以上内容都意味着教师学习（teacher learning）的内涵和外延。一些国家通过创新教学材料和教学方法来改变教师对学习根深蒂固的看法和态度。创新教学方法也认为，教师学习过程必须与其他教师一同进行，它不只是一个独立的练习过程，而且还应是一种合作学习，这种合作学习的有效性是一个专业连续体（professional continuum）的组成部分（见专栏2.3）。

对于教师学习来说，教师个体的需要层次水平是非常重要的。2008年的TALIS数据建议，教师需要在包括教学实践领域在内的关键领域获得发展。事实上，调查中超过一半的教师呼吁，他们希望获得比在18个月的调研期间接受的更多的专业发展培训。每个国家的教师专业发展，都在很大程度上无法满足教师的需求，需求范围从比利时荷语文化区的31%，到巴西、马来西亚和墨西哥的80%以上。[①]

**专栏2.3　芬兰的教师教育**

在芬兰，教师教育至少有四种显著的特点。

● 以研究为基础。人们希望教师职业的应聘者不仅能够熟悉教育和人类发展的基本知识，还要能够撰写等同于硕士学位毕业论文标准的研究性论文。高年级教师通常在自己的专业领域选择一个主题，低年级教师通常研究教育学某些领域的问题。要求应聘者能够撰写研究性论文的依据是，期望教师在整个职业生涯中参与到学科课程探究中去。

● 强烈关注发展学科教学知识。传统的教师培训项目经常认为好的教学法是可以通用的，假设以好的提问技巧为例，它同样适用于所有学科。因为芬兰的教师教育是教师教育师资和学术科目师资共同的责任，所以芬兰教师教育的

---

① 相关数据请参见OECD(2009), Creating Effective Teaching and Learning Environments: First Results from TALIS, OECD Publishing.

实质是关注对于未来的初级教师和高级教师都十分关键的学科教育学。

● 所有芬兰教师都接受过良好的培训，能够诊断学生们的学习困难，并根据学生们不同的学习风格和多样化的学习需求来改变自己的教学方式。

● 非常明显的客观要素（clinical component）。教师培训不仅包括广泛的教学方法方面课程，特别强调在技术发展水平实践中使用基础研究成果，而且至少还要在与大学相关的学校中具有一年的教学经验。这些示范学校计划的开发和示范创新的实践，同时也重视增强教学方面的研究。

在这些示范学校中可以看出，师生共同参与问题解决小组是芬兰学校的一个共同特征。问题解决小组主要开展计划、行动、反思、评价等循环活动，并通过教师教育项目来强化以上循环活动的实践。事实上，问题解决小组是教师为其学生制定教学计划的一种模式，教师期望学生们可以在学习的过程中使用类似的研究与探索的方法。整个系统意在通过不断重复的反思、评价和问题解决等活动来提升课堂、学校、地市和国家等层面的教育水平。

资料来源：OECD(2010), Strong Performances and Successful Reformers in Education- Lessons form PISA for the United States, OECD Publishing.

## 通过理解学习过程改善教学实践

提高教学水平的核心基础是理解学习的过程。在过去的几年里，能够证明学生如何学习的依据急剧增加。然而，这些知识基础并没有对教师的课堂教学实践产生深刻影响。研究表明，教师像大多数人一样，总是通过过去的经验和已建构的教学理念来诠释新的理念。①因此，创新理念经常简单地被传统课堂实践吸收。

有趣的是，教师关于教学实践的理念在不同的国家竟然具有惊人的一致性。2008年TALIS报告显示，平均而言，在23个参加调查的国家中（除一个国家之外），所有教师都把学生看作是知识习得过程中的参与者，教师也不只是单纯地扮演直接传播知识的角色。不过，各国教师之间的相互认同具有两种方式的区别。澳大利亚、韩国、西北欧国家、斯堪的纳维亚国家的教师比马来西亚、南美和南欧国

---

① 关于理解教学理念的更详细讨论，请参见Remillard(2005)。

家的教师更偏好于具有建设性的见解，东欧国家的教师则在两者之间。[①]

然而，改变根深蒂固的观念本身就是一种挑战。拓宽教师的全部技能不仅仅是帮助教师进行改变，而且要在教学实践过程中不断发展和更新专业知识基础。

经合组织《创新学习环境比较研究述评》中的多个维度表明，创新学习环境的承诺应予以兑现。

# 探究式教学

探究式教学由一系列方法组成，例如，设计式教学和问题式教学（具体事例见专栏2.4）。探究式教学用于学生小组学习是很有效的，特别是根据课程设置确定教学目标和对学生进行定期评估时。[②] 因此，教师专业发展就需要包括评价学生的学业表现。评价方法的设计也很关键。具体来说，如果只针对传统的学习成果进行评价，那么探究式教学法和传统式教学法基本上产生相似的结果。而探究式教学的额外成效是它促进了交流、合作、创新和深度思考。当教学评价试图测量学生们如何应用其获得的知识和推理能力水平时，探究式教学的成效就变得很明显了。

与此同时，采取探究式教学法比通过教科书和讲座向学生直接传播知识更为复杂。这些教学法很大程度上依赖于教师的知识和技能。[③] 不理解以学生为中心的教学方法的教师很可能认为这些方法是非结构化的，因为当他们开展教学活动时，他们并不理解不断评价和修订教学法的必要性。

课堂志研究表明，简单地为学生提供内容丰富的信息资源和有趣的问题已经不足以开发出成功的探究式教学法。[④] 学生们需要在理解问题、应用已习得的知识、评价设计方案、解释失败原因和调整学习方法等方面获得帮助。他们通常需要一些显性教学，例如，使用资源、查找信息、组织和交流思想、设定目标和评价学习进展。教师必须利用这些教学法，鼓励学生进行自我评价、运用事实依据和合作学

---

① 相关数据请参见OECD(2009), Creating Effective Teaching and Learning Environments: First Results from TALIS,OECD Publishing。
② 关于探究式教学的更多讨论，请参见Brigid Barron & Linda Darling-Hammond. Prospects and Challenges of Inquiry-based Approaches to Learning, in OECD(2010), The Nature of Learning: Using Research to Inspire Practice, OECD Publishing。
③ 关于探究式教学的更多讨论，请参见Good and Brophy (1986)。
④ 关于探究式教学的更多讨论，请参见Barron, et al, 1998; Gertzman and Kolodner,1996; Puntambekar and Kolodner,2005。

习，来提升工作的有效性。

现有证据表明，目前世界各地盛行的教学实践中尚未采用这些方法。2008年TALIS报告指出，教师们在课堂中多采用传统的结构化教学实践，而以学生为本的实践和提高教学活动的实践相对而言并不频繁。尽管教学模式对于所有参与TALIS调查的国家来说都是相同的，但是从调查结果来看，各国之间存在巨大的差异。调查报告建议各国教育系统更多地使用以学生为本的教学实践和提升教学活动的教学实践，因为这些教学实践模式有利于探究式教学法的发展。①

> **专栏2.4** "少教多学"教学模式
>
> 2004年新加坡国庆大会上，新加坡总理李显龙提出了"少教多学"（Teach Less, Learn More）的口号，成为继1997年新加坡教育部提出的"思考的学校，学习的民族"（Thinking School, Learning Nation）教育改革之后又一项重要的教育改革理念。"少教多学"的目标是为课程设置提供更多的"白色空间"（white space），使学生们更多地参与到"深度学习"之中。尽管新加坡教育系统的成功得到了广泛认可，但是学习者还是被视为太过于被动、课程内容超负荷，他们并不是被激励而主动去参与课堂表现，反之是被迫参与的。"少教多学"旨在"通过提倡一种不同的学习范式，来感动学生的心灵，启发学生的思想。在这种教育范式中不必依赖死记硬背式的机械学习和反复的测试与教学，而是要增加更多的参与学习、进行经验探究、异步差异教学、终身技能学习等，通过创新有效的差异教学方法塑造学生的人格"（新加坡教育部部长何鹏专访）。2008年新加坡将进一步按照这个方向通过一个试验，引导2015年的教学改革。新加坡教育部部长何鹏（Ho Peng）在专访中指出，新加坡教育系统有着较强的支持力，在阅读、数学和科学三门课程中一直保持重要的优势。然而，新加坡教育系统在软技能培训方面需要进一步加强。此外，"信息过载要求教学注重培养学生的批判分析能力，跨文化交流能够获得语言能力和更为广阔的国际视野。"
>
> 资料来源：OECD(2010), Strong Performers and Successful Reformers in Education: Lessons from PISA for the United States, OECD Publishing.

---

① 相关数据请参见OECD(2009), Creating Effective Teaching and Learning Environments: First Results from TALIS, OECD Publishing。

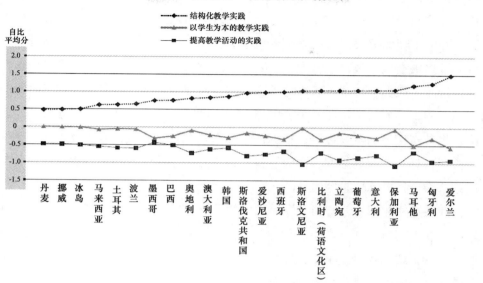

表2.2 教学方法——国家自比平均分

以上国家按照参与结构化教学实践，以学生为本教学实践和提高教学活动的实践的相对频率排序。可见，丹麦教师采用不同教学实践的频率比较相似，而爱尔兰教师使用结构化教学实践的频率大大超过以学生为本教学实践和提高教学活动的实践。

资料来源：OECD, TALIS Database.

# 将评价纳入教学过程

经合组织认为，一个有效的学习环境应该能够鼓励学生们成为学习者，并且井然有序的开展学习活动。例如，如果学习的过程没有按照预设计划进行，那么就需要调整教学方法和教学内容的呈现顺序。教师和其他教育专家可以在教学过程中的任何时候进行干预，包括课前、课中或课后。当一个教师发现某种教学方法在一个学生小组中效果显著，那么他就会将这种方法应用到其他学生小组中。在学习过程中，教师鼓励学生与其他同学进行协商和相互帮助时，也会采用教学干预手段。

学生评价是有效学习环境中的一个重要因素。同时，从长远来看，评价的获益是有限的，因为它仅仅是对学生现阶段成就的反馈。当世界各国评价的方式方法更为多样化时，各国之间就21世纪学生评价需要具备的关键特征达成了共识，例如，学生评价应该是多层次的,从课堂扩展到学校,再到地区,甚至是国家层面;学生评价也应该与21世纪学习目标、学习标准和教学体系的重大进展相一致;学生评价要适应并响应新的发展需求;学生评价应该在很大程度上以表现导向为基础;学生评价通过提供学生、教师和管理者的表现信息增加教学的价值;学生评价应该符合良好评价的一般标准(即在各级各类教育中,形成公正的、技术全面的、目标有效的、综合的、共通的评价体系)。另外,为提高学生学习成就,学生评价还需包括鼓励学生参与自己的学习过程;根据评价结果调整教学实践;认识评价对于学生学习动机和自尊心的深远影响,因为动机和自尊心是影响学习的重要因素;培养学生自我评价和自我提升的能力。[①]

目前在这些领域中,有很多令人鼓舞的倡议(见专栏2.5)。然而,相当大一部分教师对于他们有效评价学生的能力没有信心。例如,2008年经合组织的教学国际调查中显示,意大利、立陶宛、马来西亚等国家中1/4或者更多的初级教师报告提出希望在评价领域中获得专业发展的需求。[②]

> **专栏2.5　苏格兰和瑞典的课程嵌入型评价**
>
> 课程嵌入型评价(curriculum-embedded assessments)可以应对许多评价发展过程中的挑战,起到指导性的作用。课程嵌入型评价避免了教师设计评价的适应能力和可靠程度的问题。精心设计的课程嵌入型评价或者按需评价可以促进教师评价的有效性——以确保教师能够对学生学习过程与学习目标之间的相关度作出合理的判断,并且及时提供相关信息。
>
> 瑞典和苏格兰都发展按需评价。教师可以决定学生们什么时候准备参加某一学科或者某种技能的测试,并从中提取一些核心的评价任务。控制测试时间意味着教师能够针对学生们所学单元内容进行相关的反馈。在苏格兰,由一个中心系统规划课程标准、关键技能、课程主题、课程概念等方面内容的评价任务。评价方式通常是有计划的、被管理的、深入本土的、以中心指导方针和标准为基础的。此外,集中发展的评价方式也是可用的。按需评价结果可以占期

---

① 关于学生评价的更多讨论,请参见Dylan William. "The Role of Formative Assessment in Effective Learning Environment" in OECD(2010), The Nature of Learning: Using Research to Inspire Practice, OECD Publishing.
② 相关数据请参见OECD(2009), Creating Effective Teaching and Learning Environments: First Results from TALIS, OECD Publishing.

末测试成绩的50%。

资料来源：Janet W. Looney(2011), "Integrating Formative and Summative Assessment: Progress Towards a Seamless System?", OECD Education Working Paper, No.58.

# 合作学习

当学生们在学习过程中共同参与、相互合作时，课堂就会变成充满活力、富有创造力的学习环境。此时，课堂不仅仅是为了获得知识，还是为了学习当今经济社会所需的沟通能力（见专栏2.6和2.7）。[①] 信息通讯技术的广泛应用和高速发展，都在改变着21世纪合作学习的本质。

关于合作学习的研究表明合作学习对学业成就有积极的影响。[②] 然而，研究也建议不应该为此而放弃个体的自主学习。合作学习和自主学习是并行不悖，相辅相成的。

很多教师声称，他们经常使用合作学习的教学技巧，但是观察研究发现，这些技巧的使用通常是非正式的，没有将小组目标同个人责任结合在一起，而研究证明这才是合作学习的本质。合作学习因其所需经费相对较少，而易被教师采纳。尽管合作学习的效果得到了证实，但是它仍旧处于学校政策和实践的边缘。

> **专栏2.6　学习共同体——以西班牙安达卢西亚自治区首府塞维利亚的CEIP项目为例**
>
> 公立幼儿园和公立小学的所有学习者都有被孤立的危险。教师们极力希望改变这种情况，并且认为学习共同体是提供优质教育的核心理念，它可以打破贫困和社会排斥的循环。通过这样的行动和方式可以实现——每周一次辅导，学生代表会议，专题研究的讨论，每月一次家庭集会，与地区教育管理人员共同制定详尽的、包括学业成就指标和障碍在内的评价工具。合作学习的一个主

---

[①] 关于合作学习的更多讨论，请参见Robert E. Slavin. "Co-operative Learning: What Makes Groupwork Work?", in OECD(2010). The Nature of Learning: Using Research to Inspire Practice, OECD Publishing.
[②] 关于合作学习的更多讨论，请参见Lehtinen, 2003; Salomon, 1993; van der Linden, Erkens, Schmidt, and Renshaw, 2000。

要特点是基于互动式小组的活动。学习者通常被分若干小组，每组成员约5至6人，上课时间按照每15至20分钟为一段分段，每组学生都专注于不同的活动，但是这些活动的主题都是紧密相关的，每个小组的活动可以由来自家庭、高校和合作协会的志愿者协调开展。无论是在一个班级、一个年级或是几个不同年级中，专题研究的目的都可以通过4个步骤克服课程设置的割裂：计划、研究、组织和评价。

资料来源：Country case for the OECD "Innovative Learning Environments" project.

### 专栏2.7 学生团队学习（STL）小组合作探究

大多数合作学习的试验研究中都运用了学生团队学习方法（STL）。所有合作学习方法都具有同样一个理念，即学生们共同学习，对他人学业的责任感就像对待自己的学业一样。学生团队学习强调团队目标和对成功的集体定义，只有团队的全体成员都学习了教学目标，才能算取得了成功。也就是说，重要的不是在一起做什么，而是作为一个团队共同学习了什么。团队学习方法有3个核心概念：1）团队奖励，2）个体责任，3）平等的成功机会。

学生小组成绩分工法（Student Teams-Achievement Divisions, STAD）已经广泛地应用在各个学科中，最适于讲授界定明确的教学目标。例如，数学计算与应用、语言使用与方法、地理和地图技巧、科学事实和概念。学生通常在四人一组的异质性团队中互相帮助，掌握学术内容；教师则遵循教学、团队合作和个人评价的计划。异质性团队的资格认证和其他认可基于每周测试时所有成员的平均分数。很多学生小组成绩分工法研究发现，这种方法在数学、语言艺术、科学以及其他科目中，能够给传统学习成果带来积极影响。

小组游戏竞赛法（Teams-Games-Tournament, TGT）与学生小组成绩分工法运用同样的教师讲解和团队合作方法，但是用每周的比赛代替测试。学生通过为自己的团队贡献分数，来与其他团队的成员竞争。无论成绩分布如何，每一场竞赛的获胜者都可以为其团队赢得同样的分数。这就意味着低成就者（竞赛中成绩较差者）和高成就者（竞赛中成绩较好者）都拥有同等的成功机会。

资料来源：OECD(2012), The Nature of Learning, OECD Publishing, Chapter 7.

## 课堂中的先进技术

了解学生如何学习、如何在课堂之外进行社会交往，是教师最本质的工作，很多成果都可以证明这一点（见专栏2.8-2.12）。数字媒体具有改变学习环境的潜力，能够使学习者在自我教育过程中更加积极。[①] 然而，在传统学习环境中，学生和教师经常没有办法或者并不被鼓励在课堂上使用计算机和其他信息通讯技术。PISA测试结果表明，在不同的国家和经济体中，学校计算机使用情况差异很大。[②]

> **专栏2.8　虚拟网络空间中的教师合作**
>
> 在荷兰，一份2008年关于开放教育资源的报告激发了人们对全国教师合作开发教学资源和教学实践行动的兴趣。行动的结果是wikiwijs的诞生，取wikiwise（维基知识）之意。Wikiwijs是一个互联网平台，教师可以从中搜索、下载、开发和共享教育资源。按照教育部的要求，荷兰开放大学和肯尼思网络公司开发了这个平台，平台以开放式资源软件、开放式内容和开放式标准为基础。Wikiwijs平台于2009年12月开始投入使用，经过8个月的测试修改后，修订版本于2010年9月正式推出。
>
> 教师可以在课堂中免费使用wikiwijs数据库中的认可资料。虽然wikiwijs平台范围覆盖从小学到大学的整个荷兰教育系统。但是，在试验期间，平台能够检验的科目只有数学和荷兰语。Wikiwijs的所有资料均为荷兰语。
>
> 资料来源：http://www.wikiwijs.nl/task/international.psml.

在课堂中使用技术不应该与技术导向教学方法相混淆。假设学生和教师都将适应新技术的要求，技术导向教学方法的问题就在于它经常无法考虑到学生的实际情况。[③] 新技术的使用应该符合学生和教师的需求，而不是只把它看作是一个终结。2008年TALIS报告显示，初级教师对信息通讯技术方面的职业发展提出了强烈的要

---

① 关于教学数字媒体的更多信息，请参见Richard E. Mayer, Learning with Technology?" in OECD(2010), The Nature of Learning: Using Research to Inspire Practice, OECD Publishing.
② 关于学校计算机使用情况的更多信息，请参见OECD(2010b), Innovative Workplaces; OECD Publishing.
③ 关于教学先进技术的更多信息，请参见Norman(1993).

求。巴西、爱尔兰、立陶宛和马来西亚四国超过1/3的教师指出,在信息通讯技术领域有急切的发展需求。①

> **专栏2.9　澳大利亚和新西兰的"学习联盟"(TLT)**
>
> 学习联盟是一个跨国合作项目,是为澳大利亚和新西兰学校共同开发的在线教育资源建设项目。学习联盟为学校开发了学习对象和学习内容管理系统。很多人提议内容开发应该适应课程、专业发展和系统中其他优先发展领域的要求。
>
> 学习联盟是一个为澳大利亚和新西兰学校提供在线教育资源的项目,它开发健全的教育规范和新的信息传送系统,例如,网络门户、学习管理系统和内容管理系统。一些学校应用了专业的软件程序包来支持这些系统功能。学习联盟还开发了"基本的在线学习工具箱",为学校提供学习对象管理的基本功能,直到综合学习管理系统可以在各个行政辖区内应用。州和地方教育当局也开展了积极的行动,为其管辖的学校提供在线教育资源。
>
> 资料来源:OECD(2010), Inspired by Technology, Driven by Pedagogy, OECD Publishing, Chapter 10.

> **专栏2.10　1:1行动——一个学生,一个数字设备**
>
> 掌上电脑为1:1教育行动提供了便利条件,因为它比笔记本电脑更经济实惠。在过去的十年中,全世界越来越多的公共与私人利益相关者一直支持着1:1教育行动。在美国,缅因州第一个为全州范围内每一个7年级和8年级学生、以及7年级至12年级的教师配备个人获取学习资源的技术设备,每个孩子一台笔记本电脑的行动(One Laptop per Child, OLPC)激发了低成本设备、笔记本电脑和智能手机新种类的发展,俨然成为当代教育行动的技术驱动力。
>
> 信息通讯技术的设备成本降低,与笔记本电脑的重量越来越轻、无线网络可获得性增长相结合,已经成为快速传播这些行动和扩大应用范围的主要促成者。尽管现有支撑证据有限,但是很多研究赞同1:1行动在写作和信息通讯技

---

① 相关数据请参见OECD(2009), Creating Effective Teaching and Learning Environments: First Results from TALIS, OECD Publishing.

术方面的积极影响。

资料来源：Oscar Valiente(2010), "1-1 in Education: Current Practice, International Comparative Research Evidence and Policy Implications", OECD Education Woking Paper, No.44.

**专栏2.11** 澳大利亚维多利亚的库特尼花园小学

库特尼花园小学（学生年龄段在5到12岁之间），是设立于社会经济收入较低地区的一所学校，它集中使用多媒体设施和以研究为基础的个性化学习框架。学生通过多媒体电视演播室和无线电广播台，来培养学生组织能力、社会行为、阅读能力、运算能力、社会联系能力的发展。学校设有一个展演艺术中心和若干个户外健身站。教室的设计富有科技性和目的性，教师内设有供团队教学和小组合作的共享学习空间。教师团队每周会面一次，商讨教学计划、教学评价和朋辈合作，教师团队定期参加以研究为基础的教学辅导活动。学生学习进展情况记录在校内的电子数据追踪器上，这样就可以对学生课堂表现和学年表现进行评估。学生家长可以参加一个培训项目，然后根据项目内容为课堂教学提供帮助。

资料来源：Country case submitted to the OECD "Innovative Learning Environments" projects.

**专栏2.12** 加拿大艾伯塔省奥尔兹的社区学习型校园

社区学习型校园（Community Learning Campus, CLC）是一种高中教育、中学后教育和社区教育的创新方式，它与不同的社区小组和机构共同工作，并且分享彼此的资源。社区学习型校园重在提供一个活跃的、有建设性的和整体性的教育环境，以便在同一个地方进行高中教育与中学后教育（也可能是虚拟的环境），力图帮助学生平稳过渡，顺利进入劳动力市场、见习单位、学院或大学。在四个多功能设施中，社区学习型校园既可以是虚拟的学习空间，又可以是实体的学习空间：1）重点高中；2）艺术与多媒体中心；3）卫生与健康中心；4）贝尔网络学习中心。信息传递以研讨会或课堂为基础，二者均围绕社区学习型校园项目而组织建设。社区学习型校园计划围绕人员、知识、社区和全

> 球这四个支柱和社区学习型校园学习者地图上的导航栏进行组织，作为个体学习者做出路径决策和社区学习网络访问的框架。
>
> 资料来源：Country case submitted to the OECD "Innovative Learning Environment" project.

## 没有单一的最佳方法

教师的专业技能之一就是要了解如何使用所有不同的教学方法，并且能够掌握应用这些方法的时机。没有单一的最佳教学方法。与过去相比，这一特点在21世纪更为突出。当今，教师需要熟知如何依靠学生个体、教学情境和教学目标将"引导发现法"与"直接教学法"相结合。一个广为认可的评论指出，创新学习环境具有良好平衡的特性，一方面它可以平衡引导发现和个人探索之间的关系；另一方面它可以平衡系统教学和引导教学之间的关系。[①] 与此同时，创新学习环境还可以考虑到学生个体能力、需求和动机的差异。这一评论还认为，教师外部规定和学生自律之间的平衡在学生受教育期间是不断变化的，例如，学生自身能力的提高、明确的教学支持减少的同时，学生自律的额度仍然有所增长。

研究发现，当大多数首选教学方法得以有效实施时，都能产生积极的学习结果。这就意味着教师必须对每一种教学方法的特殊应用有很好的了解，而且必须能够在不同的情况下，针对不同的学生灵活地采取和运用这些教学方法。然而，扩展教师技能的推动力与其说是鼓励创新，不如说是促进学生学习。

## 为21世纪教学工作设计生态系统

想一想以下情况会发生什么：如果你在飞机上，飞行员在飞机下降时通过对讲机说："我总想着尝试在没有襟翼的情况下降落"；或是如果你的外科医生在手术前告诉你："你知道，我真的非常愿意做这样的手术，我早在1978年就学习怎样做

---

① 关于教学方法的更多讨论，请参见Mayer(2004)。

这样的手术了。"你还愿意参与其中么？①

教学工作的重要挑战之一就是要加强专业实践的"技术核心"。什么能够改善已被证实有发展前景的教学实践的使用与传播？我们如何能够在教育过程中形成并分享累积的知识？这就要求发展教育生态系统，来支持专业知识的创新、积累和传播。

将教学变成更为知识密集型的职业意味着需要重新考虑如何在教育领域创造和应用知识。生态系统有助于这样的创新与改善，它主要以教育领域中不同角色的态度和主流文化为基础，发展和传播知识，创新和预测风险。这样的生态系统需要利用四种资源，即由科学激发的创新与知识（研究与评估）、由商业实体激发的创新（基于新产品和服务的企业发展）、由实践者激发的创新与知识（教师、学校领导者）、由使用者激发的创新（学生、家长和社区）（见专栏2.13）。

**专栏2.13　创新基金——英国斯诺特基金会**

2009年，英国儿童青少年保护机构——儿童、学校和家庭部（the Department of Children, School and Family）创办了斯诺特基金会，资助那些以促进学生志向与成就为目标而创造学校与社区之间创新联系的优秀教师。基金会以教育家、工会主义者斯蒂文·斯诺特（Steve Sinnot）命名，用于选拔15位具有天赋的中学教育实践者，支持他们保持两个学期（及以上）中，每周用两天时间在任教学校创办面向校外的活动项目。斯诺特基金会通过联系网和资源网为每个项目提供支持。人们期待这些项目能够包括以下所有或者部分内容，例如，儿童和青少年活动、社区和志愿组织活动、工作世界与商业的联系、家长的参与、高等教育和成人学习、国际理解教育、获得法律支持和服务。最后，这些项目目标指向其社区核心的假日学校（anchor school）。

自这项行动开始后，很多子项目已经得到开发和实施。例如，其中一个是由伦敦一所中学体育课程教研组组长开发的子项目，主要培训一组学生成为篮球教练，培训结束后这些学生就可以在篮球比赛中训练低年级的学生。随着一位残奥会冠军成为项目顾问后，项目也促进了学生们的策划、预算和营销能力，增强了学生们的自信心，提高了学生们的领导能力。

---

① 关于生态系统设计的更多信息，请参见Elmore, R.(2002) "The limits of change", Harvard Education Letter, January-February。

> 另一个是由诺丁汉一所贫困地区中学中较为富裕的学校领导者创办的子项目。这所学校发展了国内与国际商业的联系，目的在于向学生们展示为什么在当今的劳动力市场中教育是如此重要。来自建筑公司的代表向学生们解释地方高校的部分建筑是如何建成的，并带领学生们参观这些建筑；来自欧洲法律公司的律师向学生们解释英国的司法体系，并且指导了一次模拟审判；来自国家能源公司的代表向学生们解释公司工作科学研究相关的知识。所有来自商业的代表讨论了所在领域的职业机会。作为项目的部分内容，一家全国连锁百货商店为学生们提供了一个面试技能日活动，组织了一系列模拟就职面试活动，向学生们展示了当他们想进入工作世界时所希望发生的事情。
>
> 第三个子项目是由大雅茅斯的一所贫困地区中学创作艺术课程组组长设计的。这所中学与私立寄宿学校合作，为两个学校的学生提供共同受益的机会，专门应对学生们的数学和计算机课程问题、经济问题和个人问题等。这个项目还创设了奖学金，允许贫困地区中学的一个学生赴私立寄宿学校学习。同时，学生们来自其他更加发达地区中学的学生作为贫困地区学校学生阅读和算术的小导师，为戏剧制作提供技术援助。而贫困地区学校的信息技术专家帮助私立学校开发其自身的信息基础设施。
>
> 英国政府对斯诺特基金会项目的评价可以参看基金会的官方网站。
> 资料来源：http://www.outwardfacingschools.org.uk/the-sinnott-fellowship/.

知识密集型教学工作的生态系统包括研究与发展、教育系统、学校组织、调动全方位技术（特别是信息通讯技术）、以及衡量教育中的创新与完善。

## 研究与发展

在大多数部门，公共和个人的研究或发展支出是一个衡量创新和知识的良好指标。教师应用的部分知识是由科学家开发的。例如，教师的实践必须受到诵读困难和计算困难的最新研究发现影响，这样教师才能够诊断相关情况，并且为受影响的学生们研发合适的教学策略（见专栏2.14）。

但是研究与发展不应该只局限于公共研究。例如，在健康领域，不仅仅是医生、外科医生和其他同行在创新，他们还需要制药业和医疗成像业（致力于开发的药品使用程序、药品管理方法）的配合协作。同样在教育领域，商业生产的产品和服务可以推进教育系统的效率和效能，将最新的知识运用到教师课堂教学设备中。

很显然，教育研究的公共资金总体而言是很少的。私人企业似乎不会投入大量资金在正规教育部门的知识生产上。与此同时，政策制定者也似乎没有制定一套清晰的策略来刺激教育研究发展中的商业投资。2008年接受经合组织调查的26个国家中，教育领域的公共研究与发展预算平均占到公共研究预算总额的1.8%左右。相比较来看，健康领域的公共研究与发展预算平均占到公共研究预算总额的8.6%左右。平均来看，经合组织国家的公共研究预算分配中，有15.5次健康研究预算多于教育研究预算，只有1.2次教育研究预算多于健康研究。

> **专栏2.14　新西兰最佳证据综合性计划（Best Evidence Synthesis Program）**
>
> 迭代法——最佳证据综合性计划（the Iterative Best Evidence Synthesis Program）是一个新西兰政府部门业务代理项目，通过研究与发展使教育实践能够对不同的学习者产生更多积极的影响。重要的积极影响不仅可以使相关部门获取所有权，还可以确立最有效的未来研究与发展的目标。
>
> 通常情况下，这类研究与发展要经过多次重复实践来创造一种有益于不同学习者的教育发展模式。计划的第一步是政府部门资助那些承担第一次迭代法最佳证据综合性计划研发的教育研究者及其开发的合作性可重复的程序。这一计划试图增强国内研究共同体的能力建构，将相关的片段性知识转换为更加有用的工具，提供给政策制定者和实践者。它还试图引导研究共同体通过研究与发展给予非正规教育发展更多的关注。
>
> 资料来源：OECD(2007), Evidence in Education: Linking Policy and Research, OECD Publishing, Chapter 5.

## 学 校 组 织

将学校转变为学习组织的重要性在于教师可以改善并学习其他同行积累的公认的知识。这样的政策和实践的案例有很多（见专栏2.15-2.18），但是人们很少能够收集到把这类学校与更好的表现和更多的创新联想在一起的经验主义证据来支撑论点。

教师可以再多做一些，也应该被鼓励再多做一些，分享他们的专业技能与经验，用系统的方式来处理这些极少的交流信息。经合组织数据显示，教师们反映他们在校内与同事之间不经常进行相关的合作交流，仅仅交流些许的信息和想法，促进学生学习之类的直接专业性合作就更少了。①

很多国家认识到教师合作是需要投入时间的，因此为教师提供时间表，鼓励他们参与这类合作。国际教学调查数据显示，经常与其他同事交流教育理念和信息、并协调教学实践的教师，在学校里有更为积极的师生关系。② 因而，把鼓励教师之间的合作与改善师生关系相结合也是合理的，因为这两点是建设积极校园文化的两个重要方面。

积极的师生关系不仅仅与学生的学业成就有关，还与教师个体工作满意度紧密相关（见表2.3）。这一研究结果强调了教师对教育有效性和教师福利等学校环境有着正面评价的作用。改善学校组织的努力对于规模较大的公立学校而言特别重要，因为这些学校的学生能力往往低于平均水平。几个东亚国家为建构专业教师合作模式、塑造最佳教师提供了一些有借鉴意义的典范（见专栏2.15）。

---

**专栏2.15** 日本和中国促进教育发展的教师培训

**在日本，所有教师都参加正规的校本课程研究。**

日本传统的课程研究是将教师分组评论他们的课程和如何改进这些课程，有些研讨还通过分析学生的错误，为教师的自我反思提供最有效的方法和持续进步的手段。曾经有研究者对日本小学课堂中教师如何讲授教学概念和如何引导学生讨论教学思想进行了连贯的深入的观察。课堂上，教师引导学生既讨论正确的教学概念，又研究错误的教学思想，并且通过这种方式使学生对教学有更为深刻的理解。此外，校际之间的课程通常集中于公共研究课程领域。例如，当一个新的学科加入国家课程之中时，很多教师和研究者会在正式开设这门公共研究课程前，利用一半以上的时间对文献和课程材料进行回顾性研究，并在试验课中不断重新定义他们的理念。除此之外，数百位教师、研究者和政

---

① 相关数据请参见OECD(2009), Creating Effective Teaching and Learning Environments: First Results from TALIS, OECD Publishing.
② 相关数据请参见OECD(2009), Creating Effective Teaching and Learning Environments: First Results from TALIS, OECD Publishing.

策制定者会对试验课进行视频观察。

日本传统课程研究还意味着日本教师并不是孤军奋战的。教师们在有组织的情况下一起工作，改善课程质量。这就意味着教学实践远远低于领导者的教师可以看到什么是良好的教学实践。因为同事们知道谁是教学表现不佳者，并且议论他们的表现。教学表现不佳者则有动机和意愿改善他们的表现。自从东亚教师群体构成包括了晋升为高级教师的机会，课程研究成为提升声誉和责任的途径，它帮助优秀教师变得更加出色。

**在有效的实践中，教师被培训为行动研究者，优秀教师帮助新手教师，并且帮助他们改善课程质量。**

中国上海市权威部门强调给予未来的教师在其行动研究中将需要的技能，以及日复一日通过观察教师表现所得出的改善教育系统的方法。与芬兰一样（见专栏2.3），上海的所有学生都被期望有高水平的学业表现，教师被期望能够确保真的没有一个学生落后于其他人。这就必然要求教师能够辨清处在困境中的学生们的情况并诊断问题，具有必需的能力和知识为所诊断出的学生表现问题开发巨大的、不断更新的问题解决方案存储系统。

上海的教师在职业发展过程中都参与以学科为基础的"教学研究小组"，以此来提升基本的日常教学水平。教研组会议由相关的工作人员制定时间表，例如，实验助理等为下一周的一个专题起草非常详尽的课程计划。课程设计不只是作为教师教学过程中一个指导方针，还作为教师职业业绩的政策导向。在实际教学过程中，教研组成员接受相互观察或同行观察的教研活动。例如，当课程中引入一个新的教学主题时，对于新手教师而言，可以观察老教师的教学，从而向经验更丰富的教师学习；对于高级教师而言，实现指导目标；而对于学校领导而言，监督或提供建设性发展支持。有时，教师需要讲授示范课程，即公开课，让很多教师观察并在此基础上评论课程。

上海有组织的教学团体不仅是一个管理的手段，还是一个促进教师专业发展的平台。上海的教师分为四个层次，这些层次代表教师的专业地位。从一个层次晋升到下一个层次往往需要具备展示公开课的能力、指导新手教师、在教育教学类期刊杂志上公开发表论文等。上海市教育委员会及其下属各区教育局通常通过评价程序确定优秀教师，减轻他们部分或者全部的教学任务，这样优秀教师就可以给其他同行开设讲座、公开示范课，在区、市甚至国家层面培训教师。教育部门经常谨慎挑选学校进行新项目或新政策推广前的实验,这些学校的优秀教师往往被列为合作研究者,评估新教学实践的有效性。

这里所描述的上海教育实践与其他东亚国家很相似。参与PISA测试的东亚国家都提供了关于建设专业教师合作、塑造优秀教师的有意义的案例。

资料来源:OECD(2010), Strong Performers and Successful Reformers in Education: Lessons from PISA for the United States, OECD Publishing.

表2.3 师生关系与学生表现

注释:表中的统计情况看,各国从最高的四分之一到最低的四分之一之间的指标(已用深色标出)差距非常明显。

资料来源:OECD, PISA 2009 Database, Table VI.4.9.

随着著名的"授业研究"或"授业研讨会"的发展,日本为教师合作研究提供了一个很好的案例("授业研究"指日本在职教师研究实践,其日文及英文的表述方式分别为"授業研究"或"jugyokenkyuu")。教育部门工作组织的某些显著特征有助于建立发展中的组织文化,进而形成密集型的知识交流。其他基于"实践共同体"的组织惯例或者模式也有着相同的目标,即创办一个职业关系网站,通过网站的建立形成一个持续的、动态的学习与完善的过程。

过多的政策关注教师和领导者个体,而不是试图改善或改变他们的工作状态。当微小的变化推动发展时,大多数学校往往将大量时间浪费在"等待超人"(waiting for superman)支援上,殊不知核心的专业讨论和联合领导可以借机真正得以实现。以加拿大安大略省为例,教学工作的改善依赖于教师工作条件和学校规划的变化。

鉴别不同类型学习组织可能出现的情况,以及教师如何分享他们在日常工作中积累的知识是非常重要的。一些政策规划已经设法影响商业部门的工作组织。在所有经合组织国家中,教育都属于公共领域,各国政府必须为教育发展付出努力。

---

**专栏2.16** *学科教学程序（PCR）——一个"内核程序"*

教育研究者在设计不同组织程序时越来越关注学习在学校活动中的核心地位,重视通过社会实践帮助学校创建强大的学习共同体,增强教师的知识、专业化水平和实践技能。"内核程序"首先作为一种基本流程,经过一段时间后再逐步扩展并应用到教师教学组织活动中。

匹兹堡大学开发的学科教学程序（the Peclagogy and Content Routine, PCR）就是一个典型案例。学科教学程序的主要内容是针对教师的高度参与式培训,特别是针对教师的教学需求,进行教学观察与专业学习不断循环的实践。这个程序必须符合6条关键准则。第一,学科教学程序以教学技术核心为重点;第二,程序以学校官方课程和课堂教学实施的课程为主体;第三,程序运用研究导向的学习原则、学科素养和示范课程;第四,程序建立同事之间的相互信任,为教育工作者处理新的教学实践提供安全场所;第五,程序提供一条通过培训、观察和讨论,将新知识引进到学校实践中的途经;第六,学校的教学人员根据实际情况调整程序的实施,慢慢随着时间的转移,成为学科教学组织活动的"内核"因素。

资料来源：OECO(2012), The Nature of learning, OECD Publishing, Chapter 12.

---

**专栏2.17** *南澳大利亚的开放大学*

开放大学给予那些没有能够获得正规学校教育的人们继续学业的机会。创新的远程教育拥有混合的年龄分组、信息通讯技术的有效应用和合作与个人学习等多种特征。所有学习计划都可以按照学生个体的不同需要进行调整。个人学习规划由所有学生自行开发,正在进行的师生交往和跨学科主题学习根据学生的兴趣进行规划,学生们可以利用他们自己的时间上网获取资源。数量和质量数据结果推动学生的参与。

资料来源：Country case of the OECD "Innovative Learning Environments" project.

> **专栏2.18** **芬兰库奥皮奥省的文化路径**
>
> 文化路径计划以7-16岁学生为目标。通过确保每一位学生都能参与城市的文化服务，以实现增强学生们社会的、情感的和身体的健康情况。文化路径计划通过教师的实践工具实施目标导向的文化教育、增强学校和文化部门的合作、支持学校作为文化社区的发展。计划分为与文化、图书、戏剧等相关的9个"路径"，按照每个年级层次的课程目标和需求、在不同的学科之间进行设计。作为路径的一部分，学生每年至少参观一家校外的地方文化机构。连续8年参加文化路径计划后，第九年的学生可以免费使用城市的文化服务。
>
> 资料来源：Country case of the OECD "Innovative Learning Environments" project.

# 为教师设计专家系统

高效的教师可以与同事们融洽的合作，保证持续的学习，并且通过完善教学实践和增进学生学习等方式获得成长。为了支持教师发展，教育权力机关需要投资创建学习共同体，设计和实施专业发展，并评价这些举措对教师实践的影响。通过教师专业发展定义的确定和项目的设计，教师们能够确保他们的专业学习和课堂实践之间的关联性，从而也促进学生们的学习。

改变教学工作文化的一个方式是更广泛地使用数据分析（见专栏2.19）。在教育领域使用信息通讯技术通常情况下被认为是在教学过程中使用新的技术设备——数字显示屏、计算机、笔记本电脑、掌上设备等。另外一种方式是通过设计"专家"系统或知识管理系统来分析这些技术的变革力量，就像支持医生的专业活动一样。

> **专栏2.19** **瑞士罗夏克"项目推进学校"**（Projektschule Impuls）
>
> 项目推进学校是一所以混龄分组为特征的学校，拥有一个学生议会，以高度学习者责任感和共同决定学习方向为特色。这是一个典型的循环教学组织，在"周计划"实施之前，先开始外语学习（3-5年级），然后进行小组活动。项目推进学校的一大特色就是有25分钟的"沙漏"时间，这25分钟里，学生们要在完

全安静的条件下学习。所有学生都要写日记，以此提升他们的写作能力。学校以团队形式组织教学，教师不仅要在学校付出时间，还要有一部分剩余时间到教师教育学校进修。

资料来源：Country case of the OECD "Innovative Learning Environments" project.

教育领域中的纵向信息系统有条不紊地收集学生和学校的信息。这些系统最初设计的缘由是为提供系统层面的学生与学校的表现信息。新一代系统的目标是给教师、学校和学生最及时的反馈，使他们"即时"掌握基准表现情况，并且采用形式化的方式大规模地搜集数据。

技术也使建立新一代的纵向信息系统成为可能，超性能数据有助于不断推进并创新教育系统的专业文化发展。新一代的纵向信息系统考虑到更好的教学实践实证评价，可以迅速诊断学生或者学校遇到的问题，更好地形成政策决定，拓宽知识的传播。相反，针对学生表现，给予教师、家长和学生迅速的反馈，可以帮助落后的学生设计补救策略。随着学生个体情况报告，鼓励使用形成性评价，这些纵向信息系统可以产生更为人格化的教学文化。因此，它们有助于推动教学文化核心的不断完善。

纵向信息系统还可以作为知识管理平台，它拥有师生共享的教学资源，包括课程资料、测验、测试、诊断工具、视频和其他资源等。开放教育资源政策可以使这些资源更加有效地使用。由于拥有社会网络技术，知识管理平台可以将面临相似困难的教师联系在一起，创造一个更具合作精神的教学文化，反而，这样也促进了知识的创新和获取。有了可视化工具，知识管理平台系统使来自不同学校的教师可以比较弱势群体学生的表现，最终促进教学实践，将知识传授给这些学生。

最后，考虑到针对教学实践、教学创新和实验计划等更为系统化的评价，这类系统可以提升教育研究的精确度。一种新方法或者新产品的成果生成的证据是教育系统进一步广泛传播和应用的关键步骤。

## 本 章 小 结

世界上很多国家广泛开展了课程、教学和评估改革，目的是为所有儿童接受

21世纪生活和工作所需的更高教育需求提供更好的准备。为此，各国开发了多种多样的行动框架，使年轻人在飞速变化的世界中取得成功的系统化技能，认识到教师所需的能力，这样也使教师们将这些技能有效地传授给学生们。21世纪，对教师的要求是很高的：教师需要精通自己所教的学科，这样才能为教学采取不同的教学方法，如果有必要的话，改变教学方法来优化学习效果。教师需要掌握丰富的教学策略，能够混合使用不同的教学方法，并且可以把握不同教学方法的使用策略和时机。这些教学方法应该包括直接教学、小组教学、引导发现、小组讨论、自学和个人探索以及个性化的反馈。重要的是，教师还需要对学习是如何发生的、学生的动机和情感、以及在课堂外的生活都有深入的理解。教师需要能在高度合作的方式下工作，与同一组织的其他教师、专家和专家助理共同工作；与来自不同组织的指导教师、专业共同体、以及不同部门安排的合作伙伴共同工作。最后，教师需要获得稳固的技术技能，并且将这些技术作为有效的教学工具，以此来优化教学中数字资源的使用，并且利用信息管理系统追踪学生的学习情况。

这也引发了一个问题：需要为将在21世纪课堂中教学的毕业生准备什么样的培训项目？教学工作的重要挑战之一是要增强专业实践的"技术核心"，开发能够支持创新、积累、传播这类专业知识的教育生态系统。这样的生态系统需要利用四种资源：由科学激发的创新与知识（研究与评估）；由商业实体激发的创新（基于新产品和服务的企业发展）；由实践者激发的创新与知识（教师、学校领导者）；由使用者激发的创新（学生、家长和社区）。本章研究对象的证据基础刚刚引起人们的关注。从本章内容中可以看出，有证据表明世界各国正致力于培训教师掌握传授21世纪核心技能的能力，而且这一领域的实践具有很好的发展前景。

# 参 考 文 献

**Barron, B.J.S.,** et al.(1998). "Doing with understanding: Lessons from research on problem- and project-based learning", Journal of the Learning Sciences, 7(3-4), pp.271-311.

**Elmore, R.**(2002), "The Limits of Change", Harvard Education Letter, January-February.

**Gertzman, A.** and **J.L.Kolodner**(1996). "A case study of problem-based learning in middle-school science class: Lessons Learned", in proceedings of the Second Annual Conference on the Learning Sciences, Evanston/Chicago, pp.91-98.

**Good, T.L.** and **J.E.Brophy**(1986), Educational Psychology(3$^{rd}$ ed.), Longman, New York.

**Lehtinen, E.**(2003), "Computer-supported collaborative learning: An approach to powerful learning environments", in E. De Corte, L.Verschaffel, N.Entwistle and J. van Merrienboer(Eds.), Powerful Learning Environments: Unraveling Basic Components and Dimensions, Advances in Learning and Instruction Series, Elsevier Science Ltd., Oxford, pp.35-53.

**Mayer, R.E.**(2004), "Should there be a three-strikes rule against pure discovery learning?" American Psychologist, 59(1), pp.14-19.

**Norman, D.A.**(1993), Things That Make US Smart, Addison-Wesley, Reading, MA,USA.

**OECD**(2010), Innovative Workplaces: Making Better Use of Skills within Organizations, OECD Publishing.

**Puntambekar, S.** and **J.L.Kolodner**(2005), "Toward implementing distributed scaffolding: Helping students learn science from design", Journal of Research in Science Teaching,42(2),185-217.

**Remillard, J.T.**(2005), "Examining Key Concepts in Research on Teachers' Use of Mathematics Curricula", Review of Educational Research, Vol.75, No.2, pp.211-246.

**Salomon, G.**(Ed.),(1993), Distributed Cognition: Psychological and Educational Considerations, Cambridge University Press, Cambridge.

**van der Linden, J.**, et al.(2002) "Collaborative learning", in R.J.Simons, J. van der Linden and T. Duffy(Eds.), New Learning, Kluwer Academic Publisher, Dordrecht, The Netherlands, pp.37-54.

# 第三章
# 培育优秀教师，调节供给与需求

很多教育系统在招聘高素质毕业生作为教师时，都面临着一个艰巨的任务，特别是在那些师资短缺的地区，一旦录用一个教师就必须持续聘用他。世界各国如何成功地调解高质量教师的需求与供给之间的平衡？各国如何为优先发展的学科和优先发展的地区培训教师？具有竞争力的薪资福利和其他奖励制度、职业发展前景和多样性、教师作为专业人员的责任感都是吸引最有天赋的教师到最有挑战性的课堂的重要策略组成部分。积极的招聘活动可以凸显教学作为一种职业的本质意义，可能吸引原本没有考虑从事教学工作的群体。教学在哪个地区被视为一种有吸引力的职业，那么教师的职业地位可以进一步通过在该地区开展有选择性招聘而提升，这使得教师们可以感觉到，他们愿意在成为成功的教师后继续参与职业探索。所有这些都要求职前教育培育的新教师要在设计和传播教学过程中起到一个积极的作用，而不是仅仅遵循标准化的操作。

## 师资短缺的挑战

教育系统中的一个具有挑战性的任务是招聘高质量的毕业生作为教师，特别是在师资短缺的地区，一旦录用这些毕业生，学校就会持续聘用他们。2009年PISA测试结果显示，平均来说将近20%的学校持续聘用教师长达15年之久，这些学校领导者报告指出，缺少能够胜任的数学或科学教师，阻碍了学校的发展。这些国家中超过一半的学校领导者报告指出，这是一个问题。

表3.1 数学和科学教师短缺情况

校长报告指出教学能力在一定或者很大程度上受到数学和科学教师短缺情况影响的学校学生百分比：

资料来源：OECD, PISA 2009 Database.

师资短缺意味着教师超负荷承担着教学和管理工作，从而不能应对学生的需求，有时教师还被要求教授自己专业以外的其他学科。学校系统往往只能通过降低入职资格要求、给不能完全胜任所教科目的教师分配任务、增加教师的教学工作量或者扩大班级规模等途径，在短期内应对师资短缺的问题。[①] 尽管这样的应对办法

---

① 关于教师短缺问题的更多讨论，请参见OECD(2005), Teachers Matter – Attracting, Developing and Retaining Effective Teachers, OECD Publishing.

确保了课堂里都有教师，但是教学的质量着实令人担忧。

表3.2 学校平均社会经济背景与学校资源之间的关系

- 薄弱学校更易于获得更多更好的资源，如果关系统计数据与经合组织平均水平不同则"加粗"表示
- 优势学校更易于获得更多更好的资源，如果关系统计数据与经合组织平均水平不同则"加粗"表示
- 国内相关系数不具有统计学意义

|  |  | 学校社会背景与以下学校资源的简单相关性 | | | | | |
|---|---|---|---|---|---|---|---|
|  |  | 全职教师比例 | 所有全职教师中有资格教师的比例 | 所有全职教师中具有大学学位的教师比例（国际教育分类标准5A） | 学校教育资源的质量指标 | 计算机与学生比例 | 生师比 |
| 经合组织国家 | 澳大利亚 | **-0.21** | -0.05 | 0.02 | **0.64** | 0.01 | -0.07 |
|  | 奥地利 | -0.13 | **0.21** | **0.64** | 0.03 | -0.05 | -0.07 |
|  | 比利时 | **-0.18** | 0.06 | **0.58** | 0.02 | **-0.23** | **0.66** |
|  | 加拿大 | 0.01 | **0.14** | 0.03 | **0.18** | -0.05 | 0.09 |
|  | 智利 | -0.04 | -0.01 | **0.25** | **0.35** | **0.32** | -0.05 |
|  | 捷克共和国 | **-0.32** | **0.29** | **0.37** | 0.00 | 0.15 | 0.08 |
|  | 丹麦 | 0.01 | -0.17 | 0.16 | 0.04 | -0.08 | **0.27** |
|  | 爱沙尼亚 | 0.14 | 0.00 | 0.00 | 0.10 | -0.09 | **0.43** |
|  | 芬兰 | **0.17** | -0.01 | -0.01 | 0.13 | -0.01 | 0.08 |
|  | 法国 | w | w | w | w | w | w |
|  | 德国 | -0.15 | -0.02 | -0.02 | 0.10 | **-0.18** | **0.28** |
|  | 希腊 | -0.11 | 0.06 | **0.24** | 0.16 | -0.12 | **0.25** |
|  | 匈牙利 | **-0.33** | 0.07 | 0.07 | 0.11 | **-0.20** | 0.02 |
|  | 冰岛 | **0.20** | **0.39** | **0.30** | 0.06 | **-0.41** | **0.40** |
|  | 爱尔兰 | 0.12 | -0.10 | -0.08 | 0.16 | -0.03 | **0.40** |
|  | 以色列 | -0.08 | -0.06 | **0.20** | **0.25** | 0.08 | **-0.20** |
|  | 意大利 | -0.06 | **0.16** | 0.03 | 0.15 | **-0.19** | **0.50** |
|  | 日本 | -0.14 | 0.04 | **0.20** | 0.17 | **-0.34** | **0.38** |
|  | 韩国 | -0.14 | 0.00 | -0.03 | -0.04 | **-0.53** | **0.30** |
|  | 卢森堡 | **-0.16** | -0.01 | **0.39** | 0.13 | **-0.13** | **0.28** |
|  | 墨西哥 | -0.09 | **-0.13** | -0.04 | **0.59** | **0.14** | 0.03 |
|  | 荷兰 | **-0.34** | -0.12 | **0.62** | 0.06 | -0.16 | **0.38** |
|  | 新西兰 | -0.04 | 0.08 | 0.07 | 0.16 | -0.02 | 0.11 |
|  | 挪威 | -0.05 | 0.04 | 0.15 | 0.14 | -0.02 | 0.19 |
|  | 波兰 | -0.02 | 0.03 | -0.05 | 0.05 | -0.16 | 0.01 |
|  | 葡萄牙 | **0.14** | -0.05 | 0.04 | **0.24** | -0.02 | **0.39** |
|  | 斯洛伐克共和国 | -0.09 | **0.28** | **-0.21** | -0.04 | -0.06 | 0.00 |
|  | 斯洛文尼亚 | **0.46** | **0.32** | **0.55** | 0.13 | **-0.21** | **-0.25** |
|  | 西班牙 | **-0.29** | m | m | 0.10 | -0.16 | **0.45** |
|  | 瑞典 | 0.05 | 0.01 | -0.04 | **0.26** | **0.13** | 0.00 |
|  | 瑞士 | -0.11 | -0.07 | **0.24** | 0.10 | 0.03 | 0.06 |
|  | 土耳其 | 0.12 | -0.04 | 0.04 | **0.24** | -0.06 | **-0.26** |
|  | 英国 | **-0.36** | 0.05 | -0.03 | 0.00 | 0.01 | -0.10 |
|  | 美国 | **-0.42** | -0.24 | 0.10 | **0.22** | 0.06 | **-0.17** |
|  | 经合组织平均水平 | -0.07 | 0.04 | 0.15 | 0.13 | -0.08 | 0.15 |
| 合作国家 | 阿尔及利亚 | **-0.25** | 0.00 | **0.38** | **0.44** | **0.24** | 0.15 |
|  | 阿根廷 | 0.13 | 0.12 | **0.22** | **0.51** | 0.09 | -0.02 |
|  | 阿塞拜疆 | 0.05 | -0.06 | **0.44** | 0.19 | **0.17** | **0.23** |
|  | 巴西 | -0.03 | 0.10 | 0.03 | **0.52** | **0.25** | **-0.20** |
|  | 保加利亚 | -0.08 | 0.17 | 0.17 | 0.09 | -0.17 | **0.21** |
|  | 哥伦比亚 | **-0.24** | -0.16 | -0.03 | **0.53** | **0.19** | -0.14 |
|  | 克罗地亚 | 0.09 | 0.02 | **0.28** | 0.09 | **0.17** | **0.32** |
|  | 阿联酋和迪拜 | **0.32** | **0.61** | -0.01 | **0.34** | **0.47** | **-0.27** |
|  | 中国香港 | -0.19 | -0.03 | 0.12 | 0.06 | 0.04 | 0.02 |
|  | 印度尼西亚 | **0.24** | **0.27** | 0.16 | **0.44** | **0.14** | -0.16 |
|  | 约旦 | -0.04 | 0.00 | -0.02 | **0.26** | 0.05 | 0.06 |
|  | 哈萨克斯坦 | **0.23** | 0.04 | **0.34** | **0.21** | -0.12 | **0.44** |
|  | 吉尔吉斯斯坦 | **0.17** | 0.08 | **0.35** | **0.27** | **0.13** | **0.27** |
|  | 拉脱维亚 | **0.19** | -0.03 | **0.19** | 0.14 | 0.00 | **0.38** |
|  | 列支敦士登 | -0.15 | 0.02 | **0.57** | **-0.91** | **0.79** | **0.70** |
|  | 立陶宛 | **0.21** | 0.09 | 0.19 | -0.02 | **-0.49** | **0.21** |
|  | 中国澳门 | **0.11** | 0.05 | **-0.18** | **0.26** | **0.22** | **0.17** |
|  | 黑山共和国 | 0.07 | 0.12 | **0.38** | -0.11 | **-0.19** | **0.33** |
|  | 巴拿马 | **-0.51** | **-0.47** | -0.13 | **0.68** | **0.38** | 0.03 |
|  | 秘鲁 | -0.21 | 0.08 | **0.48** | **0.53** | **0.46** | -0.02 |
|  | 卡塔尔 | 0.03 | -0.04 | **0.18** | **0.23** | **0.10** | **0.11** |
|  | 罗马尼亚 | 0.05 | 0.10 | 0.11 | **0.20** | -0.07 | -0.02 |
|  | 俄罗斯联邦 | **0.18** | 0.08 | **0.31** | **0.26** | 0.02 | **0.20** |
|  | 塞尔维亚 | 0.10 | 0.06 | 0.06 | -0.01 | 0.00 | 0.11 |
|  | 中国上海 | **0.14** | 0.13 | **0.32** | 0.16 | -0.10 | **-0.13** |
|  | 新加坡 | -0.13 | 0.00 | **0.22** | 0.10 | **-0.18** | **-0.14** |
|  | 中华台北 | 0.12 | **0.34** | **0.29** | 0.19 | -0.04 | -0.07 |
|  | 泰国 | 0.07 | 0.06 | **0.18** | **0.39** | 0.00 | -0.02 |
|  | 特立尼达和多巴哥 | **-0.19** | 0.09 | **0.26** | 0.13 | **0.08** | **0.38** |
|  | 突尼斯 | -0.06 | 0.00 | **0.20** | 0.12 | 0.15 | -0.02 |
|  | 乌拉圭 | -0.01 | **0.27** | **0.18** | **0.33** | **0.30** | 0.13 |

1. 与其他专栏相反，负相关指数表示有优势学生的更好的特点。

资料来源：OECD, PISA 2009 Database, Table Ⅱ.2.2.

根据社会经济进行教师分配的方式来看优势学校与薄弱学校之间的差距，可以得出另一种师资短缺问题的观点。除了土耳其、斯洛文尼亚、美国之外，落后学校的学生往往更好地接受全职教师的教学，这一点可以反映在更为理想的师生比上（见表3.2列1）。与此同时，薄弱学校与社会经济况好的优势学校相比，其引进的具备著名大学学历的教师更少（见表3.2列3），这就意味着大多数薄弱学校的教学质量与优势学校真的存在差别。

总之，师资短缺问题是很多联合国峰会国家都遭遇到的重要问题，尽管这个问题的重要程度在不同的教育层次、学科和学校差异显著。一个关于教师对学校喜好的分析也显示，教师们最不喜欢的学校是那种坐落偏远地区的学校，以及弱势学生和少数民族语言背景学生比例较高的学校。[①] 降低资格聘用的教师或者新进教师高度集中的学校，为弱势学生提供服务，只能对学生的学业表现带来消极的影响，进而减少他们成功的机会。简言之，有效教学的影响对于学业水平较低的学生来说往往是最大的，而这些学生接受有效教学的可能性也通常是最小的。[②] 因此，满足师资需求对于薄弱学校的学生来说特别重要，因为这些学校发现课堂上基本都是经验最少和最无资格的教师。

师资供需问题既复杂又多维，正如它反映出的那些挑战一样：如何扩大合格教师群体、如何应对特定学科领域的短缺、如何招聘教师到最需要他们的地方去、如何以公正有效的方式分配师资、如何保留合同到期的合格教师。[③] 在PISA测试结果中可以看出，大多数教育系统显示表现较好和表现欠佳的学校之间的差异体现在他们在学校系统里公正地吸引教师，包括很难招到教师的学校。本章即探讨实现这个目标的策略。

## 使教师成为一个有吸引力的职业选择

PISA测试结果显示，表现优异的教育系统能为其大多数学生提供同样优质的教

---

① 关于师资短缺问题的更多讨论，请参见OECD(2012), Equity and Quality in Education: Supporting Disadvantaged Schools and Students, OECD Publishing.
② 关于师资短缺问题的更多讨论，请参见OECD(2012), Equity and Quality in Education: Supporting Disadvantaged Schools and Students, OECD Publishing.
③ 关于师资供需问题的更多讨论，请参见OECD(2012), Equity and Quality in Education: Supporting Disadvantaged Schools and Students, OECD Publishing.

育,而表现普通的教育系统只能为一小群精英提供优质教育。这就意味着表现优异的教育系统能为所有学生提供优秀的教学服务。为了实现这一目标,学校系统经常从与他们已聘用的业务能手所相同的群体中聘用教师。但是很多竞聘者都把自己看作是职业岗位的候选人,希望得到职业化的工作环境。而在实际的规范化工作环境中,他们可能无法在官僚式管理的学校组织中找到他们所期望的东西。

因此,许多教育系统也用专业规范替代行政管理形式,来改变其学校的工作组织,伴随专业工作提供社会地位、薪酬、专业自主与职责、高质量培训和责任感。这些教育系统还试图提供社会对话等吸引人的就业形式,灵活平衡工作保障与学校的管理权威,使学校合理利用他们的人力资源。在许多教育系统中,这些方面都会重点关注明晰的国家或地区政策。

即使有些地区招聘合格度最高的毕业生依然是一个挑战,但是政策制定者更倾向于承认教学质量极大地受到选拔教师的人才库的影响。人们往往被某些职业与特定职业相关联的职业地位、工作环境、个人贡献的意义和物质奖励的组合所吸引。教师政策需要深入检验这些方面的内容,尤其是鉴于大量的教师会在不久的将来达到退休年龄,很多发达国家将面临师资短缺问题。[1] 如前所述,即使一般水平教师的供求平衡,许多国家仍面临着专家教师的短缺和落后或孤立社区教师的短缺,最显著的是在数学和科学这两个学科上。

政策需要在两个层面回应这个问题。第一个政策回应是关注教师职业自身的性质和教师工作的环境。这些政策试图提高教师职业的整体地位,及其在就业市场中的竞争性,这也是本书的关注重点。第二个政策回应涉及更多针对性的应对措施和师资短缺特殊类型动机,这类政策回应认识到教师劳动力市场并不是单一的,而是一整套的,以学校类型和办学特色来区分,例如学科专业化。此外,基于个体特点的动机回应能力也是值得考虑的重要因素。例如,在某一学科领域中的个体,如科学领域,拥有高学历的教师如果不太可能被第一个工作单位吸引,那么他们也不太可能再次回到他们辞职的地方;女性教师通常评估教学工作可以提供的潜在柔性,所以改善辞职条款、增加兼职和暂时离职的机会、完善幼年子女护理等对于她们的职业选择来说都是尤为重要的。[2] 针对教师评估自身工作的调查研究也为"在招聘中需要强调什么"提供了深入参考:教学的社会关联性、与年轻人一同工作、创造

---

[1] 关于教师的人口统计学分析,请参见 Indicator D8 in the 2003 edition of OECD's *Education at a Glance*. For updated data on the same topic, see the OECD online database at www.oecd.org/education/eag2011.
[2] 关于有效吸引教师的更多详细内容,请参见 OECD (2005), *Teacher Matter-Attracting, Developing and Retaining Effective Teacher*, OECD Publishing.

力、自主性、与同事们的合作。

需要重点强调的是，教学工作的地位不仅仅是一种文化的静态属性，在一些国家，它已发生了显著变化。新加坡（见专栏3.1）和芬兰（见专栏3.2）相关案例表明，有力的干预直接应对了教学工作的吸引力问题，与其他毕业生涯规划相比有很大的区别。一些国家采用新颖的招聘方法，包括：

● 推广方案目标指向于"非传统"新教学工作者群体；

● 重新设置新教师选拔标准，目的就是通过准备教学计划和展示教学技能等面试过程，识别申请人的最大潜能；

● 改变工龄长的教师在确定教师分配过程中的角色，创建激励制度来吸引有经验的教师到很难招到教师的学校，避免将新教师分配到教学难度大或不受好评的学校，避免那类学校中弱势学生群体成为教师职业发展的潜在隐患；

● 对理想的教学工作而言，教学素养评估的权重更多在于那些难以测量的因素上，例如满足学生需要的热情、承诺和敏感性，与传统中注重资格证明和工作经验相比，以上这些似乎与教学的质量没有太多直接的相关性。

**专栏3.1** 新加坡的教学人才需要发现和培养，而不是靠运气

新加坡以其发现和培养教学人才的综合性方法而著名。它开发了一个选拔、培训、奖励和发展教师及领导者的综合性体系，以此实现教育传播的能力建设。

● **招聘** 未来教师是由包括现任学校领导者在内的专门小组从中学毕业班中成绩最好的1/3学生中精挑细选的。无论是对于教学工作来说，还是对于为不同的学生主体服务来说，强大的学术能力是必不可少的。未来教师每月获得奖助学金，相当于其他领域应届大学生的月薪。未来教师必须承诺至少从事三年教学工作。想从事教学工作的想法是早期为中学生提供教学实习生时形成的；当然，还有一个职业生涯中期加入的体系，这也是引入有现实工作经验的学生的一种方式。

● **培训** 所有教师在南洋理工大学的国立教育学院接受新加坡课程培训。他们根据参加培训时的教育层级，或获取一份文凭，或选修一门课程。国立教育学院与各级各类学校保持密切的工作关系，所有新进教师都工作最初几年都要在这里接受指导。国立教育学院的主要任务是培训所有新加坡教师，并没有

人文学科、自然学科、教育学科之分。因此，国立教育学院院长李盛光教授认为，冲突的重点是长期困扰许多西方教师教育项目并不是非常重要，而更为重要的关注点在于教学法的内容。国立教育学院设置一个网络化组织结构，借助项目办公室（如教师教育办公室）联系私立学术团体起草初步的教师培训项目。这意味着这些项目按照教师的想法设计，而不是符合各类学术部门的利益或兴趣。因此，在每个项目中，对教学法的内容都有更密切的关注，而且在各个课程单元中产生更大的协同效应。

● **报酬** 教育部密切关注教师职业的起薪，并且调整新教师的薪酬，来保证教育工作对于应届毕业生来说，与其他职业具有同样的吸引力。实际上，新加坡希望最具资格的应聘者能够认为教学工作与其他职业一样具有吸引人的报酬。这也符合PISA的研究发现，相对水平的教师工资往往与更高级别的表现有关，其他因素保持平等。[①] 虽然教师的薪酬不能像私立部门岗位一样成倍的增长，但是对于教师而言，他们仍然可以在教育领域中找到其他职业发展的机会。教学工作常被看做是一个为期12个月的职位。留任奖金和高绩效教师也可以赚取巨额的绩效奖金。

● **专业发展** 随着世界发生的飞速变化，教师们需要认清社会变化对他们的要求。与此同时，教师们也需要促进自身的发展实践。在新加坡，教师有权利每年获得100小时的专业发展培训，并且可以通过多种方式来实现。国立教育学院的课程关注学科内容和教学法知识，提供更高层次学位或高级文凭。很多专业发展是学校本位的，由教师指导人员引导完成。教师指导人员的工作是分辨学校的教学问题，比如说一个小组数学科目的表现；或者引进新的教学实践，例如项目式学习或者信息通讯技术的新用途。每一所学校也创设一个基金，通过这个基金支持教师发展，包括到国外学习其他国家的教育经验来发展新的视角。教师网络和专业学习共同体鼓励点对点学习。2010年开办的新加坡教师学院也进一步鼓励教师不断分享最佳的教学实践。

● **业绩评估** 像新加坡其他职业一样，教师的业绩每年由一些专家根据16种不同的能力指标来评估。总的来说，加强绩效管理系统包括教师对所负责的学生学术和个性发展的贡献，教师与家长、社区组织的合作以及教师对同事和

---

① 相关数据请参见 OECD (2010), PISA 2009 Results: What Makes a School Successful? Resource, Policies and Practices (Volume Ⅳ), OECD Publishing.

学校的贡献。工作表现杰出的教师可以获得来自学校奖励基金的奖金。个人考核系统设置在高度重视卓越教育的学校总体规划的背景之下，因为所有新加坡的学生，甚至是小学生都拥有多位教师。

● **职业发展** 整个新加坡，教学人才需要发现与培养，而不是仅凭运气。经过三年的教学后，教师每年被考核一次，以考察三种职业发展路径中的哪一种更适合他们的发展——高级教师、课程专家、科研领导或者学校领导。以上每一种路径都能得到加薪。具备学校领导者潜力的教师可以升迁到中层管理团队中，接受培训来为他们的新角色做好准备。对中层领导者的业绩评估主要是针对他们未来成为副校长或者校长的潜力。每一个阶段都需要一系列的经验，以及对学校领导与创新的候选人进行培训。

● **领导选拔与培训** 新加坡非常清楚优质教学和优秀学校业绩离不开有效领导者。新加坡培养领导力的方法是从大量的合作实践中发现总结的。关键之处不仅在于培训项目，而是发现和培养教学人才的整体方法。它有别于美国和英国的方法，例如，教师可以参加作为学校领导者的培训，然后在一所学校申请这个职位。在新加坡，青年教师们不断地接受领导潜能的评估，并且获得展示和学习的机会，例如担任某种委员会的委员，然后在相对较轻的年纪晋升为某个系主任。一些教师经过长期的工作被转岗到教育部工作。在这些经历被监督以后，有潜力的校长被选中参加面试，经过领导情景化训练。如果他们能够通过这些训练，那么他们继续前往国立教育学院参加为期六个月的带薪行政领导培训。培训过程是非常综合化、密集的，包括一个国际研究访问和一个学校创新项目。每年只有35人被选拔参加行政领导培训。当被问到新加坡为什么选择"先选拔再培训"的模式，而不是"先培训再选拔"的模式时，李盛光教授指出，尽管美国和英国的方法是可行的，但是它也会引起更大的风险。新加坡非常自信地认为他们的学校始终如一地拥有最佳的领导者，大范围的向学校输入他们的选择。校长们定期在学校之间转岗是新加坡持续改进策略的一部分。

资料来源：OECD(2010b), Strong Performers and Successful Reformers in Education: Lessons from PISA for the United States, OECD Publishing.

研究表明，与学校密切接触的人们，例如，协助课堂教学的家长们、或者帮助学生们实现现场学习项目的雇主们，同与学校直接接触较少的人们比起来，经常会对教师有更为积极的态度。这表明建立学校与社区之间的有力联系有助于提高教学的状态。教师和学校领导者在加强学校与家庭、社区的联系过程中可以起到重要的作用，这也可以作为有效学习的一部分。教师与学生及其家人的私人化关系也是有效学习的一部分内容，可以作为学生课外活动，帮助家庭形成学习环境，使正式学习和课外生活的联系更加明确。

雇主们越来越清醒地认识到要为工人们提供一个工作与生活良好的平衡，以及将工作与家庭责任和其他活动相结合的机会。一些国家允许教师兼职教学或者在整个职业生涯中获得校外公休假的机会、不带薪的额外公休假和行业内部的工作交流。尽管所有这些行动都涉及一定的成本，但是这些成本需要抵消降低教师流失率的津贴补助，提高士气，向学校引入了新的知识和技能。

职业工作的本质可以被视为确认它是专业人员，而不是具备关于需要什么样的服务和怎样提供那些服务的知识来做重要决定的管理人员。由职业人员掌管的组织管理层级比较少，一切事务都需要向工人们咨询，而且工人们关于诊断客户的需求和决定哪一种服务比较适合回应客户需求有相当大的自主权。的确，在很多行业中，工人既可能是管理者，又可能是业主。

在教育领域，政策制定者也经常对每个从上至下的行动进行单独的总结，而这些行动不足以实现教学实践中深远持久的改变，因为教育改革所关注的重点总是太偏离教学的指导核心；因为教育改革假设教师应该知道怎样做，实际上他们并不知道如何去做的事情；因为太多有争议的改革要求教师立即去做太多的事情；或者还因为教师和学校并没有参与改革的策略。在过去的十年里，很多教育系统引人注目地向学校领导者和全体教员下放自主权。这些自主权对于教师们来说，是教师职业吸引力的一个重要因素；[①] 还有一些如PISA所显示，自主权中合理的责任分配与学校表现的密切相关。[②] 芬兰（见专栏3.2）和加拿大安大略省提供案例，证明原来集中式的教育系统如何转变重点：

● 改善教学行为；
● 密切关注教学实践，同时为教师提供实践新理念和向其他同事学习的机会；
● 开发一个综合的策略和设置对教师和学生的期望目标；
● 确保教师和教师工会对教育改革的支持。

---

① 相关数据请参见 OECD (2010), PISA 2009 Results: What Makes a School Successful? Resource, Policies and Practices (Volume Ⅳ), OECD Publishing.
② 应该指出的是，学校管理资源的自主权与2009年国际学生评估项目中建立责任分配结合的学校表现呈正相关。缺乏责任分配，学校自主权与学校表现呈负相关(for data, see OECD [2010], PISA 2009 Results: What Makes a School Successful? Resource, Policies and Practices [Volume Ⅳ], OECD Publishing).

> **专栏3.2　芬兰教师与学校为教育改革所承担的责任**
>
> 芬兰通过提高教师职业准入标准、赋予教师高度的责任感、让教师作为"行动研究者"探寻有效教学的路径，使教学成为一种受欢迎的职业。芬兰将教师的社会地位提高到很少有职业能够达到的程度。大学教授是所有职业中最受尊敬的，甚至教师这个字眼就像是大学教授一样受人尊敬。2010年，6600多位申请人竞争由8所培训教师的高校提供的660个小学教师培训项目名额，可见教师是最受欢迎的职业之一。① 竞争激烈的环境导致教学工作成为芬兰的一个高度选择性职业，这也使得高技能、训练有素的教师遍及全国。
>
> 在芬兰，教师享受社会尊敬的同时，其进入教师职业的门槛也越来越高，芬兰教师与其他国家中职业地位逐渐提高的教师相比，对其课堂教学和工作条件具有更大的自主权。通过展示在管理课堂教学时使用专业自主权和裁决权、应对所有学生希望成为成功学习者的挑战，芬兰教师赢得了家长们和更广泛社会群体的信任。
>
> 1980年以来，芬兰的责任体系进行了整体性自下向上的重新开发。教师候选人的选拔一部分是根据他们将教育信仰传递到芬兰公共教育核心任务中的能力，这种信仰既包括深厚的人道主义，又包括朴素的民主与经济生活。教师们接受的培训是为了建构他们对于所有学生学习与健康发展的强烈个体责任感。在教师们的职业生涯中，他们必须将研究者和实践者的角色紧密结合。芬兰的教师不仅被期望成为教育和人类发展的知识库，而且还被要求撰写硕士毕业论文标准的研究性文章。
>
> 资料来源：OECD(2010b), Strong Performers and Successful Reformers in Education: Lessons from PISA for the United States, OECD Publishing.

有一些国家，给予全体教员很多自主权，总体来说涉及每一个个体成员。而有些国家，更多的自主权给予办学较好的学校，而那些苦于经营的学校获得的自主权相对较少。有一些国家，学校领导者仅比领袖教师多一点；而在有些国家，权威部

---

① 申请需要经过两个阶段。初期材料筛选以申请人的升学考试成绩、高中学业记录和校外成就为基础。那些通过初期筛选的申请人必须参加一次笔试，考官在模拟教学活动（a teaching-like activity）中观察他们的表现，并且评估他们的互动与交流能力；其他方面则通过面试来评估，包括申请人教学动机的强烈程度(相关数据请参见 OECD[2010], Strong Performers and Successful Reformers in Education: Lessons from PISA for the United States, OECD Publishing)。

门继续指望学校领导制定学校发展方向、管理全体教职员工。

PISA测试的结果建议一线教师的职业责任重点不是与建立集中统一标准和评估的冲突，而是携手并进。[1]

各国也尝试吸引不同学科背景的人参与到教学工作中来，不仅仅是为了克服师资短缺，而且还是为了拓宽教师的背景和经验范围，包括提高一个经常被教师队伍忽视的教学事业团体的效益，例如，男性教师和那些少数民族背景的教师。

以下的例子是世界各国常常用来拓展教师队伍学科背景的令人关注的方法：

● 将教学工作向教育领域以外具备相关经历的个人开放，不仅仅是在职业技术教育项目中（在一些国家，职业技术教育的教师们需要具有行业经验）；

● 承认教育领域之外获得的技能和经验，并且将这些反应在起薪上；

● 使合适的具有资格的申请人，包括成人学生实习教师在内，开展工作或者参与见习项目，在获得教师教育资格前先赚取一些薪水；

● 提供更加灵活的教师教育方法，为申请人提供业余时间学习或者远程学习，对于相关的资格和经验给予肯定。这样具有选择性的教学路径特别可以吸引不具有代表性的申请者群体，例如，男性申请者或拥有少数民族背景的申请者。

## 调节师资供给与需求的补偿计划

2000年至2009年之间所有经合组织国家的教师薪酬都几乎有所增长（扣除物价因素），但是仍然常常低于其他专业的毕业生（见表3.3）。对于已有15年工作经验的教师的法定加薪，平均而言，大约是在第三级教育阶段工作的25-64岁教师80%的全职收入；在捷克、匈牙利、冰岛和斯洛伐克共和国大约为60%或者低于60%的全职收入。[2] 使用PISA数据进行跨国比较，当其他系统层次方面的因素被说明后，

---

[1] 相关数据请参见 OECD (2010), PISA 2009 Results: What Makes a School Successful? Resource, Policies and Practices (Volume Ⅳ), OECD Publishing.

[2] 2009年，小学阶段教师的薪酬平均而言相当于25—64岁第三级教育阶段教师全年全职薪酬的77%、初级中学阶段教师全年全职薪酬的81%、高级中学阶段教师全年全职薪酬的85%。通过对斯洛伐克共和国所有层次的教师中和匈牙利和冰岛的小学、初中教师的调查可以发现，教师的最低相对薪酬与其他同教育行业具有可比性的职业，平均而言，具有15年教龄的教师薪酬是第三级教育教师薪酬的50%或者更低。而在韩国、葡萄牙和西班牙，小学教师和初中教师的薪酬最高，平均薪酬均超过第三级教育的教师。在比利时、卢森堡和葡萄牙，高中教师的薪酬至少比其他层级的教师高10%，在西班牙高中教师至少比其他层级的教师薪酬高32%(数据可见OECD's 2011 edition of Education at a Glance, Table D3.2)。

可以看出教师相关薪酬水平与教育系统中学生的平均表现有关。① 与此同时，教师聘用条件的其他方面，例如，休假、相关工作保障和退休金，经常比其他职业的丰厚。

经合组织的研究指出，教师薪酬与职业所需类似资格相关性较低时，师资供给就会出现相当的价格弹性，因为教师相关薪酬特定比例的增长，会引起师资潜在供给的一个更大比例的增长。在教师薪酬相对较高的国家中，师资供给往往更缺乏弹性，特定比例的薪酬增长会引起一个较低比例的师资供给增长。②

表3.3 教师薪酬与其大学学位的相关性

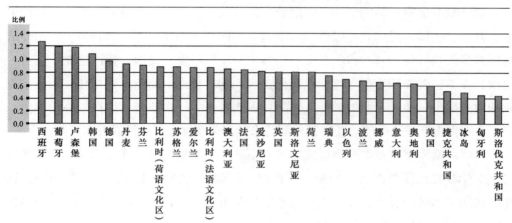

资料来源：OECD, Education at a Glance 2011, Table D3.2.

不过，大规模的教学劳动力意味着哪怕只是全面提升教师薪酬非常低的百分比，也需要高昂的成本。除此之外，教师劳动力市场是多种多样的，教师聘用的难度依据学校类型、学科专业性和地区而不尽相同。在许多国家，师资短缺和高流失率也被认为是那些薄弱学校所要面对的最为尖锐的问题。因此，一些国家为特殊需求学校提供急需的教师群体，发展更为灵活的地方薪酬计划，设置更为丰富的薪酬。例如，很多已规划的政策行动目标在于吸引如数学、科学、技术和职业等学科的教师。

免除费用、提供资金和可免除贷款是为吸引人们加入教师行业的一些财政刺激措施，并为具备学校短缺资格类型的人们提供额外酬劳和工作经验的认可。

---

① 相关数据请参见 OECD (2010), PISA 2009 Results: What Makes a School Successful? Resource, Policies and Practices (Volume IV), OECD Publishing.
② 关于教师薪酬的更多内容请参见 OECD(2005), Teacher Matter- Attracting, Developing and Retaining Effective Teachers, OECD Publishing.

为了努力招募特定学科或特定地区的教师，许多经合组织国家都采用了财政激励措施。的确，为教师设定的财政激励措施——薪酬增长和其他类型的财政额外酬劳——经常被作为应对那些没有吸引力的学校师资短缺问题的重要手段。他们也经常使教师们察觉到在他们所在学校承担更具挑战性的工作是一种奖励，或者补偿竞争性岗位的需求变化，以此使教师职业更有吸引力。许多国家为技能短缺学科的教师提供大量薪酬津贴，用以保证所有学校都能拥有具备相似质量的教师队伍（见表3.4）。这种机制类型可以比全面开展薪酬刺激更具有成本效率，如果各国精心设计，可以更好地为吸引师资的目标服务。

额外酬劳也有不同的形式，可以分为以下几种：在智利、丹麦、英国、爱沙尼亚、芬兰、法国、爱尔兰、以色列、墨西哥、荷兰、瑞典、土耳其和美国，额外酬劳通常是影响教师的基本薪酬范围；在澳大利亚、丹麦、英国、爱沙尼亚、芬兰、法国、希腊、匈牙利、爱尔兰、以色列、意大利、日本、荷兰、葡萄牙、斯洛伐克共和国和瑞士，他们采取的额外支付酬劳形式是每年一次或者一次性的额外酬劳。在一些案例中，教师也能够获得额外酬劳来抵消某些地区的生活高成本。[①]

财政刺激需要有足够的力度才能够产生影响。例如，在一些案例中，薄弱学校与优势学校相比需要多支付20%、甚至50%的薪酬，去防止教师流失。[②] 同时，这样的机制需要精心设计，以避免为某些学校贴上"困难的"标签，这样也许会挫伤学生、教师和家长的信心。[③]

为了保证教师能够继续留在薄弱学校任教，其工作经历可以在教师职业生涯中得到正规评估（参见专栏3.3）。如果某些学校吸引教师的力度太小，财政刺激可以整合到薪酬范围内，而不是作为一次性额外报酬奖励，这样不只是为了吸引教师，更是为了保留教师。

丹麦、英国、芬兰、韩国、墨西哥、荷兰、瑞典和美国等国家，为某些师资短缺领域的教师提供额外报酬，通常以年度为单位。这些领域工作的有效性部分依赖于教师薪酬与其他职业的相关性。

---

① 例如，伦敦教师的薪酬就超过英格兰其他地区教师薪酬的12% (Ladd, 2007)。
② 更多建议举措请参见Field, S., M. Kuczera and B. Pont(2007), No More Failures: Ten Steps to Equity in Education, Education and Training Policy, OECD Publishing.
③ 例如，以北卡莱罗纳州为例，被标签为"表现欠佳"的学校，在聘用和保留合格的教师时更加困难。与学生表现不是很差的学校教师相比，离开被标签为欠佳学校中，有经验的教师和新手教师可能各占25%。这个现象也在法国的案例中得到证实。(Ladd, 2007)

## 表3.4（1/2） 公立机构决定教师报酬的因素（2009）
——公立机构教师基本薪酬和额外奖励标准

| | | 经验 | 基于教学条件和职责的标准 | | | | | | |
|---|---|---|---|---|---|---|---|---|---|
| | | 教师工作经验年限 | 教学之外的额外管理职责 | 超过合同规定的超量教学课时 | 特别任务（职业指导或咨询） | 在落后、偏远和高成本地区的教学（地方补助） | 特别活动（如运动俱乐部、戏剧俱乐部、家务俱乐部、暑假学校等） | 教授学生特殊的教育需求(常规学校) | 特殊领域的教学课程 |
| 经合组织国家 | 澳大利亚 | ― | ― | ― | ― | ― | ― | ▲△ | ― |
| | 奥地利 | ― | ― ▲ | ― ▲ | ▲ | ▲ | ― | △ | ― |
| | 比利时（荷语文化区） | ― | ― | △ | ― | ― | ― | ― | ― |
| | 比利时（法语文化区） | ― | ― | ― | △ | ― | ― | ― | ― |
| | 加拿大 | m m m | m m m | m m m | m m m | m m m | m m m | m m m | m m m |
| | 智利 | ― | | | | ― | | | |
| | 捷克共和国 | ― | ― ▲ △ | ― ▲ △ | ― ▲ △ | ― | ― ▲ △ | ― ▲ △ | ― |
| | 丹麦 | ― | ― ▲ △ | ― ▲ △ | ▲ △ | ▲ | ― ▲ △ | ― ▲ △ | ▲ △ |
| | 英格兰 | ― | ― ▲ △ | ― | ― | ― | ― | ― | ― |
| | 爱沙尼亚 | ― | ― | ― | ― ▲ △ | ― | ― | ― | ― |
| | 芬兰 | ― | ▲ | ▲ | ― ▲ △ | ― | ― | ― | ― |
| | 法国 | ― | ― | ― | ▲ | ▲ | ― | ▲ | ― |
| | 德国 | ― | ― | △ | ― | ― | ― | ― | ― |
| | 希腊 | ― | ― | ― | ― | ▲ | ― | ― | ― |
| | 匈牙利 | ― | ▲ | ▲ | ― | ― | ― | ― | ― |
| | 冰岛 | ― | ― ▲ | ▲ | ― ▲ △ | ― | ― | ― | ― |
| | 爱尔兰 | ― | ― ▲ | ― ▲ △ | ― ▲ △ | ― | ― | ― | ― |
| | 以色列 | ― | ― | ― | ― | ― | ― | ― | ― |
| | 意大利 | ― | ― | ― | ― | ― | ― | ― | ― |
| | 日本 | ― | ― | ― | ― | ▲ | ― | ― | ― |
| | 韩国 | ― | ― | ▲ | ― | △ | ― | ▲ | ― |
| | 卢森堡 | ― | ― | ― | ― | ― | ― | ― | ― |
| | 墨西哥 | ― | ― ▲ △ | ― ▲ △ | ▲ | ▲ | ― | ▲ | ― ▲ △ |
| | 荷兰 | ― | ― △ | ― △ | ― △ | ― | ― | ― △ | ― △ |
| | 新西兰 | m m m | m m m | m m m | m m m | m m m | m m m | m m m | m m m |
| | 挪威 | ― | ― | ― | ― | ― | ― | ― | ― |
| | 波兰 | ― | ― | ▲ | ― | ▲ | ― | ― | ― |
| | 葡萄牙 | ― | ― | ― | ― | ― | ― | ― | ― |
| | 苏格兰 | ― | ― | ― | ― | ― | ― | ― | ― |
| | 斯洛伐克共和国 | ― | ― ▲ | ― ▲ △ | ― ▲ △ | ― | ― △ | ― ▲ △ | ― |
| | 斯洛文尼亚 | ― | ― | ― | ― | ― | ― | ― | ― |
| | 西班牙 | ― | ― | ― | ― | ▲ | ― | ― | ― |
| | 瑞典 | ― | ― | △ | ― | ― | ― | ― | ― |
| | 瑞士 | ― | ― | ― | ― | ― | ― | △ | ― |
| | 土耳其 | ― | ― | ▲ | ― | ― | ― | ― | ― |
| | 美国 | ― | ▲ | ― | ― | ― | ― | ▲ | ― |
| 20国集团国家 | 阿根廷 | m m m | m m m | m m m | m m m | m m m | m m m | m m m | m m m |
| | 巴西 | m m m | m m m | m m m | m m m | m m m | m m m | m m m | m m m |
| | 中国 | m m m | m m m | m m m | m m m | m m m | m m m | m m m | m m m |
| | 印度 | m m m | m m m | m m m | m m m | m m m | m m m | m m m | m m m |
| | 印度尼西亚 | m m m | m m m | m m m | m m m | m m m | m m m | m m m | m m m |
| | 俄罗斯联邦 | ― | ― | ― | ― | ▲ | ― | ― | ― |
| | 沙特阿拉伯 | ― | ― | ― | ― | ― | ― | ― | ― |
| | 南非 | m m m | m m m | m m m | m m m | m m m | m m m | m m m | m m m |

标准为：

― 取决于基本工资范围的职位

▲ 取决于每一年支付的补充报酬

△ 取决于偶然性的补充报酬

资料来源：OECD(2011a). 相关导读资料请见 Guide in Education at a Glance 2011: OECD Indicators (www.oecd.org/edu/eag2011) for information concerning the symbols replacing missing data.

**表3.4（2/2） 公立机构决定教师报酬的因素（2009）**
——公立机构教师基本薪酬和额外奖励标准

| | | 教师资格、培训和表现相关标准 | | | | | | 基于人口统计学的标准 | | |
|---|---|---|---|---|---|---|---|---|---|---|
| | | 持有进入教师行业所需初级教师资格证的人数高于持有中级教师资格证的人数 | 持有中级以上（不包括中级）教师资格认证或者在职业生涯中获得过培训 | 教学表现杰出 | 成功完成专业发展活动 | 在资格考核中取得高分 | 持有多学科教育资格证书 | 家庭状况（已婚，子女数） | 年龄（教龄） | 其他 |
| 经合组织国家 | 澳大利亚 | | | | | | | ▲ | | ▲ |
| | 奥地利 | | △ | | | | | | | ▲ |
| | 比利时（荷语文化区） | — | ▲ | | | | | | | ▲ |
| | 比利时（法语文化区） | — | | | | | | | ▲ | △ |
| | 加拿大 | m m m | m m m | m m m | m m m | m m m | m m m | m m m | m m m | m m m |
| | 智利 | | | | | | — | | | |
| | 捷克共和国 | | | — | | | | | — | △ |
| | 丹麦 | — ▲ △ | — ▲ △ | | — ▲ △ | | | | | |
| | 英格兰 | — ▲ △ | — ▲ △ | | | | | | | |
| | 爱沙尼亚 | | | ▲ | ▲ | | | — ▲ △ | | |
| | 芬兰 | | ▲ | | | | | | | |
| | 法国 | | | | — | | | ▲ | | |
| | 德国 | | | | | | | | | — |
| | 希腊 | — | ▲ | | | | | | | |
| | 匈牙利 | | | | | | | | ▲ | |
| | 冰岛 | — ▲ △ | — ▲ △ | | ▲ △ | | △ | | — ▲ | |
| | 爱尔兰 | — | | | ▲ | | | — ▲ △ | | |
| | 以色列 | | | | | | | | | |
| | 意大利 | | | | | | | | | |
| | 日本 | | | | | | | | ▲ | |
| | 韩国 | | — | | — | | | ▲ | ▲ | |
| | 卢森堡 | | — | | — | | | | | |
| | 墨西哥 | | | | | | | | | |
| | 荷兰 | — ▲ △ | — ▲ △ | | — | | — ▲ △ | | | |
| | 新西兰 | m m m | m m m | m m m | m m m | m m m | m m m | m m m | m m m | m m m |
| | 挪威 | | | | | | | | ▲ | |
| | 波兰 | — | ▲ | — | | | ▲ | | | ▲ △ |
| | 葡萄牙 | — | — | | | | | | | |
| | 苏格兰 | | | | | | | | | |
| | 斯洛伐克共和国 | | | | △ | | | | | △ |
| | 斯洛文尼亚 | ▲ | ▲ | | ▲ | | | | | |
| | 西班牙 | | | | — | | | | | |
| | 瑞典 | | | | | | | | | |
| | 瑞士 | | | | | | | ▲ | | ▲ |
| | 土耳其 | — | ▲ | △ | ▲ | | | | | |
| | 美国 | | ▲ | ▲ | ▲ | | | | | |
| 20国集团国家 | 阿根廷 | m m m | m m m | m m m | m m m | m m m | m m m | m m m | m m m | m m m |
| | 巴西 | m m m | m m m | m m m | m m m | m m m | m m m | m m m | m m m | m m m |
| | 中国 | m m m | m m m | m m m | m m m | m m m | m m m | m m m | m m m | m m m |
| | 印度 | m m m | m m m | m m m | m m m | m m m | m m m | m m m | m m m | m m m |
| | 印度尼西亚 | m m m | m m m | m m m | m m m | m m m | m m m | m m m | m m m | m m m |
| | 俄罗斯联邦 | — | — | | | | | | | |
| | 沙特阿拉伯 | | | | | | | | | |
| | 南非 | m m m | m m m | m m m | m m m | m m m | m m m | m m m | m m m | m m m |

标准为：
— 取决于基本工资范围的职位
▲ 取决于每一年支付的补充报酬
△ 取决于偶然性的补充报酬

资料来源：OECD(2011a). 相关导读资料请见in Education at a Glance 2011: OECD Indicators (www.oecd.org/edu/eag2011) for information concerning the symbols replacing missing data.

## 第三章 培育优秀教师，调节供给与需求

> **专栏3.3　韩国和北卡莱罗纳州：多样化的财政刺激吸引优秀教师到薄弱学校任教**
>
> 在韩国，所有教师都要达到高标准，这样有助于国家高表现水准和教师的公平分配。其他有助于教学队伍高质量人才的因素包括教师非常受人尊敬的地位、工作稳定性、高收入、积极的工作条件，包括教师之间的高度合作。在韩国，社会经济地位较低的学生往往更容易接受高质量数学教师的教学，这类教师在测试中具备如下特质：资格认证齐全、数学专业或数学教育专业、三年以上教学经验。高需求学校的教师求职者可以获得多元化激励政策。激励政策包括额外的薪酬、更小的班级规模、更少的教学时间、未来提升到管理岗位的额外保障，以及选择接下来到哪所学校工作的能力。
>
> 在美国，北卡莱罗纳州制定教学质量提升计划，包括五个主要特征：提高初级教师资格认证的要求；提高教师薪酬与业绩表现的联系；新教师导师制；为所有教师提供持续的职业发展；为到薄弱学校任教高素质应聘者提供奖金和贷款免除政策。政府还出台激励措施吸引更高质量的求职者，通过严格的入职培训、指导和在职发展，促进新教师和连续任教教师的教学有效性。北卡莱罗纳州为在极度贫困和表现不佳的学校任教并具有资格的数学、科学、特殊教育教师提供了一份留任奖金（1,800美元）。总体上，这个奖金项目使教师的流失减少了17%，每一位不离职或暂不离职的教师节省成本将近36,000美元。在留任奖金项目实施之前，这些学科中三分之一的教师不具备完善的资格，而且很多集中在薄弱学校。
>
> 资料来源：OECD(2012), Equity and Quality in Education: Supporting Disadvantaged Schools and Students, OECD Publishing.

一些国家采用个人支付系统应对教师供给问题。例如，在瑞典，政府只设置最低起薪，其他薪酬则由学校领导与教师自行协商（见专栏3.4）。

> **专栏3.4　瑞典的个人支付政策**
>
> 在瑞典，目前支付薪酬是由学校校长和教师之间进行协商的。
>
> 补偿系统中最激进的方法之一是在瑞典实施的，联邦政府设置了最低起薪，将教师个人的薪酬留给学校校长和教师每年共同协商一次。如果教师请求帮助，那么教师工会可以参与到协商之中。在瑞典，1995年作为增强学校自

主权和学校系统弹性一揽子计划的一部分，废除了集中协商教师固定工资的计划。政府承诺在未来的五年中大幅度提高教师薪酬，然而在目前的情况下并不是所有教师都能得到同样的提高。这意味着在教师薪酬法案中没有固定的上涨限制，只有最低基本起薪是集中协商的，伴随着教师工资的总体上涨。当一位教师被雇佣时，需要进行薪酬协商，教师和雇主一致同意聘用开始时定下的薪酬。个体协商主要涉及：（1）教师资格范围：高中教师可以比义务教育阶段教师和学前教育阶段教师获得更高的薪酬；（2）劳动力市场情况：师资短缺的地区问题比较尖锐，教师可以获得更高的薪酬；某些学科的教师，例如，数学、科学，也可以获得更高的薪酬；（3）教师的绩效表现：集体性的主要协议要求薪酬增长与提升绩效表现相联系，允许学校区别对待相同教学任务、不同业绩表现教师的薪酬；（4）教师职责范畴：如果教师工作努力，并且承担超过学校预期的更多任务，学校校长可以奖励教师。

目前在瑞典，教师薪酬存在巨大的多样性，师资短缺地区的教师和业绩表现优秀的教师都能够通过协商获得更高的薪酬。薪酬计划获得中央政府的系统支持，发放津贴以保证低收入市区能够有效竞争，聘任到教师和其他市区服务部门人员。瑞典自1995年起引入个体教师支付体系，试图结合教师工会传统和学校层面的弹性回应机会与非标准化工作条件的协商过程，为其他国家提供了有意义的参考。这个系统最初受到了教师工会和教师组织的强烈争议，但是现在享有超过70%的工会教师支持率。

资料来源：National Advisory Committee for the Ministry of Education and Science(2003), Attracting, Developing and Relating Effective Teacher: Country Background Report for Sweden, Ministry of Education and Science, Stockholm.

值得注意的还有非薪酬激励策略，例如，针对不同地区的学校或者有特殊教育需要的学校，采取减少授课时间或者缩小班级规模等策略。

最后，工作条件和教师满意度与教师的留任紧密相关。[1] 与之相反，缺乏一个积极的工作环境会导致某些学校教师的高流失率，特别是对于那些薄弱学校而言。[2] 学

---

[1] 更多建议举措请参见Field, S., M. Kuczera and B. Pont(2007), No More Failures: Ten Steps to Equity in Education, Education and Training Policy, OECD Publishing.
[2] 更多内容请参见OECD(2012), Equity and Quality in-Education: Supporting Disadvantaged Schools and Students, OECD Publishing.

校领导的支持、同事之间的合作、充足的资源都是教师是否留任在薄弱学校的重要因素（见专栏3.5）。

所有这一切都表明，政策鼓励更多人加入到教师职业中来难以抵消优质求职者发现很难获得教师职位的情况。最佳的候选人，通常也可能获得教师行业以外更好的工作前景，而不愿意在艰苦的学校经历漫长的等待或者忍受一个接一个的短期教学任务。因此，可以保证最佳候选人获得有效工作的结构良好、资源丰富的选拔过程和教学项目是非常关键的。减轻教学岗位空缺候选人按照教龄排序所造成的教学重担，能够减少新教师不成比例地分配到艰苦学校的风险。

### 专栏3.5 英国学校对教师的额外支持

2003年，英国政府与教师组织、雇主团体签署了"提高教师标准、减轻教师工作量"（Raising Standards and Tackling Workload）的协议，这是一个旨在改善教师工作条件的全国性集体协议。根据全球四大会计事务所之一的普华永道（PwC）调查显示，教师们认为他们将2/3的时间用在非教学活动上。由于教师工作量成为教师退休和人员减缩的一个重要原因，新协议通过减少教师合同中的整体工作时间来降低教师工作量，保证规划时间，减少日常文书工作的要求，增加教辅人员来保证日常的管理服务、帮助教师和协助学生。教辅人员包括财务人员、行政人员、技术和课堂教辅人员，他们被认为是学校团队中重要的成员。协议还开创了三个新的职业路径：教学方法、行为指导和组织管理。研究指出教辅人员的外部支持对教学、教师工作满意度、工作压力和工作量以及学生的学习与行为都有积极的影响。协议的目的是保证学生拥有更好的学习环境，教师拥有更好的工作环境。

英格兰和威尔士的教师积极响应2003年"提高教师标准，减轻教师工作量"协议。这个协议通过增加教辅人员减轻了分配给教师们的行政工作责任，保证他们能够更好地培训将由他们承担的职责。英国教育与技能部2004年的调查显示，超过97%的教师反映，由于2003年的协议，教学工作得以改善，大约一半的教师认为他们的工作量整体上有所减少。

资料来源：OECD(2009b), Evaluating and Rewarding the Quality of Teacher: International Practices, OECD Publishing.

## 建立有效的雇佣条件

经合组织国家教师聘用的主要模式是"以职业生涯为基础"的公共服务，需要竞争入职，职业发展受到广泛监管，终身雇佣得到了很大程度的保证。① 教师们令人不满意的业绩一般不会被删除，教师质量主要依赖于设置高标准的教师职前准入培训项目、高质量的职前培养计划并关注初级教师入职培训的质量。在"以职业生涯为基础"的体系下，主要风险是教师的质量远远超过入职前对教师的要求，久而久之，任何改善都会影响大多数在职教师。此外，职业提升可能变得严重依赖于组织规范，这样虽然有助于确保服务的一致性、可预见性和一个强有力的团队精神，但是可能会导致系统丧失改变的灵活性，而且在不同的设置中提供多样化需求的装备不良。

在一些国家，公务员招聘需要求职者通过展示他们匹配特殊工作要求的才能来申请特殊岗位，而不是随便就能拥有一份非常稳定有保障的工作。然而，要求公务员具有特殊才能会增加招聘和管理的成本，这使公务员更难发展共享价值和提供持续的服务。另一种方式是引入更多合约或者与职业生涯为基础的体系平行的临时性雇佣职位。这也开启了额外聘用的可能性，为地方管理者提供了更宽泛的人事决策和教育机构的目标管理。然而，从经合组织国家的一般经验来看，想要从明显不同的体系中移植一个行之有效的就业模式是非常不容易的。在那些以职业生涯为基础的体系中符合入职标准要求和可接受相对较低起薪的求职者，可能会感觉受到未来难以预料的威胁。而那些习惯于基于专业技能的专家地位和拥有自主权的人员可能会受到不断变化的教育机构系统范围标准的影响。经合组织教师问题研究（Teacher Matter study）、国际学生评估项目（PISA）和教育概览（Education at a Glance）收集的年度数据显示了各国教育改革的若干趋势，以下会进行专门论述。

成功的企业经常指出，人才选拔是他们做出的最重要的决策。对教学工作而言，事实表明人才甄选过程太过于遵循资格资历的规则，这与一位优秀教师所需的品质关系并不大。很多国家的学校系统的绝对规模意味着教师甄选的过程经常是高

---

① 相关数据请参见 Figure Ⅳ 3.3a in OECD(2010), PISA 2009 Results: What Makes a School Successful? Resources, Policies and Practices (Volume Ⅳ), OECD Publishing.

度客观的，教师很难对分配到的学校做出某些意义上的承诺，对于学校来说也很难对教师做出某些承诺。PISA数据表明，很多高绩效的教育系统对此做出的回应是在教师选拔、工作条件和发展等方面给予学校更多的责任和义务。

经合组织的教师问题研究描述了学校领导者如何在表现最好的教育系统中积极地寻找并发展最好的教师，通过个人面试和求职者参观学校来试图实现求职者与学校需求之间最优化的匹配。研究表明这些方法最好同时进行，以此来确保责任、效率和公平不会受到阻碍，例如，开展学校领导的人事管理技能，聘用有效教师为薄弱学校提供更大的资源，使信息更接近教师劳动力市场，监管权力下放的成果并进行适当调整。然而，成功的人事管理分权制和广泛的学校决策制定要求中央和地方当局帮助确保教师在整个国家得到充分、平等的分配。独立的申诉程序对于保证公平和保护教师权力也是非常重要的。

包括提供产假或陪产假在内的一种增加劳动力市场灵活性的要求，已经引发了众多经济部门非全日制就业情况的增长，教学工作也包含在其中。平均而言，经合组织国家中，大约有六分之一的教师在公立小学或初中从事按时计酬的工作。[①] 在一些国家中，非全日制工作在教师中是非常普遍的：在澳大利亚、比利时荷语文化区、冰岛、新西兰，1/5—1/3之间的教师兼职工作；挪威、瑞典超过1/3的教师兼职工作；在德国（小学）和荷兰将近一半的教师兼职工作。

在经合组织的大多数国家中，非全日制就业的机会取决于学校层面或者地方政府的决定；在经合组织1/5的国家中，都有较大非全日制教师的比例，这些就业决策由学校层面决定。学校认识到教师教学和学校组织需求的改变，一些国家教师队伍的灵活性变化正反映了这类需求。充足的证据表明一些新教师，无论接受怎样的良好培训和支持，或许都会发现这份工作无法达到他们的预期。这也取决于教师、课堂、学校等层面的多方面因素。就所有参加经合组织2008年国际教学调查的国家的平均数据而言，新教师们要多用5%的时间在维持课堂秩序上（有经验的教师需要用13%的时间，新手教师需要用18%的时间）。[②] 这些国家1/3的新教师指出他们要花费20%的时间在课堂纪律管理上。显而易见，这样就减少了教师用在实际教学上面的时间。新教师将73%的时间用在教学上，而有经验的教师可以将79%的时间用于

---

[①] 请参见 Indicator D3 in the 2007 edition of OECD's Education at a Glance.
[②] 组织2008年国际教学调查的23个国家分别是：澳大利亚、奥地利、比利时（荷语文化区）、巴西、保加利亚、丹麦、爱沙尼亚、匈牙利、冰岛、爱尔兰、意大利、韩国、立陶宛、马来西亚、马耳他、墨西哥、挪威、波兰、葡萄牙、斯洛伐克共和国、斯洛文尼亚、西班牙、土耳其。2008年国际教学调查也包括荷兰，但是由于荷兰没有达到调查要求的样本标准，他们的数据没有包含在国际比较中。

核心任务教学。此外，经合组织2008年国际教学调查报告指出，新教师的自我效能水平远远低于更有经验的教师。一般来说，这种差异从统计学上来看是显著的，不仅反映在参与2008年国际教学调查的国家中，而且也反映在比利时荷语文化区、丹麦、爱沙尼亚、冰岛、爱尔兰、韩国、马来西亚、马耳他、挪威、波兰、斯洛伐克共和国和土耳其等国。那些差异在数量上往往并不是非常大，但是它们非常重要，因为这些数据揭示了教师课堂教学有效性的差异。[1]

在一些国家中，一个正式的试用过程与大量的教师支持相结合，为新教师和他们的雇主提供一次评估教育职业是否适合他们的机会。在一些国家，成功地完成试用期意味着教师职业的最重要的一步。经合组织教育概览发现，在具有可比性数据的26个国家之中，16个国家有强制性的教师试用阶段。试用期通常持续1年，但在一些国家（例如，希腊、卢森堡）试用期会延长至2年，在德国试用期甚至会长达3年。在7个经合组织国家，教师在完成试用期后接受工作任期。在一些国家，例如，澳大利亚，教师需要完成6年的工作任期，当然这里只需要1个月的试用期。在其他国家，要获得任期需要经过一段时间，尽管没有试用阶段。例如，在墨西哥，一个教师需要6个月的时间获得任期资格，而不需要试用；在冰岛需要2年时间；在比利时法语文化区需要3年时间。

学校、教学和其他岗位之间有限的流动会制约新理念和新方法的传播，导致教师能够获得不同职业经验的机会很少。这也可能导致教师分配不公，很多教师不愿离开最受欢迎的学校。在很多缺乏流动性的案例中都暗示着一个国家的某些地区教师短缺，而与此同时，其他地区却供大于求。在一些国家，提供更大流动性和消除障碍的激励举措是非常重要的应对政策。在具有不同教育管辖权的国家中，例如，联邦制国家，在教师资格方面达成共识很重要，因为它可以保证教师累积休假的权利和退休的福利。人们认识到教育领域之外的技能和经验也很重要，也意味着鼓励教师之间更大的职业流动，因为它提供了灵活的重新返回某职业的路径。国际间的教师流动也成为日益增长的现象，也引起了教师资格、证书、招聘和就职程序的认证问题。[2]

考虑到大量的教师和求职者参与到大多数学校系统中，雇主在选择求职者时搜集广泛的人才信息是非常艰难且昂贵的。反之对于求职者来说，要获得申请学校

---

[1] 更多内容请参见 OECD (2011), The Experience of New Teachers: Results from TALTS 2008, OECD Publishing.
[2] 更多内容可以参见案例 the Commonwealth Teachers Recruitment Protocol of 2004, developed at the request of the 15th Conference of Commonwealth Education Ministers, Edinburgh, UK 2003.

精确信息，或者劳动力市场和可用空缺岗位的广泛趋势也是同样困难的。这类信息不对称和局限性意味着很多申请和选拔决策是次优的。缩短教师与学校之间信息差距的透明系统和提示系统的发展，是有效运转教师劳动力市场的基础，特别是针对那些更直接参与教师聘用和选拔的学校。一些国家要求发布所有空缺教学岗位的信息，创建信息集中网站，或者创立一个协调和促进招聘活动的代理机构。由于教师劳动力市场失衡问题需要花很长时间来调整，因此在不同场景下，监测和预测教师供求的工具仍然可以提供帮助。

## 确保高质量的教师职前教育

虽然对于调整教师供求关系问题可能不是那么重要，但是教师职前教育是确保长期供应高质量教学劳动力的重要部分。经合组织研究总结了一些值得注意的原则。[1]

● 教育系统得益于清晰、简明的文件，这些文件指出教师在特定学科领域应该了解和能够做到的内容。它不仅包括学科知识，也包括如何传授学科内容的教学知识。这些文件能够指导教师职前教育、教师资格证书、教师在职评价、职业发展和职业晋升，还有助于评估其他不同因素在多大程度上是有效的。这些概要文件反映了学校学习目标和怎样才算完成教学工作的职业范围理解。

● 许多国家已经把教师职前教育项目向在学校设置一个以"轻学术，重专业"为基础的模式转变，以教师之间理论、实践和合作的适当平衡作为一个重要方面。在这些项目中，教师提早进入课堂，在教室里付出更多的实践，并且也在这个过程中获得更多更好的支持。这可以包括如何进行教学的延展课程——强调基于最先进实践的研究；也可以包括在指定学校或相关大学从事一年以上教学经历的教师，在此期间教师被期望能够开发并试行创新实践，与其他教师建立伙伴关系，在优秀教师的指导下进行教学研究。芬兰大学的教师职前培训是有效实施前面所述方法的一个重要案例。

● 更具灵活性的教师职前教育结构可以在不影响严谨的传统路线基础上，有效开启教师职业的新路线。教师职前教育、在职培训和专业发展等阶段需要与创建

---

[1] 请参见OECD (2010), Strong Performers and Successful Reformers in Education: Lessons from PISA for the United States, OECD Publishing.

教师终生学习框架相关联。在许多国家，教师教育不仅仅是提供全面的关于特定学科知识、相关教学方法和一般教学知识的基础训练，它还试图发展教师的反思性实践与在职研究的技能。教师职前教育越来越多地趋向于强调在培训中发展教师迅速地、准确地诊断学生问题的能力，然后从众多可能的解决方案中寻找适合于诊断的应对措施。一些国家为教师提供使他们完善教学实践的系统方法的研究技巧。例如，在芬兰、中国上海和美国大部分地区，都将教师培训为教学实践的行动研究者，能够拥有确保任何学生在开始落后时就能得到有效帮助的多种工作能力。

● 此外，一些国家已经改变让大量教师以相对较低的入学标准进入一般师范院校学习的系统模式，而是要求他们以相对较高入学标准进入到依托于较高社会地位高等学校的教师教育学院中学习。

## 提供有吸引力的职业

调节师资的供给与需求也依赖于一个促进成功和鼓励教师有效教学的环境。在一些国家，人们注意到导致教师离职和师资队伍损失比率提高的原因是复杂的学校人员编制问题。如前所述，教师流失率往往在最初担任教学工作的几年里更高一些，当教师们接近退休年龄，并拒绝再次进入教师行业时师资流失又会有所增长。[①] 这意味着培训新教师会产生大量的私人和社会成本，而这些新教师很快发现教师行业无法达到他们的预期，例如，奖励不足、工作艰苦或其他因素等。它强调了结构化在职培训项目的重要性，项目涉及减少教学工作量、培训学校指导教师、拉近学校与教师教育机构的关系，为学校系统确保分配教师到不同学校的标准和程序设计不至于将新教师集中分配到更艰难和不受欢迎的地区。

尽管高薪酬对于教育行业吸引更多教师并留住有效教师很重要，但是经合组织的教师问题研究总结指出，政策需要解决的不仅仅是薪酬问题。

教师将重点放在他们与学生和同事关系的质量、在情感上支持学校领导、有良好的工作条件和发展技能的机会等方面上。因此，一些国家目前更强调教师评价对改善教师教学实践的支持。而这些评价主要是针对提高课堂教学实践设计的，他们提供认同教师工作业绩的机会，帮助教师和学校认识到专业发展的重点。他们还为

---

① 具体分析请参见 OECD(2005), Teachers Matter – Attracting, Developing and Retaining Effective Teachers, OECD Publishing.

教师提供一个绩效典范的奖励依据。

教学工作受益于更大程度的多样化，这有助于满足学校的需求，也为教师提供了更多机会和认可。在大多数国家，晋升机会和新职责通常对于一线教师而言是有限的。一般情况下，晋升会导致教师用于课堂教学的时间减少，因而成为教师工作满意度降低的一个主要原因。即使对那些愿意承担课堂之外更多角色的教师，在很多国家晋升的机会也是有限的。一些国家正在开放更多职业机会给教师们，在某种程度上激励教师，通过更多种类的学校角色，被委托重要的决策责任。经合组织国家的案例表明（见专栏3.6），通过两个途径可以实现更大的职业多样化，一是根据课堂之外的特殊任务和角色创造新的职位，从而导致更大的横向分化；二是通过基于能力的教学职业阶梯来认识到额外的责任，从而导致更大的纵向分化。在后一个途径中，每个阶段都会比前一个阶段要求更苛刻，会涉及更多的责任，向少数人开放。但是伴随着社会地位的显著提升，经常也会带来一定的补偿。认识到学校和教师需要执行更大范围的任务和承担更多的责任，也要求创建新的角色，例如，新教师和实习教师的导师、在职教育的协调人员和学校项目的协调人员。

**专栏3.6** 提供更大的职业多样性——澳大利亚、英格兰、威尔士、爱尔兰和加拿大魁北克省的案例

在澳大利亚，教师通常可以获得一个职业结构，包括二至四个阶段，每年的薪酬按照不同阶段进行增长。这些阶段通常包括从新教师到经验教师，再到有职责的经验教师（领袖教师）或者学科或年级的负责人，再到小组助理、领袖校长和地区/街区部门办公室官员。从一个阶段到下一阶段的晋升，尤其是在更高的层级上，通常需要申请已经广泛公布宣传的空缺岗位。当向上晋升时，教师们被期望能够具备更深层次的知识、展示更复杂且有效的教学、承担学校课外学习的责任、协助同事等。通过"领袖教师"阶段，他们被期望演示示范教学、具备教育领导力和启动管理变革的能力。

在英格兰和威尔士，1998年推出高级技能教师（Advanced Skills Teacher, AST）的新职业等级标准，旨在为还希望继续留在课堂教学的教师提供职业发展的替代性路径。他们的角色是为任职学校提供教学法上的领导。通常，他们会花费20%的时间在"扩大"角色来支持同事们的专业发展，剩余的时间用作课堂教学。教师可以在其职业生涯中的任何时候接受高级技能教师的任职，但是要

> 想成为一名高级技能教师，必须通过高级技能教师（AST）的评估考核。他们需要准备一个教学工作作品，展示他们如何符合教师等级的规定标准，并有校外评审人员进行评估。校外评审人员还要对申请人进行面试，观察他们的专业实践。2004年7月，大约5,000名教师通过了高级技能教师的评估，其目的是最终形成一个占教师劳动力3%—5%的等级。
>
> 爱尔兰采用四个类别的晋升职位：校长、副校长、校长助理和特殊任务教师。每个类别都有特殊管理职责，能获得相应的薪酬和时间津贴。除了课堂教学以外，校长助理和特殊任务教师要特别负责学术、行政管理和牧师的事务，包括安排时间表、联络家长会、监管学校设备的维修和可用性等。他们由一个包括校长、管理委员会主席和一个独立校外专家组成的专家评审小组选出。大约50%的教师都期望能够在其职业生涯中晋升到上述职位。
>
> 在加拿大魁北克省，经验丰富的教师可以作为实习教师的导师。有经验的教师培训和指导实习教师，进行特定的培训。他们可以得到额外的报酬，或者减少课堂教学工作量。大约有12,000名教师参与到指导项目中。一些经验教师也有机会成为大学教师的合作研究者，参与课题的合作研究，例如，教学、学习、课堂管理和学生成败。此外，经验教师也扩展日常的工作职责，为经验不足的同事们提供帮助。
>
> 资料来源：OECD(2005), Teachers Matter-Attracting, Developing and Retaining Effective Teachers, OECD Publishing.

重视教师参与学校领导力的建设，有助于应对教师希望在工作中受到重视和支持的需求。此外，训练有素的专业人员和管理人员有助于减少教师的重担；教师工作前期准备和工作规划中更好的设施有助于建立共同领导机制；更有灵活性的工作条件，特别是对于经验丰富的教师，可能防止他们的职业倦怠，为学校留住他们的重要技能。

然而，为新教师提供的不仅仅是简单地提供管理和规划的支持。许多国家的新教师认为他们没有得到"教学实践"方面的反馈，而教学实践恰恰是他们教师角色中最重要的组成要素。2008年国际教学调查报告（TALIS）指出教师们关于接收评价和反馈的频率及来源，主要来自于学校领导、其他教师或者学校管理团队的成员，或者学校外的个体和其他主体。大多数新教师报告他们获得的评价和反馈主要来自于学校领导和其他教师。而在除了韩国、墨西哥和土耳其以外大多数国家，超过一半的新教师从来没有获得过来自学校外部的个体评价和反馈。超过19%的教师从未获得过工作方面的评价和反馈。在一些国家，没有得到过评价和反馈的新教师比例的相对较高。例如，在意大利，60%的新教师没有得到过评价和反馈。这是唯一一个国家，超过半数的新教师在其工作方面从未收到过任何相关反馈。而这个数字在西班牙和葡萄牙也是很高的，这两个国家都有32%的新教师报告没有受到过评价和反馈，在冰岛这个比例为24%。

正如前面所提到的，许多国家在教师入职前几年为他们提供指导和就职项目。事实上在2008年TALIS项目中大约3/4的新教师在学校获得了正式的指导和就职培训项目。但令人惊讶的是，开展就职项目和指导项目学校的教师们并不明显地比其他教师更容易获得更高频率的评价和反馈。实际上，一个学校是否开展了指导项目和就职项目对新教师接受评价和反馈几乎没有影响。[①]

如前所述，教师基本上是作为公务员被聘用的，并且在许多国家它与终身就业联系在一起。尽管有些人会认为工作保障可以作为成为教师的一个激励，但是可能没有足够的激励或支持体系来对所有教师进行持续不断的技能考核和实践提高，特别是在那些教师评价和问责机制有限的地区。终身就业是很难在录取人数下降或者课程改变的时候调整教师人数的，这可能意味着调整的负担将要落在那些缺乏任期、刚开始职业生涯的新教师身上。为了避免这种情况，将重点放在教学方面的许可上非常重要，高质量、稳健的评价系统和专业发展有助于确保所有教师参与促进学生学习的专业实践。

在一些国家，教师需要在任教一段时间后更新他们的教师资格证书，往往必须证明他们参与了在职专业发展课程并增长、加深和强化了他们的知识。更新的依据可以像一个认证教师继续满足在整个教学生涯中都同意的绩效标准那样简单。这样的系统必须是一个开放、公正、透明的教师评价系统，人员涉及教师同行、学校领导和外部专家，他们除了经过适当的培训、拥有为完成这些任务所需的资源之外，还要定期进行自我评估。支撑这些模式的观点是学生利益将得到来自实现就业保障的教师们更好的服务，因为教师不是通过调节来有效地保证就业，而是通过继续努力做工作来保障就业。定期评估也可以提供认识和了解教学质量的机会。一些国家也有公平且迅速的机制来应对无效的教学。这些国家的教师有机会和资助来进行改善，但如果他们不这

---

① 更多内容请参见 OECD (2011), The Experience of New Teachers: Results from TALIS 2008, OECD Publishing, Pairs.

样做，他们需要转入到其他角色中，或者离开教育系统。

## 满足在职专业发展的需要来解决教师供给问题

招聘并选择有前途的毕业生对于满足教师要求是至关重要的，但是这只是教育领域人力资源管理的一部分，值得注意的是，并非所有表现好的教育系统都在排名前1/3的毕业生中招聘教师。成功的改革不能等待新一代的教师，这要求对当前教学劳动力的投资，提供优质的专业发展、足够的职业结构和职业多样化，以及对教师支持改革的承诺。国际劳工组织和联合国教科文组织的专家委员会在2009年的报告中指出关于教师队伍建设的建议，"教师职业结构……不断鼓励更好的教学实践和保留教师继续任教的激励措施，但是更需要将教师教育与专业发展、评估和职业晋升联系起来。来自国际调查的证据也指出各国普遍缺乏一个适应教师和学习者需求的专业发展支持。"[①]

以下分析旨在观察如何改善教师个体发展和如何加大提高教学质量的教师之间的合作。

在很多国家，学校的角色和功能是不断变化的——这正是教师所期望的。他们需要在多元文化日益增长的课堂中教学。他们必须更加关注对课堂上学生特殊学习需求的整合，包括特殊困难和特殊天赋的学生。他们需要更加有效地使用信息通讯技术教学。他们必须参与更多的规划评估和问责制度框架，以及使家长参与到学校教育中来。无论多好的教师职前教育，都无法为教师面对职业生涯的所有挑战做好准备。

考虑到教学的复杂性，高质量的专业发展有必要保证所有教师能够满足不同学生的需求，有效地使用数据指导改革、吸引家长，使数据成为他们专业成长的催化剂。完成职前教育培训的教师，需要实现其他教师发展目标，包括：

● 更新个体关于某一学科领域最新进展的知识；
● 更新个体关于开展新的教学技术、教学目标、新环境和新教育研究的技能与方法；

---

① 更多内容请参见page 4 of the Joint ILO/UNESCO Committee of Experts on the Application of the Recommendations concerning Teaching Personnel(CEART), Pairs, October 2009.

- 使个体能够申请课程改革或其他方面的教学实践；
- 使学校能够开发和应用关于课程和其他方面教学实践的新策略；
- 实现教师与其他人员之间的信息和专业知识交流，例如，学者与企业家；
- 帮助不称职的教师变得工作更加有效。

专业发展方面的问题不只是与优质教师总体供应相关的问题，也是解决师资短缺的特殊问题。在参与2008年国际教学调查的18个经合组织国家中，教学工作方面最常被教师作为发展需要的是"教授有特殊学习需要的学生"。这在薄弱学校案例中特别具有挑战性，因为这些学校的学生往往有更大范围的能力和需求。还值得强调的是，这些国家中1/5——甚至在韩国、奥地利、斯洛文尼亚和匈牙利超过1/3的教师表明，他们需要学生纪律行为问题方面的专业发展。此外，这特别是与薄弱学校中的教师有关，PISA项目显示那些薄弱学校纪律情况通常较差。最后，13%的教师（其中有25%是意大利和爱尔兰的教师）指出，他们没有感觉到是在一个多元文化的背景下准备教学。与此同时，有许多案例正在努力解决这些问题。

为了满足教师专业发展的需求，政策制定者和实践者需要同时考虑到如何支持和鼓励教师参与，以及如何确保教师需求与机会匹配的问题。这需要平衡教育财政与教师时间方面的成本。经合组织研究确定以下几个方面作为成功地缩小理想学习环境与日常教学实践之间差距的核心内容。[①]

- 结构良好和资源丰厚的上岗培训项目可以支持新教师获得全部的教师权利和教学责任。在一些国家，一旦教师完成了他们的职前教育并开始教学工作，他们即开始了一或两年的严格教学实习。在这个阶段，新教师通常会被减轻工作负担，由高级教师指导，继续正规教学。
- 有效的专业发展需要不断地进行，包括培训、实践和反馈，提供足够的时间和后续支持。成功的项目使教师潜心于学习活动，与他们用在学生群体中的学习共同体相似，鼓励和发展教师学习共同体。
- 教师发展需要与更广泛的学校目标、系统发展、评价与反馈实践以及学校评估相联系。
- 通常需要重新检验结构和实践，制约跨学科的实践，为教师提供更多空间和时间进行深入学习、运用探究和分组研究方法，特别是在课程与评价的核心领域。

---

① 更多内容请参见 OECD (2005), Teachers Matter – Attracting, Developing and Retaining Effective Teachers, OECD Publishing.

> **专栏3.7　新西兰少数民族学生教学的专业发展**
>
> 新西兰近期的研究显示，文化回应性教学（Culturally Responsive Teaching, CRT）也许可以成为全面专业发展计划的一个有效部分。新西兰开展了一个为毛利学生教学的全面专业发展计划，即Te Kotahitanga项目。项目的目标在于提升毛利学生的学业成就和有毛利学生生源学校整体的学生成就。这个项目是独树一帜的，因为它是在采访9—10岁毛利学生认为他们成功所需的要素基础上开发的。由于毛利学生平均学业成绩和毕业率都比其他同龄人低，Te Kotahitanga项目旨在通过采用文化回应性教学改善师生关系，来提高新西兰毛利学生的学业成就，在综合教学支持下提升教师有效性。
>
> Te Kotahitanga项目包括领袖教师的指导、研讨会、课堂观察和反馈、导师引导下的教师合作、以观察和学生成绩为基础的问题解决、以及个体教师的影子指导（shadow-coaching for individual teachers）。
>
> 因此，Te Kotahitanga项目主要包括两方面内容，一是教师专业发展，二是有利于提高教师教学有效性的其他方面的支持。从项目效果上看，参与该项目的毛利学生高校的数学、物理和科学成绩明显高于没有参加项目的同类学校，英语和历史成绩基本持平。此外，按照新西兰9年级学生参加11年级全国教育成绩证书（National Certificate of Educational Achievement, NCEA）1级水平测试结果进行评估，参加Te Kotahitanga项目的学生整体成绩比全国平均成绩高2个百分点。这表明通过NCEA 1级水平的9年级学生都可以按时毕业。由此可见，Te Kotahitanga项目不仅对毛利学生有积极的影响，同时也能促进参与项目学校中所有学生的进步。
>
> 资料来源：OECD(2010c), Educating Teachers for Diversity: Meeting the Challenge, OECD Publishing.

> **专栏3.8　美国创新型教师职前培训项目**
>
> 创建于2003年的波士顿驻校教师计划（The Boston Teacher Residency, BTR）是一个教师职前培训项目，聘用表现较好的大学毕业生和专业人士，培训他们到波士顿的学校任教。这个项目注重于使教师掌握将要任教的公立学校的有效教学技能，强调实务训练和与有经验的教师配对驻校。驻校计划开始于一个为期两个月的暑假学校，然后在入职第一年每个星期在一位高级教师身边上

课四天,每星期的第五天用于出席课程和研讨会。这种方法可以使驻校教师同时掌握教学理论和教学实践。工作一年后,驻校教师可以获得初级教师资格证和教育学硕士学位,之后继续接受来自波士顿驻校教师计划以入门指导、课程和研讨会等形式的支持,并在学校设置协作团队。

早期的成功指标包括一个严格的招聘与选拔过程,只有13%的求职者能够被录取,为期三年的留任率为85%(远远高于美国城市学校平均水平),项目产出的增长填补了波士顿每年所需的数学和科学教师人数的60%,得到学校校长的高度评价。96%的校长说他们愿意向其他校长推荐聘用来自波士顿驻校教师计划的毕业生。关于波士顿驻校教师计划影响学生成绩的一项研究表明,与其他教师相比,在入职前两年的工作中,数学教师的效率低于英语教师。研究还发现波士顿驻校教师计划选定的教师在经过两年的工作后在提升学生成绩方面可以超越他们的同辈教师。鉴于这些人选都有较高的留任率,并且最终都有较高的学生成功率,作者发现波士顿驻校教师计划的毕业生也许是对地区更好的投资。波士顿驻校教师计划最近收到美国教育部创新投资基金(Investing in Innovation Fund)给予的500万美元发展资助,试图鉴定并扩大其在教师教育领域和其他优先发展领域已得到证实的有效实践和承诺。

资料来源:www.bostonteacherresidency.org.

在一些国家,在职专业发展已经起到重要作用。在中国上海,每一位教师都需要在五年聘期内参加240小时的专业发展活动。新加坡为教师提供每年100小时专业发展的权利,使教师能够紧随世界发展的快速变化,并且提高教学实践能力。更普遍的是,根据国际教学调查结果显示,在参与调查的国家中几乎有90%的教师在18个月的时间内参与某种形式的专业发展活动,平均来说,每个月花费不到一天的时间进行专业发展(见表3.5和表3.6)。[①] 然而,教师在国内外参与专业发展活动的频

---

① 国际教学调查询问教师在调查前18个月时间里的专业发展活动。选择这个时间段是为了覆盖两个学年的活动,从而给出一个更有代表性的情况,减少可能由于异常繁忙和发展拮据时期造成的情况失真,保证教师回忆的可控阶段。教师首先要表明他们是否参加了一下每个活动:(1)课程/进修班(例如,关于学科问题、学科方法或者其他教育相关的主题);(2)教育会议/研讨会(教师或研究者展示研究成果,讨论教育问题);(3)认证项目(如一个学位培养计划);(4)到其他学校观察访问;(5)参与专门为教师专业发展建立的教师网络;(6)关于职业兴趣某一主题的个体研究或合作研究;(7)将导师指导或同辈观察与指导作为正规学校安排的一部分。教师调查结果表明他们可以参与多项活动。国际教学调查接着还询问教师在接受调查的前18个月参加了多少天的专业发展活动,其中有多少天是强制性要求参加的。(更详细的内容请见OECD[2009], Creating Effective Teaching and Learning Environments: First Results from TALIS, OECD Publishing.)。

率和强度具有一定的变化，①例如，年长的教师参与专业发展的次数往往比年轻教师少。教师承担的发展类型可以解释这些变化。教师参与"认证项目"或者"个体研究和合作研究"比例较高的国家，往往其教师专业发展的天数更高，但是只有少数教师经常参与这些活动。

教师认为更好的、更有针对性的专业发展应该作为教学工作走向完善的重要杠杆。国际教学调查的数据显示，教师参与专业发展活动的频率与强度，与其对各类课堂教学方法的掌握程度有密切的相关性，参与专业发展活动的情况甚至可能会对新技术在课堂中的应用产生一定的影响。数据还确认专业发展与积极的学校氛围、教学理念、教师之间的合作和教师工作满意度有密切的联系。

然而，学校和教育系统需要更好地为专业发展匹配成本与效益、供给与需求的关系。国际教学调查的结果显示，在参与调查的国家中，教师们普遍认为其参加对工作具有重要影响的专业发展活动太少，特别是认证项目、个体研究与合作研究。即使是那些清楚课程效果，并且有相当充裕的时间和金钱的教师，同样认为参与这类活动不够充足。相反地，教师们对效率低的活动类型，即一次性教育会议和研讨会，表现出相当高的参与率。这就是说，对于不同类型专业发展活动频率和强度影响学习成果的研究仍然是有限的。

表3.5 专业发展活动类型影响与参与率对比

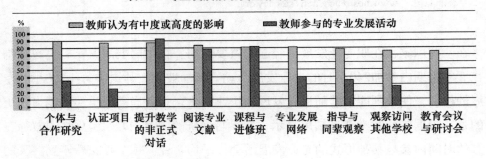

资料来源：OECD, TALIS Tables 3.2 and 3.8.

---

① 各国教师参与专业发展的强度变化相当大，在韩国和墨西哥，教师在18个月之内参加专业发展超过了30天，是各国平均参与率的2倍。各国国内专业发展的强度也有很大的不同，最显著的是在意大利、墨西哥、韩国、波兰和西班牙（具体数据可见OECD（2009），Creating Effective Teaching and Learning Environments: First Results from TALIS, OECD Publishing.）。

# 第三章 培育优秀教师，调节供给与需求

**表3.6 没有参加更多专业发展活动的原因**
——针对想参加更多发展活动的教师（国际平均水平）

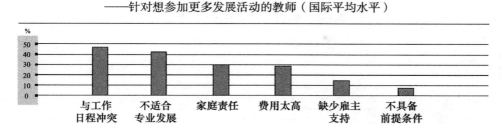

资料来源：OECD(2009), Creating Effective Teaching and Learning Environment: First Results from TALIS, Table 3.7.

尽管在一些国家专业发展活动的参与程度高，但是专业发展需要大量教师的情况通常得不到满足。国际教学调查发现：

● 大约55%的受访教师称他们希望获得比参加调查前18个月内更多的专业发展。每个国家都在很大程度未满足教师需求，范围从31%至超过80%。

● 在各国，更愿意报告未满足需求的教师往往是来自公立学校年龄低于40岁的女教师。

● 在各国，教学工作最大的发展需求是"教授有特殊需要的学生"，其次是"信息通讯技术教学技能"和"学生纪律行为"。

是什么阻碍教师更多地参与他们想要参加的专业发展活动？根据TALIS调查，将近一半教师指出，最常见的原因是专业发展活动与工作日程的冲突（见表3.6）。此外，几乎有同样多的教师认为他们缺少合适的专业发展机会，因此这些教师通常也很少参与发展活动。

但这不仅仅是一个产生更多同样专业发展活动的问题。教师们不断指出他们最大的专业发展需求是学习如何处理学生学习方式和背景的差异、如何有效地使用信息通讯技术以及如何改善学生行为（见表3.7）。这些反馈提供了教师专业发展的未来应关注和努力方向，特别是提供一套切合实际的评价体系和发展支持。

当然，在一定程度上未满足教师需求是可以预料的。在某些时候，对于一定比例的教师来说会觉得有效开展工作的设备不齐全是很自然的。尽管如此，在一些国家，未获得满足的教师专业发展需求仍然占到很大比例，例如绝大多数教师报告称他们需要获得更多的专业发展机会。这对教师效用破坏的程度是很难评估的，但是它也同样难以想象，这种缺陷并没有在某些程度上有损于有效教学。对提供额外教师专业发展的成本进行评估时，不仅要将它与不提供额外资助的成本进行比较，还

要将它同缺乏额外教师专业发展活动而缺失的学生学习机会成本相比较。

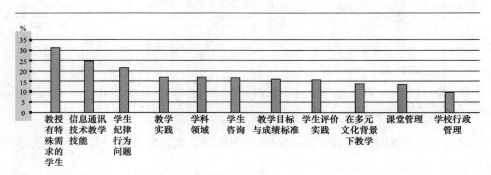

表3.7 最需要教师专业发展的领域
——教师报告高度需求的国际平均比例

资料来源：OECD(2009), Creating Effective Teaching and Learning Environments: First Results from TALIS, Tables 3.4。

虽然没有一个国家的教师专业发展是完全免费的，但国际教学调查数据表明，大多数国家的教师认为他们专门用于发展活动的来自财政和时间安排的支持程度是非常重要的。参与调查的国家中平均有2/3的教师没有支付费用，而差不多同样比例的教师获得了合理的时间分配。学校和政府机构在教师专业发展方面显然做出了重大投资。

事实上，相当大比例的教师承担了专业发展的成本，有证据表明许多教师如果不能找到质量优异的免费项目，他们会自行承担推进他们事业的成本。实际上，数据表明当教师为自己的专业发展付费时，他们往往会参加更多的发展活动。支付全部费用参加教师教育课程的教师，参与专业发展活动的次数是参加免费发展培训教师的两倍。这可以部分地反映一个事实，付费的课程往往是面向专业资格认证，也需要花费更多的时间。也就是说，免费提供的项目不一定是刺激教师参与的唯一途径，至少在教师寻求更进一步的职业发展和更好的前途时是这样的，例如，他们准备成为副校长、教育督查或者更高教育层级的教师时。

目前，关于专业发展最有效形式的研究越来越多，这些研究影响着学校和教育系统层面的规定和组织发展。英国政府文件"变革的案例"（Case for Change，教育部，2010年）指出"充分的证据表明合作的专业发展更能明显地与提升教学实践紧密联系……以及……更可能引起教师实践、态度、理念和学生成果的变化。"这些研究发现是英格兰和威尔士全国教师工会发起的研究评论的一项结果。研究评论是工会为了建设专业发展项目而准备的,由设置于伦敦大学教育学院社会科学研究中心的政策依据与实践信息研究协调中心(EPPI-Centre, The Evidence for Policy and Practice Information and Co-coordinating Centre)的科丁利(Cordingley)等人执行(2003, 2005a, 2005b, 2007)。

## 本章小结

很多教育系统在聘用高素质毕业生作为教师时都面临着艰巨的挑战,特别是师资短缺的地区,不仅要录用高素质毕业生,还要寻找使他们留任的措施。然而,本章展示了一系列在艰难的情况下成功地协调教师供给与需求的案例。事实上,最常见于高等教育系统的是PISA项目中表现较佳与欠佳的学校之间的学业表现,他们在学校系统公正地吸引高质量教师,包括那些很难招到教师的学校。

教师需求问题既复杂又多维,因为它反映出一些挑战:如何扩大合格教师规模;如何解决特殊学科师资短缺问题;如何聘用教师到最需要他们的地方去;如何以公正有效的方式分配教师;如何在一段时间后留任合格教师。

政策需要在两个层面回应这个问题。首先是要关注教师职业自身的性质和教师工作的环境。这些政策试图改善教师职业的总体状态及其在就业市场中的竞争地位,这也是本报告的重点。其次,涉及更多有针对性的为特定师资短缺类型的应对和激励措施,认识到没有一个专为教师准备的单一劳动力市场,而应该是一个以学校类型和特点作区分的组合型市场,例如,具体学科。

具有竞争力的薪酬和其他激励措施、职业前景和职业发展多样性,以及教师作为专业人员的责任都是吸引最有天赋的教师到最具挑战性课堂的部分重要策略。积极的招聘活动强调教学作为一种职业的现实特质,寻求吸引那些可能不会优先考虑从事教学工作的群体。在教学工作被视为一个有吸引力的职业时,它的地位才可以进一步通过选择性招聘得到提升。选择性招聘使教师们进入一个追求成为有成就的专家职业。从长远角度来看,教师职前培训是保证公平地提供高质量教师的另一个重要部分。

最后,无论教师的职前教育如何,都不能期望它为教师面对整个职业生涯的所有挑战做好准备。高质量的专业持续发展对于保证所有教师能够满足多样化学生需求是有必要的,有效地使用数据来指导改革、吸引家长,成为他们自身专业发展的催化剂。

# 参 考 文 献

Cordingley, P. et al. (2003, 2005a, 2005b, and 2007), www.curee.co.uk/our-projects/eppicentre-systematic-reviews-continuingprofessional-development, United Kingdom.

Department for Education (2010), www.education.gov.uk/publications/standard/publicationDetail/Page1/DFE-00564-2010, United Kingdom.

OECD (2003), Education at a Glance 2003: OECD Indicators, OECD Publishing.

OECD (2005), Teachers Matter: Attracting, Developing and Retaining Effective Teachers, OECD Publishing.

OECD (2007), Education at a Glance 2007: OECD Indicators, OECD Publishing.

OECD (2009), Creating Effective Teaching and Learning Environments: First Results from TALIS, OECD Publishing.

OECD (2010), PISA 2009 Results: What Makes a School Successful? Resources, Policies and Practices (Volume IV), OECD Publishing.

OECD (2010), Strong Performers and Successful Reformers in Education: Lessons from PISA for the United States, OECD Publishing.

OECD (2011), Education at a Glance 2011: OECD Indicators, OECD Publishing.

OECD (2011), The Experience of New Teachers: Results from TALIS 2008, OECD Publishing.

# 附录A  选自经合组织数据库的比较数据

### 表A.1  各国家/地区阅读成绩的比较

☐ 显著高于经合组织平均分的国家/地区
☐ 与经合组织平均分没有显著差异的国家/地区
☐ 显著低于经合组织平均分的国家/地区

| 平均分 | 比较国家/地区 | 平均分与该国家/地区没有显著差异的国家/地区 |
|---|---|---|
| 556 | 中国上海 | |
| 539 | 韩国 | 芬兰、中国香港 |
| 536 | 芬兰 | 韩国、中国香港 |
| 533 | 中国香港 | 韩国、芬兰 |
| 526 | 新加坡 | 加拿大、新西兰、日本 |
| 524 | 加拿大 | 新加坡、新西兰、日本 |
| 521 | 新西兰 | 新加坡、加拿大、日本、澳大利亚 |
| 520 | 日本 | 新加坡、加拿大、新西兰、澳大利亚、荷兰 |
| 515 | 澳大利亚 | 新西兰、日本、荷兰 |
| 508 | 荷兰 | 日本、澳大利亚、比利时、挪威、爱沙尼亚、瑞士、波兰、冰岛、美国、列支敦斯登、瑞典、德国 |
| 506 | 比利时 | 荷兰、挪威、爱沙尼亚、瑞士、波兰、美国、列支敦斯登 |
| 503 | 挪威 | 荷兰、比利时、爱沙尼亚、瑞士、波兰、冰岛、美国、列支敦斯登、瑞典、德国、爱尔兰、法国 |
| 501 | 爱沙尼亚 | 荷兰、比利时、挪威、瑞士、波兰、冰岛、美国、列支敦斯登、瑞典、德国、爱尔兰、法国、中国台北、丹麦、英国、匈牙利 |
| 501 | 瑞士 | 荷兰、比利时、挪威、爱沙尼亚、波兰、冰岛、美国、列支敦斯登、瑞典、德国、爱尔兰、法国、中国台北、丹麦、英国、匈牙利 |
| 500 | 波兰 | 荷兰、比利时、挪威、爱沙尼亚、瑞士、冰岛、美国、列支敦斯登、瑞典、德国、爱尔兰、法国、中国台北、丹麦、英国、匈牙利 |
| 500 | 冰岛 | 荷兰、挪威、爱沙尼亚、瑞士、波兰、美国、列支敦斯登、瑞典、德国、爱尔兰、法国、中国台北、匈牙利 |
| 500 | 美国 | 荷兰、比利时、挪威、爱沙尼亚、瑞士、波兰、冰岛、列支敦斯登、瑞典、德国、爱尔兰、法国、中国台北、丹麦、英国、匈牙利 |
| 499 | 列支敦斯登 | 荷兰、比利时、挪威、爱沙尼亚、瑞士、波兰、冰岛、美国、瑞典、德国、爱尔兰、法国、中国台北、丹麦、英国、匈牙利 |
| 497 | 瑞典 | 荷兰、挪威、爱沙尼亚、瑞士、波兰、冰岛、美国、列支敦斯登、德国、爱尔兰、法国、中国台北、丹麦、英国、匈牙利、葡萄牙 |

续表

| 平均分 | 比较国家/地区 | 平均分与该国家/地区没有显著差异的国家/地区 |
|---|---|---|
| 497 | 德国 | 荷兰、挪威、爱沙尼亚、瑞士、波兰、冰岛、美国、列支敦斯登、瑞典、爱尔兰、法国、中国台北、丹麦、英国、匈牙利 |
| 496 | 爱尔兰 | 挪威、爱沙尼亚、瑞士、波兰、冰岛、美国、列支敦斯登、瑞典、德国、法国、中国台北、丹麦、英国、匈牙利、葡萄牙 |
| 496 | 法国 | 挪威、爱沙尼亚、瑞士、波兰、冰岛、美国、列支敦斯登、瑞典、爱尔兰、德国、中国台北、丹麦、英国、匈牙利、葡萄牙 |
| 495 | 中国台北 | 爱沙尼亚、瑞士、波兰、冰岛、美国、列支敦斯登、瑞典、德国、爱尔兰、法国、丹麦、英国、匈牙利、葡萄牙 |
| 495 | 丹麦 | 爱沙尼亚、瑞士、波兰、美国、列支敦斯登、瑞典、德国、爱尔兰、法国、中国台北、英国、匈牙利、葡萄牙 |
| 494 | 英国 | 爱沙尼亚、瑞士、波兰、美国、列支敦斯登、瑞典、德国、爱尔兰、法国、中国台北、丹麦、匈牙利、葡萄牙 |
| 494 | 匈牙利 | 爱沙尼亚、瑞士、波兰、冰岛、美国、列支敦斯登、瑞典、德国、爱尔兰、法国、中国台北、丹麦、英国、葡萄牙 |
| 489 | 葡萄牙 | 瑞典、爱尔兰、法国、中国台北、丹麦、英国、匈牙利、中国澳门、意大利、拉脱维亚、斯洛文尼亚、希腊 |
| 487 | 中国澳门 | 葡萄牙、意大利、拉脱维亚、希腊 |
| 486 | 意大利 | 葡萄牙、中国澳门、拉脱维亚、斯洛文尼亚、希腊、西班牙 |
| 484 | 拉脱维亚 | 葡萄牙、中国澳门、意大利、斯洛文尼亚、希腊、西班牙、捷克、斯洛伐克 |
| 483 | 斯洛文尼亚 | 葡萄牙、意大利、拉脱维亚、希腊、西班牙、捷克 |
| 483 | 希腊 | 葡萄牙、中国澳门、意大利、拉脱维亚、斯洛文尼亚、西班牙、捷克、斯洛伐克、克罗地亚、以色列 |
| 481 | 西班牙 | 意大利、拉脱维亚、斯洛文尼亚、希腊、捷克、斯洛伐克、克罗地亚、以色列 |
| 478 | 捷克 | 拉脱维亚、斯洛文尼亚、希腊、西班牙、斯洛伐克、克罗地亚、以色列、卢森堡、奥地利 |
| 477 | 斯洛伐克 | 拉脱维亚、希腊、西班牙、捷克、克罗地亚、以色列、卢森堡、奥地利 |
| 476 | 克罗地亚 | 希腊、西班牙、捷克、斯洛伐克、以色列、卢森堡、奥地利、立陶宛 |
| 474 | 以色列 | 希腊、西班牙、捷克、斯洛伐克、克罗地亚、卢森堡、奥地利、立陶宛、土耳其 |
| 472 | 卢森堡 | 捷克、斯洛伐克、克罗地亚、以色列、奥地利、立陶宛 |
| 470 | 奥地利 | 捷克、斯洛伐克、克罗地亚、以色列、卢森堡、立陶宛、土耳其 |
| 468 | 立陶宛 | 克罗地亚、以色列、卢森堡、奥地利、土耳其 |
| 464 | 土耳其 | 以色列、奥地利、卢森堡、迪拜（阿拉伯联合酋长国）、俄罗斯 |
| 459 | 迪拜（阿拉伯联合酋长国） | 土耳其、俄罗斯 |
| 459 | 俄罗斯 | 土耳其、迪拜（阿拉伯联合酋长国） |
| 449 | 智利 | 塞尔维亚 |
| 442 | 塞尔维亚 | 智利、保加利亚 |
| 429 | 保加利亚 | 塞尔维亚、乌拉圭、墨西哥、罗马尼亚、泰国、特立尼达和多巴哥 |
| 426 | 乌拉圭 | 保加利亚、墨西哥、罗马尼亚、泰国 |
| 425 | 墨西哥 | 保加利亚、乌拉圭、罗马尼亚、泰国 |
| 424 | 罗马尼亚 | 保加利亚、乌拉圭、墨西哥、泰国、特立尼达和多巴哥 |

续表

| 平均分 | 比较国家/地区 | 平均分与该国家/地区没有显著差异的国家/地区 |
|---|---|---|
| 421 | 泰国 | 保加利亚、乌拉圭、墨西哥、罗马尼亚、特立尼达和多巴哥、哥伦比亚 |
| 416 | 特立尼达和多巴哥 | 保加利亚、智利、泰国、哥伦比亚、巴西 |
| 413 | 哥伦比亚 | 泰国、特立尼达和多巴哥、巴西、黑山共和国、约旦 |
| 412 | 巴西 | 特立尼达和多巴哥、哥伦比亚、黑山共和国、约旦 |
| 408 | 黑山共和国 | 哥伦比亚、巴西、约旦、突尼斯、印度尼西亚、阿根廷 |
| 405 | 约旦 | 哥伦比亚、巴西、黑山共和国、突尼斯、印度尼西亚、阿根廷 |
| 404 | 突尼斯 | 黑山共和国、约旦、印度尼西亚、阿根廷 |
| 402 | 印度尼西亚 | 黑山共和国、约旦、突尼斯、阿根廷 |
| 398 | 阿根廷 | 黑山共和国、约旦、突尼斯、印度尼西亚、哈萨克斯坦 |
| 390 | 哈萨克斯坦 | 阿根廷、阿尔巴尼亚 |
| 385 | 阿尔巴尼亚 | 哈萨克斯坦、巴拿马 |
| 372 | 卡塔尔 | 巴拿马、秘鲁 |
| 371 | 巴拿马 | 阿尔巴尼亚、卡塔尔、秘鲁、阿塞拜疆 |
| 370 | 秘鲁 | 卡塔尔、巴拿马、阿塞拜疆 |
| 362 | 阿塞拜疆 | 巴拿马、秘鲁 |
| 314 | 吉尔吉斯斯坦 | |

资料来源：OECD, PISA 2009 Database.
统计链接：http://dx.doi.org/10.1787/888932343152

表A.2 各国家/地区数学成绩的比较

▨ 显著高于经合组织平均分的国家/地区
☐ 与经合组织平均分没有显著差异的国家/地区
▨ 显著低于经合组织平均分的国家/地区

| 平均分 | 比较国家/地区 | 平均分与该国家/地区没有显著差异的国家/地区 |
|---|---|---|
| 600 | 中国上海 | |
| 562 | 新加坡 | |
| 555 | 中国香港 | 韩国 |
| 546 | 韩国 | 中国香港、中国台北、芬兰、列支敦斯登 |
| 543 | 中国台北 | 韩国、芬兰、列支敦斯登、瑞士 |
| 541 | 芬兰 | 韩国、中国台北、列支敦斯登、瑞士 |
| 536 | 列支敦斯登 | 韩国、中国台北、芬兰、瑞士、日本、荷兰 |
| 534 | 瑞士 | 中国台北、芬兰、列支敦斯登、日本、加拿大、荷兰 |
| 529 | 日本 | 列支敦斯登、瑞士、加拿大、荷兰、中国澳门 |
| 527 | 加拿大 | 瑞士、日本、荷兰、中国澳门 |
| 526 | 荷兰 | 列支敦斯登、瑞士、日本、加拿大、中国澳门、新西兰 |

续表

| 平均分 | 比较国家/地区 | 平均分与该国家/地区没有显著差异的国家/地区 |
| --- | --- | --- |
| 525 | 中国澳门 | 日本、加拿大、荷兰 |
| 519 | 新西兰 | 荷兰、比利时、澳大利亚、德国 |
| 515 | 比利时 | 新西兰、澳大利亚、德国、爱沙尼亚 |
| 514 | 澳大利亚 | 新西兰、比利时、德国、爱沙尼亚 |
| 513 | 德国 | 新西兰、比利时、澳大利亚、爱沙尼亚、冰岛 |
| 512 | 爱沙尼亚 | 比利时、澳大利亚、德国、冰岛 |
| 507 | 冰岛 | 德国、爱沙尼亚、丹麦 |
| 503 | 丹麦 | 冰岛、斯洛文尼亚、挪威、法国、斯洛伐克 |
| 501 | 斯洛文尼亚 | 丹麦、挪威、法国、斯洛伐克、奥地利 |
| 498 | 挪威 | 丹麦、斯洛文尼亚、法国、斯洛伐克、奥地利、波兰、瑞典、捷克、英国、匈牙利 |
| 497 | 法国 | 丹麦、斯洛文尼亚、挪威、斯洛伐克、奥地利、波兰、瑞典、捷克、英国、匈牙利 |
| 497 | 斯洛伐克 | 丹麦、斯洛文尼亚、挪威、法国、奥地利、波兰、瑞典、捷克、英国、匈牙利 |
| 496 | 奥地利 | 斯洛文尼亚、挪威、法国、斯洛伐克、波兰、瑞典、捷克、英国、匈牙利、美国 |
| 495 | 波兰 | 挪威、法国、斯洛伐克、奥地利、瑞典、捷克、英国、匈牙利、卢森堡、美国、葡萄牙 |
| 494 | 瑞典 | 挪威、法国、斯洛伐克、奥地利、波兰、捷克、英国、匈牙利、卢森堡、美国、爱尔兰、葡萄牙 |
| 493 | 捷克 | 挪威、法国、斯洛伐克、奥地利、波兰、瑞典、英国、匈牙利、卢森堡、美国、爱尔兰、葡萄牙 |
| 492 | 英国 | 挪威、法国、斯洛伐克、奥地利、波兰、瑞典、捷克、匈牙利、卢森堡、美国、爱尔兰、葡萄牙 |
| 490 | 匈牙利 | 挪威、法国、斯洛伐克、奥地利、波兰、瑞典、捷克、英国、卢森堡、美国、爱尔兰、葡萄牙、西班牙、意大利、拉脱维亚 |
| 489 | 卢森堡 | 波兰、瑞典、捷克、英国、匈牙利、美国、爱尔兰、葡萄牙 |
| 487 | 美国 | 奥地利、波兰、瑞典、捷克、英国、匈牙利、卢森堡、爱尔兰、葡萄牙、西班牙、意大利、拉脱维亚 |
| 487 | 爱尔兰 | 瑞典、捷克、英国、匈牙利、卢森堡、美国、葡萄牙、西班牙、意大利、拉脱维亚 |
| 487 | 葡萄牙 | 波兰、瑞典、捷克、英国、匈牙利、卢森堡、美国、爱尔兰、西班牙、意大利、拉脱维亚 |
| 483 | 西班牙 | 匈牙利、美国、爱尔兰、葡萄牙、意大利、拉脱维亚 |
| 483 | 意大利 | 匈牙利、美国、爱尔兰、葡萄牙、西班牙、拉脱维亚 |
| 482 | 拉脱维亚 | 匈牙利、美国、爱尔兰、葡萄牙、西班牙、意大利、立陶宛 |
| 477 | 立陶宛 | 拉脱维亚 |
| 468 | 俄罗斯 | 希腊、克罗地亚 |
| 466 | 希腊 | 俄罗斯、克罗地亚 |
| 460 | 克罗地亚 | 俄罗斯、希腊 |
| 453 | 迪拜（阿拉伯联合酋长国） | 以色列、土耳其 |

续表

| 平均分 | 比较国家/地区 | 平均分与该国家/地区没有显著差异的国家/地区 |
|---|---|---|
| 447 | 以色列 | 迪拜（阿拉伯联合酋长国）、土耳其、塞尔维亚 |
| 445 | 土耳其 | 迪拜（阿拉伯联合酋长国）、以色列、塞尔维亚 |
| 442 | 塞尔维亚 | 以色列、土耳其 |
| 431 | 阿塞拜疆 | 保加利亚、罗马尼亚、乌拉圭 |
| 428 | 保加利亚 | 阿塞拜疆、罗马尼亚、乌拉圭、智利、泰国、墨西哥 |
| 427 | 罗马尼亚 | 阿塞拜疆、保加利亚、乌拉圭、智利、泰国 |
| 427 | 乌拉圭 | 阿塞拜疆、保加利亚、罗马尼亚、智利 |
| 421 | 智利 | 保加利亚、罗马尼亚、乌拉圭、泰国、墨西哥 |
| 419 | 泰国 | 保加利亚、罗马尼亚、智利、墨西哥、特立尼达和多巴哥 |
| 419 | 墨西哥 | 保加利亚、智利、泰国 |
| 414 | 特立尼达和多巴哥 | 泰国 |
| 405 | 哈萨克斯坦 | 黑山共和国 |
| 403 | 黑山共和国 | 哈萨克斯坦 |
| 388 | 阿根廷 | 约旦、巴西、哥伦比亚、阿尔巴尼亚 |
| 387 | 约旦 | 阿根廷、巴西、哥伦比亚、阿尔巴尼亚 |
| 386 | 巴西 | 阿根廷、约旦、哥伦比亚、阿尔巴尼亚 |
| 381 | 哥伦比亚 | 阿根廷、约旦、巴西、阿尔巴尼亚、印度尼西亚 |
| 377 | 阿尔巴尼亚 | 阿根廷、约旦、巴西、哥伦比亚、突尼斯、印度尼西亚 |
| 371 | 突尼斯 | 阿尔巴尼亚、印度尼西亚、卡塔尔、秘鲁、巴拿马 |
| 371 | 印度尼西亚 | 哥伦比亚、阿尔巴尼亚、突尼斯、卡塔尔、秘鲁、巴拿马 |
| 368 | 卡塔尔 | 突尼斯、印度尼西亚、秘鲁、巴拿马 |
| 368 | 秘鲁 | 突尼斯、印度尼西亚、卡塔尔、巴拿马 |
| 360 | 巴拿马 | 突尼斯、印度尼西亚、卡塔尔、秘鲁 |
| 331 | 吉尔吉斯斯坦 | |

资料来源：OECD, PISA 2009 Database.

统计链接：http://dx.doi.org/10.1787/888932343152

### 表A.3　各国家/地区科学成绩的比较

▨ 显著高于经合组织平均分的国家/地区
☐ 与经合组织平均分没有显著差异的国家/地区
▨ 显著低于经合组织平均分的国家/地区

| 平均分 | 比较国家/地区 | 平均分与该国家/地区没有显著差异的国家/地区 |
|---|---|---|
| 575 | 中国上海 | |
| 554 | 芬兰 | 中国香港 |
| 549 | 中国香港 | 芬兰 |
| 542 | 新加坡 | 日本、韩国 |

续表

| 平均分 | 比较国家/地区 | 平均分与该国家/地区没有显著差异的国家/地区 |
|---|---|---|
| 539 | 日本 | 新加坡、韩国、新西兰 |
| 538 | 韩国 | 新加坡、日本、新西兰 |
| 532 | 新西兰 | 日本、韩国、加拿大、爱沙尼亚、澳大利亚、荷兰 |
| 529 | 加拿大 | 新西兰、爱沙尼亚、澳大利亚、荷兰 |
| 528 | 爱沙尼亚 | 新西兰、加拿大、澳大利亚、荷兰、中国台北、德国、列支敦斯登 |
| 527 | 澳大利亚 | 新西兰、加拿大、爱沙尼亚、荷兰、中国台北、德国、列支敦斯登 |
| 522 | 荷兰 | 新西兰、加拿大、爱沙尼亚、澳大利亚、中国台北、德国、列支敦斯登、瑞士、英国、斯洛文尼亚 |
| 520 | 中国台北 | 澳大利亚、荷兰、德国、列支敦斯登、瑞士、英国 |
| 520 | 德国 | 爱沙尼亚、澳大利亚、中国台北、荷兰、列支敦斯登、瑞士、英国 |
| 520 | 列支敦斯登 | 爱沙尼亚、澳大利亚、中国台北、荷兰、德国、瑞士、英国 |
| 517 | 瑞士 | 荷兰、中国台北、德国、列支敦斯登、英国、斯洛文尼亚、中国澳门 |
| 514 | 英国 | 荷兰、中国台北、德国、列支敦斯登、瑞士、斯洛文尼亚、中国澳门、波兰、爱尔兰 |
| 512 | 斯洛文尼亚 | 荷兰、瑞士、英国、中国澳门、波兰、爱尔兰、比利时 |
| 511 | 中国澳门 | 瑞士、英国、斯洛文尼亚、波兰、爱尔兰、比利时 |
| 508 | 波兰 | 英国、斯洛文尼亚、中国澳门、爱尔兰、比利时、匈牙利、美国 |
| 508 | 爱尔兰 | 英国、斯洛文尼亚、中国澳门、波兰、比利时、匈牙利、美国、捷克、挪威 |
| 507 | 比利时 | 斯洛文尼亚、中国澳门、波兰、爱尔兰、匈牙利、美国、捷克、挪威、法国 |
| 503 | 匈牙利 | 波兰、爱尔兰、比利时、美国、捷克、挪威、丹麦、法国、瑞典、奥地利 |
| 502 | 美国 | 波兰、爱尔兰、比利时、匈牙利、捷克、挪威、丹麦、法国、冰岛、瑞典、奥地利、拉脱维亚、葡萄牙 |
| 500 | 捷克 | 爱尔兰、比利时、匈牙利、美国、挪威、丹麦、法国、冰岛、瑞典、奥地利、拉脱维亚、葡萄牙 |
| 500 | 挪威 | 爱尔兰、比利时、匈牙利、美国、捷克、丹麦、法国、冰岛、瑞典、奥地利、拉脱维亚、葡萄牙 |
| 499 | 丹麦 | 匈牙利、美国、捷克、挪威、法国、冰岛、瑞典、奥地利、拉脱维亚、葡萄牙 |
| 498 | 法国 | 比利时、匈牙利、美国、捷克、挪威、丹麦、瑞典、奥地利、拉脱维亚、葡萄牙、立陶宛、斯洛伐克 |
| 496 | 冰岛 | 美国、捷克、挪威、丹麦、法国、瑞典、奥地利、拉脱维亚、葡萄牙、立陶宛、斯洛伐克 |
| 495 | 瑞典 | 匈牙利、美国、捷克、挪威、丹麦、法国、冰岛、奥地利、拉脱维亚、葡萄牙、立陶宛、斯洛伐克、意大利 |
| 494 | 奥地利 | 匈牙利、美国、捷克、挪威、丹麦、法国、冰岛、瑞典、拉脱维亚、葡萄牙、立陶宛、斯洛伐克、意大利、西班牙、克罗地亚 |
| 494 | 拉脱维亚 | 美国、捷克、挪威、丹麦、法国、冰岛、瑞典、奥地利、葡萄牙、立陶宛、斯洛伐克、意大利、西班牙、克罗地亚 |
| 493 | 葡萄牙 | 美国、捷克、挪威、丹麦、法国、冰岛、瑞典、奥地利、拉脱维亚、立陶宛、斯洛伐克、意大利、西班牙、克罗地亚 |
| 491 | 立陶宛 | 法国、冰岛、瑞典、奥地利、拉脱维亚、葡萄牙、斯洛伐克、意大利、西班牙、克罗地亚 |

续表

| 平均分 | 比较国家/地区 | 平均分与该国家/地区没有显著差异的国家/地区 |
|---|---|---|
| 490 | 斯洛伐克 | 法国、冰岛、瑞典、奥地利、拉脱维亚、葡萄牙、立陶宛、意大利、西班牙、克罗地亚 |
| 489 | 意大利 | 瑞典、奥地利、拉脱维亚、葡萄牙、立陶宛、斯洛伐克、西班牙、克罗地亚 |
| 488 | 西班牙 | 奥地利、拉脱维亚、葡萄牙、立陶宛、斯洛伐克、意大利、克罗地亚、卢森堡 |
| 486 | 克罗地亚 | 奥地利、拉脱维亚、葡萄牙、立陶宛、斯洛伐克、意大利、西班牙、卢森堡、俄罗斯 |
| 484 | 卢森堡 | 西班牙、克罗地亚、俄罗斯 |
| 478 | 俄罗斯 | 克罗地亚、卢森堡、希腊 |
| 470 | 希腊 | 俄罗斯、迪拜（阿拉伯联合酋长国） |
| 466 | 迪拜（阿拉伯联合酋长国） | 希腊 |
| 455 | 以色列 | 土耳其、智利 |
| 454 | 土耳其 | 以色列、智利 |
| 447 | 智利 | 以色列、土耳其、塞尔维亚、保加利亚 |
| 443 | 塞尔维亚 | 智利、保加利亚 |
| 439 | 保加利亚 | 智利、塞尔维亚、罗马尼亚、乌拉圭 |
| 428 | 罗马尼亚 | 保加利亚、乌拉圭、泰国 |
| 427 | 乌拉圭 | 保加利亚、罗马尼亚、泰国 |
| 425 | 泰国 | 罗马尼亚、乌拉圭 |
| 416 | 墨西哥 | 约旦 |
| 415 | 约旦 | 墨西哥、特立尼达和多巴哥 |
| 410 | 特立尼达和多巴哥 | 约旦、巴西 |
| 405 | 巴西 | 特立尼达和多巴哥、哥伦比亚、黑山共和国、阿根廷、突尼斯、哈萨克斯坦 |
| 402 | 哥伦比亚 | 巴西、黑山共和国、阿根廷、突尼斯、哈萨克斯坦 |
| 401 | 黑山共和国 | 巴西、哥伦比亚、阿根廷、突尼斯、哈萨克斯坦 |
| 401 | 阿根廷 | 巴西、哥伦比亚、黑山共和国、突尼斯、哈萨克斯坦、阿尔巴尼亚 |
| 401 | 突尼斯 | 巴西、哥伦比亚、黑山共和国、阿根廷、哈萨克斯坦 |
| 400 | 哈萨克斯坦 | 巴西、哥伦比亚、黑山共和国、阿根廷、突尼斯、阿尔巴尼亚 |
| 391 | 阿尔巴尼亚 | 阿根廷、哈萨克斯坦、印度尼西亚 |
| 383 | 印度尼西亚 | 阿尔巴尼亚、卡塔尔、巴拿马、阿塞拜疆 |
| 379 | 卡塔尔 | 印度尼西亚、巴拿马 |
| 376 | 巴拿马 | 印度尼西亚、卡塔尔、阿塞拜疆、秘鲁 |
| 373 | 阿塞拜疆 | 印度尼西亚、巴拿马、秘鲁 |
| 369 | 秘鲁 | 巴拿马、阿塞拜疆 |
| 330 | 吉尔吉斯斯坦 | |

资料来源：OECD, PISA 2009 Database.

统计链接：http://dx.doi.org/10.1787/888932343152

### 表A.4 学校平均社会经济背景与学校资源之间的关系

- 薄弱学校更易于获得更多更好的资源，如果关系统计数据与经合组织平均水平不同则"加粗"表示
- 优势学校更易于获得更多更好的资源，如果关系统计数据与经合组织平均水平不同则"加粗"表示
- 国内相关系数不具有统计的意义

| | | 简单相关，学校平均的社会经济背景与： | | | | | |
|---|---|---|---|---|---|---|---|
| | | 全职教师百分比 | 全职教师中获得有资格的教师百分比 | 全职教师中拥有大学学历（ISCED 5A）的教师百分比 | 学校教育资源的指标 | 计算机与学生比例 | 学生与教师比例 |
| 经合组织成员国 | 澳大利亚 | **-0.21** | -0.05 | 0.02 | **0.31** | 0.01 | -0.07 |
| | 奥地利 | -0.13 | **0.21** | **0.64** | 0.03 | -0.05 | -0.07 |
| | 比利时 | **-0.18** | 0.05 | **0.58** | 0.02 | **-0.23** | **0.66** |
| | 加拿大 | 0.01 | **0.14** | 0.03 | 0.18 | -0.05 | 0.09 |
| | 智利 | -0.04 | -0.01 | **0.25** | **0.35** | **0.32** | -0.05 |
| | 捷克 | **-0.32** | **0.29** | **0.37** | 0.00 | 0.15 | 0.08 |
| | 丹麦 | 0.01 | -0.17 | 0.16 | 0.04 | -0.08 | **0.27** |
| | 爱沙尼亚 | 0.14 | 0.00 | 0.00 | 0.10 | -0.09 | **0.43** |
| | 芬兰 | **0.17** | -0.01 | -0.01 | 0.13 | c | 0.08 |
| | 法国 | c | c | c | c | c | c |
| | 德国 | -0.15 | -0.02 | -0.02 | 0.06 | -0.18 | **0.28** |
| | 希腊 | -0.11 | 0.06 | **0.24** | 0.16 | -0.12 | **0.25** |
| | 匈牙利 | **-0.33** | 0.07 | 0.07 | 0.11 | **-0.20** | 0.02 |
| | 冰岛 | **0.20** | **0.39** | **0.30** | 0.06 | **-0.41** | **0.40** |
| | 爱尔兰 | 0.12 | -0.10 | -0.08 | 0.16 | -0.03 | **0.49** |
| | 以色列 | -0.08 | -0.06 | **0.20** | **0.25** | 0.08 | **-0.20** |
| | 意大利 | -0.06 | **0.16** | 0.13 | 0.15 | **-0.19** | **0.50** |
| | 日本 | -0.14 | 0.04 | **0.20** | 0.17 | **-0.34** | **0.38** |
| | 韩国 | -0.14 | 0.00 | -0.03 | -0.04 | **-0.53** | **0.30** |
| | 卢森堡 | **-0.16** | -0.01 | **0.39** | 0.13 | -0.13 | **0.28** |
| | 墨西哥 | -0.09 | -0.13 | -0.04 | **0.59** | **0.14** | 0.03 |
| | 荷兰 | **-0.34** | -0.12 | **0.62** | 0.06 | -0.16 | **0.38** |
| | 新西兰 | -0.04 | 0.08 | 0.07 | 0.16 | -0.02 | 0.11 |
| | 挪威 | -0.05 | 0.04 | 0.15 | 0.06 | -0.02 | 0.19 |
| | 波兰 | -0.02 | 0.03 | -0.05 | 0.06 | -0.16 | 0.01 |
| | 葡萄牙 | **0.14** | -0.05 | 0.04 | **0.24** | -0.02 | **0.39** |
| | 斯洛伐克 | -0.09 | **0.28** | **-0.21** | -0.05 | -0.01 | 0.00 |
| | 斯洛文尼亚 | **0.46** | **0.32** | **0.55** | 0.13 | **-0.21** | **-0.25** |
| | 西班牙 | **-0.29** | c | c | 0.10 | -0.16 | **0.45** |
| | 瑞典 | 0.05 | 0.01 | -0.04 | **0.26** | **0.13** | 0.12 |
| | 瑞士 | -0.11 | -0.07 | **0.24** | 0.10 | 0.03 | 0.06 |
| | 土耳其 | 0.12 | -0.04 | 0.04 | 0.04 | -0.06 | **-0.26** |
| | 英国 | **-0.36** | 0.05 | -0.03 | 0.00 | 0.01 | -0.10 |
| | 美国 | **-0.42** | **-0.24** | 0.00 | **0.22** | 0.06 | **-0.17** |
| | 经合组织平均数 | -0.07 | 0.04 | 0.15 | 0.13 | -0.08 | 0.15 |
| 经合组织伙伴国或地区 | 阿尔巴尼亚 | **-0.25** | 0.00 | **0.38** | **0.44** | **0.24** | 0.15 |
| | 阿根廷 | 0.13 | 0.13 | **0.22** | **0.51** | **0.21** | -0.02 |
| | 阿塞拜疆 | 0.05 | -0.06 | **0.44** | 0.19 | 0.17 | **0.23** |
| | 巴西 | -0.03 | 0.10 | 0.03 | **0.52** | **0.25** | **-0.20** |
| | 保加利亚 | -0.08 | 0.17 | 0.07 | 0.09 | -0.17 | **0.21** |
| | 哥伦比亚 | **-0.24** | -0.16 | -0.08 | **0.53** | **0.19** | -0.14 |
| | 克罗地亚 | 0.09 | 0.02 | **0.28** | 0.09 | 0.17 | **0.32** |
| | 迪拜（阿拉伯联合酋长国） | **0.32** | **0.61** | -0.01 | **0.34** | **0.47** | **-0.27** |
| | 中国香港 | -0.19 | -0.06 | 0.12 | 0.06 | 0.04 | 0.02 |
| | 印度尼西亚 | **0.24** | **0.27** | 0.16 | **0.44** | 0.14 | **-0.16** |
| | 约旦 | -0.04 | 0.00 | -0.02 | **0.26** | 0.05 | 0.06 |
| | 哈萨克斯坦 | **0.23** | 0.04 | **0.34** | **0.21** | -0.12 | **0.44** |
| | 吉尔吉斯斯坦 | **0.17** | 0.08 | **0.35** | **0.27** | **0.13** | **0.27** |
| | 拉脱维亚 | **0.19** | -0.03 | 0.19 | 0.14 | 0.00 | **0.38** |
| | 列支敦士登 | -0.15 | 0.02 | **0.57** | **-0.91** | **-0.49** | **0.70** |
| | 立陶宛 | **0.21** | 0.09 | 0.19 | -0.02 | -0.01 | **0.21** |
| | 中国澳门 | **0.11** | 0.05 | -0.18 | **0.26** | **0.22** | **0.17** |
| | 黑山共和国 | 0.07 | **0.32** | **0.38** | -0.11 | -0.19 | **0.33** |
| | 巴拿马 | **-0.51** | **-0.47** | -0.13 | **0.68** | **0.38** | 0.03 |
| | 秘鲁 | -0.21 | 0.08 | **0.48** | **0.53** | **0.46** | -0.02 |
| | 卡塔尔 | 0.03 | -0.04 | -0.07 | **0.23** | **0.19** | **0.11** |
| | 罗马尼亚 | 0.05 | 0.10 | 0.11 | 0.20 | -0.07 | -0.02 |
| | 俄罗斯 | **0.08** | 0.08 | **0.31** | **0.26** | 0.02 | **0.29** |
| | 塞尔维亚 | 0.10 | 0.06 | 0.06 | -0.01 | 0.00 | 0.11 |
| | 中国上海 | **0.14** | 0.13 | **0.32** | 0.16 | -0.10 | **-0.13** |
| | 新加坡 | -0.13 | 0.00 | **0.22** | 0.10 | **-0.18** | **-0.14** |
| | 中国台北 | 0.12 | **0.34** | 0.29 | 0.19 | -0.04 | -0.07 |
| | 泰国 | 0.07 | 0.06 | 0.16 | **0.39** | 0.06 | -0.02 |
| | 特立尼达和多巴哥 | **-0.19** | 0.09 | **0.56** | 0.12 | 0.08 | **0.38** |
| | 突尼斯 | -0.06 | 0.00 | 0.08 | 0.13 | 0.13 | -0.02 |
| | 乌拉圭 | -0.01 | **0.27** | 0.08 | **0.33** | **0.30** | 0.13 |

## 附录A 选自经合组织数据库的比较数据

### 表A.5 校长们对教师行为如何影响学生学习的看法
基于校长报告的教师相关因素对学校氛围影响的指数

- A 教师对学生期望较低
- B 师生关系较差
- C 教师不能满足学生个体的需要
- D 教师旷课
- E 教师抵制改革
- F 教师对学生的要求过于严格
- G 教师不鼓励学生去发展他们的潜能

| | | 校长认为以下行为"一点没有"或"几乎没有"阻碍学习的学校学生百分比 | | | | | | | 最高和最低之间的四分之一范围 ◆ 平均指数 | 数据的离散程度（标准差） |
|---|---|---|---|---|---|---|---|---|---|---|
| | | A | B | C | D | E | F | G | | |
| 经合组织成员国 | 澳大利亚 | 68 | 85 | 58 | 86 | 61 | 96 | 78 | | 0.91 |
| | 奥地利 | 86 | 94 | 78 | 78 | 76 | 97 | 87 | | 0.84 |
| | 比利时 | 87 | 86 | 75 | 71 | 96 | 84 | | | 0.86 |
| | 加拿大 | 86 | 89 | 75 | 88 | 62 | 94 | 86 | | 0.82 |
| | 智利 | 51 | 92 | 62 | 69 | 60 | 86 | 57 | | 1.00 |
| | 捷克 | 83 | 83 | 94 | 96 | 86 | 90 | 75 | | 0.72 |
| | 丹麦 | 95 | 91 | 88 | 89 | 91 | 98 | 93 | | 0.82 |
| | 爱沙尼亚 | 82 | 67 | 68 | 89 | 87 | 82 | 77 | | 0.83 |
| | 芬兰 | 94 | 88 | 67 | 80 | 84 | 97 | 86 | | 0.69 |
| | 法国 | w | w | w | w | w | w | w | | w |
| | 德国 | 82 | 93 | 77 | 78 | 70 | 96 | 89 | | 0.75 |
| | 希腊 | 64 | 82 | 70 | 86 | 76 | 89 | 76 | | 1.05 |
| | 匈牙利 | 94 | 96 | 94 | 94 | 90 | 89 | 69 | | 0.86 |
| | 冰岛 | 90 | 88 | 71 | 83 | 84 | 97 | 92 | | 0.85 |
| | 爱尔兰 | 78 | 92 | 72 | 88 | 82 | 89 | 84 | | 0.87 |
| | 以色列 | 73 | 86 | 67 | 71 | 80 | 90 | 80 | | 0.86 |
| | 意大利 | 74 | 73 | 73 | 91 | 48 | 85 | 67 | | 0.84 |
| | 日本 | 76 | 85 | 71 | 97 | 63 | 81 | 61 | | 0.87 |
| | 韩国 | 66 | 90 | 67 | 99 | 66 | 84 | 83 | | 0.79 |
| | 卢森堡 | 95 | 88 | 64 | 82 | 84 | 89 | 71 | | 0.71 |
| | 墨西哥 | 65 | 81 | 69 | 78 | 59 | 80 | 60 | | 1.01 |
| | 荷兰 | 66 | 90 | 44 | 62 | 61 | 86 | 45 | | 0.67 |
| | 新西兰 | 63 | 83 | 57 | 95 | 73 | 95 | 82 | | 0.79 |
| | 挪威 | 82 | 90 | 52 | 75 | 79 | 98 | 77 | | 0.71 |
| | 波兰 | 90 | 98 | 89 | 77 | 85 | 98 | 91 | | 0.86 |
| | 葡萄牙 | 74 | 96 | 78 | 98 | 67 | 100 | 79 | | 0.90 |
| | 斯洛伐克 | 87 | 94 | 88 | 80 | 79 | 75 | 78 | | 0.79 |
| | 斯洛文尼亚 | 83 | 90 | 78 | 85 | 68 | 87 | 81 | | 0.84 |
| | 西班牙 | 75 | 91 | 85 | 91 | 67 | 92 | 74 | | 0.92 |
| | 瑞典 | 77 | 93 | 64 | 87 | 67 | 99 | 75 | | 0.80 |
| | 瑞士 | 94 | 91 | 81 | 96 | 74 | 97 | 89 | | 0.73 |
| | 土耳其 | 28 | 25 | 39 | 30 | 25 | 32 | 27 | | 1.29 |
| | 英国 | 79 | 97 | 77 | 87 | 83 | 98 | 92 | | 0.80 |
| | 美国 | 77 | 90 | 72 | 91 | 68 | 96 | 84 | | 0.79 |
| | 经合组织平均数 | 78 | 88 | 72 | 83 | 72 | 90 | 77 | | 0.84 |
| 经合组织伙伴国或地区 | 阿尔巴尼亚 | 86 | 91 | 91 | 96 | 93 | 97 | 81 | | 0.84 |
| | 阿根廷 | 70 | 88 | 73 | 51 | 62 | 87 | 55 | | 1.09 |
| | 阿塞拜疆 | 67 | 67 | 80 | 82 | 81 | 91 | 76 | | 1.09 |
| | 巴西 | 56 | 89 | 58 | 70 | 64 | 92 | 65 | | 0.95 |
| | 保加利亚 | 73 | 84 | 70 | 73 | 87 | 88 | 72 | | 1.13 |
| | 哥伦比亚 | 66 | 93 | 66 | 79 | 49 | 81 | 63 | | 1.09 |
| | 克罗地亚 | 79 | 90 | 75 | 94 | 58 | 90 | 72 | | 0.82 |
| | 迪拜（阿拉伯联合首长国） | 86 | 89 | 80 | 86 | 77 | 87 | 92 | | 1.23 |
| | 中国香港 | 58 | 93 | 52 | 87 | 77 | 94 | 69 | | 0.81 |
| | 印度尼西亚 | 86 | 96 | 90 | 97 | 90 | 92 | 69 | | 0.87 |
| | 约旦 | 60 | 62 | 64 | 58 | 61 | 86 | 69 | | 1.08 |
| | 哈萨克斯坦 | 43 | 60 | 55 | 60 | 66 | 60 | 58 | | 1.38 |
| | 吉尔吉斯斯坦 | 54 | 71 | 69 | 66 | 64 | 65 | 59 | | 1.37 |
| | 拉脱维亚 | 90 | 93 | 81 | 91 | 93 | 89 | 77 | | 0.83 |
| | 列支敦士登 | 94 | 100 | 80 | 100 | 83 | 100 | 100 | | 0.49 |
| | 立陶宛 | 94 | 99 | 93 | 98 | 96 | 99 | 96 | | 0.68 |
| | 中国澳门 | 73 | 73 | 44 | 66 | 66 | 83 | 57 | | 1.38 |
| | 黑山共和国 | 85 | 95 | 73 | 88 | 88 | 93 | 58 | | 0.71 |
| | 巴拿马 | 62 | 89 | 69 | 75 | 57 | 81 | 61 | | 1.03 |
| | 秘鲁 | 64 | 91 | 72 | 85 | 69 | 83 | 63 | | 0.95 |
| | 卡塔尔 | 77 | 80 | 82 | 88 | 84 | 88 | 85 | | 1.07 |
| | 罗马尼亚 | 84 | 80 | 79 | 99 | 69 | 91 | 83 | | 0.80 |
| | 俄罗斯 | 60 | 79 | 68 | 78 | 65 | 56 | 58 | | 1.07 |
| | 塞尔维亚 | 71 | 94 | 70 | 93 | 59 | 84 | 61 | | 0.78 |
| | 中国上海 | 58 | 59 | 45 | 71 | 60 | 73 | 47 | | 1.33 |
| | 新加坡 | 64 | 83 | 59 | 84 | 83 | 90 | 90 | | 0.92 |
| | 中国台北 | 52 | 57 | 54 | 70 | 56 | 67 | 52 | | 1.42 |
| | 泰国 | 67 | 82 | 72 | 90 | 90 | 68 | 87 | | 0.86 |
| | 特立尼达和多巴哥 | 45 | 66 | 34 | 41 | 54 | 91 | 71 | | 0.94 |
| | 突尼斯 | 33 | 83 | 69 | 40 | 73 | 83 | 74 | | 0.86 |
| | 乌拉圭 | 53 | 92 | 68 | 35 | 57 | 94 | 33 | | 1.03 |

注释：指数越高，教师行为就越积极。
资料来源：OECD, PISA 2009 Database, Table IV.4.5.

### 表A.6 校长们对教师行为如何影响学生学习的看法
基于校长报告的教师相关因素对学校氛围影响的指数

- A 教师对学生期望较低
- B 师生关系较差
- C 教师不能满足学生个体的需要
- D 教师旷课
- E 教师抵制改革
- F 教师对学生的要求过于严格
- G 教师不鼓励学生去发展他们的潜能

校长认为以下行为"一点没有"或"几乎没有"阻碍学习的学校学生百分比

| | | A | B | C | D | E | F | G | 数据的离散程度（标准差） |
|---|---|---|---|---|---|---|---|---|---|
| 经合组织成员国 | 澳大利亚 | 68 | 85 | 58 | 86 | 61 | 96 | 78 | 0.91 |
| | 奥地利 | 86 | 94 | 78 | 78 | 76 | 97 | 87 | 0.84 |
| | 比利时 | 87 | 96 | 76 | 75 | 71 | 96 | 84 | 0.86 |
| | 加拿大 | 86 | 89 | 75 | 88 | 62 | 94 | 86 | 0.82 |
| | 智利 | 51 | 92 | 62 | 69 | 60 | 86 | 57 | 1.00 |
| | 捷克 | 83 | 83 | 94 | 96 | 86 | 90 | 75 | 0.72 |
| | 丹麦 | 95 | 91 | 88 | 89 | 91 | 98 | 93 | 0.82 |
| | 爱沙尼亚 | 82 | 67 | 68 | 89 | 87 | 82 | 77 | 0.83 |
| | 芬兰 | 94 | 88 | 67 | 80 | 84 | 97 | 86 | 0.69 |
| | 法国 | w | w | w | w | w | w | w | w |
| | 德国 | 82 | 93 | 77 | 78 | 70 | 96 | 89 | 0.75 |
| | 希腊 | 64 | 82 | 70 | 86 | 76 | 89 | 76 | 1.05 |
| | 匈牙利 | 94 | 96 | 94 | 94 | 90 | 89 | 69 | 0.86 |
| | 冰岛 | 90 | 88 | 71 | 83 | 84 | 97 | 92 | 0.85 |
| | 爱尔兰 | 78 | 92 | 72 | 88 | 82 | 89 | 84 | 0.87 |
| | 以色列 | 73 | 86 | 67 | 71 | 80 | 90 | 80 | 0.86 |
| | 意大利 | 74 | 73 | 73 | 91 | 48 | 85 | 67 | 0.84 |
| | 日本 | 76 | 85 | 71 | 97 | 63 | 81 | 61 | 0.87 |
| | 韩国 | 66 | 90 | 67 | 99 | 66 | 84 | 83 | 0.79 |
| | 卢森堡 | 95 | 88 | 64 | 82 | 84 | 89 | 71 | 0.71 |
| | 墨西哥 | 65 | 81 | 69 | 78 | 59 | 80 | 60 | 1.01 |
| | 荷兰 | 66 | 90 | 44 | 62 | 61 | 86 | 45 | 0.67 |
| | 新西兰 | 63 | 83 | 57 | 95 | 73 | 95 | 82 | 0.79 |
| | 挪威 | 82 | 90 | 52 | 75 | 79 | 98 | 77 | 0.71 |
| | 波兰 | 90 | 98 | 89 | 77 | 85 | 98 | 91 | 0.86 |
| | 葡萄牙 | 74 | 96 | 77 | 98 | 67 | 100 | 79 | 0.90 |
| | 斯洛伐克 | 87 | 94 | 88 | 80 | 79 | 75 | 78 | 0.79 |
| | 斯洛文尼亚 | 83 | 90 | 78 | 85 | 68 | 87 | 81 | 0.84 |
| | 西班牙 | 75 | 91 | 85 | 87 | 67 | 92 | 74 | 0.92 |
| | 瑞典 | 77 | 93 | 64 | 87 | 67 | 99 | 75 | 0.83 |
| | 瑞士 | 94 | 91 | 81 | 96 | 74 | 97 | 89 | 0.73 |
| | 土耳其 | 28 | 25 | 39 | 30 | 25 | 32 | 27 | 1.29 |
| | 英国 | 79 | 97 | 77 | 87 | 83 | 98 | 92 | 0.80 |
| | 美国 | 77 | 90 | 74 | 91 | 68 | 96 | 84 | 0.79 |
| | 经合组织平均数 | 78 | 88 | 72 | 83 | 72 | 90 | 77 | 0.84 |
| 经合组织伙伴国或地区 | 阿尔巴尼亚 | 86 | 91 | 91 | 96 | 93 | 97 | 81 | 0.84 |
| | 阿根廷 | 70 | 88 | 73 | 51 | 62 | 87 | 55 | 1.09 |
| | 阿塞拜疆 | 67 | 67 | 80 | 82 | 81 | 91 | 76 | 1.09 |
| | 巴西 | 56 | 89 | 58 | 70 | 64 | 92 | 65 | 0.95 |
| | 保加利亚 | 73 | 84 | 70 | 73 | 87 | 88 | 72 | 1.13 |
| | 哥伦比亚 | 66 | 93 | 66 | 79 | 49 | 81 | 63 | 1.09 |
| | 克罗地亚 | 79 | 90 | 75 | 94 | 58 | 90 | 72 | 0.82 |
| | 迪拜（阿拉伯联合酋长国） | 86 | 89 | 80 | 86 | 77 | 87 | 92 | 1.23 |
| | 中国香港 | 58 | 93 | 52 | 87 | 77 | 94 | 69 | 0.81 |
| | 印度尼西亚 | 86 | 96 | 90 | 97 | 90 | 92 | 69 | 0.87 |
| | 约旦 | 60 | 62 | 64 | 58 | 61 | 86 | 69 | 1.08 |
| | 哈萨克斯坦 | 43 | 60 | 55 | 60 | 66 | 60 | 58 | 1.38 |
| | 吉尔吉斯斯坦 | 54 | 71 | 69 | 66 | 64 | 65 | 59 | 1.37 |
| | 拉脱维亚 | 90 | 93 | 81 | 91 | 93 | 89 | 77 | 0.83 |
| | 列支敦士登 | 94 | 100 | 80 | 100 | 83 | 100 | 100 | 0.49 |
| | 立陶宛 | 94 | 99 | 93 | 98 | 96 | 99 | 96 | 0.68 |
| | 中国澳门 | 73 | 73 | 44 | 56 | 66 | 83 | 57 | 1.38 |
| | 黑山共和国 | 85 | 95 | 73 | 88 | 88 | 93 | 58 | 0.71 |
| | 巴拿马 | 62 | 89 | 69 | 75 | 57 | 81 | 61 | 1.03 |
| | 秘鲁 | 64 | 91 | 72 | 85 | 69 | 83 | 63 | 0.95 |
| | 卡塔尔 | 77 | 80 | 82 | 88 | 84 | 88 | 85 | 1.07 |
| | 罗马尼亚 | 84 | 80 | 79 | 99 | 69 | 91 | 83 | 0.80 |
| | 俄罗斯 | 60 | 79 | 68 | 78 | 65 | 56 | 58 | 1.07 |
| | 塞尔维亚 | 71 | 94 | 70 | 93 | 59 | 84 | 61 | 0.78 |
| | 中国上海 | 58 | 59 | 45 | 71 | 60 | 73 | 47 | 1.33 |
| | 新加坡 | 64 | 83 | 59 | 84 | 83 | 90 | 90 | 0.92 |
| | 中国台北 | 52 | 57 | 54 | 70 | 56 | 67 | 52 | 1.42 |
| | 泰国 | 67 | 82 | 72 | 90 | 90 | 68 | 87 | 0.86 |
| | 特立尼达和多巴哥 | 45 | 66 | 34 | 41 | 54 | 91 | 71 | 0.94 |
| | 突尼斯 | 33 | 83 | 69 | 40 | 73 | 83 | 74 | 0.86 |
| | 乌拉圭 | 53 | 92 | 68 | 35 | 57 | 94 | 33 | 1.03 |

−3.5 −2.5 −1.5 −0.5 0 0.5 1.5 2.5 指数点

注释：指数越高，教师行为就越积极。
资料来源：OECD, PISA 2009 Database, Table IV.4.5.
统计链接：http://dx.doi.org/10.1787/888932343418

## 表A.7 公共教育机构里强制性的和计划性的教学时间（2009）

7—8岁、9—11岁、12—14岁和15岁学生，每年强制性和非强制性课程教学小时数

|  |  | 义务教育的结束年龄 | 90%以上人口入学的年龄范围 | 每年强制性课程教学小时总数 | | | | | 每年计划的课程教学小时总数 | | | | |
|---|---|---|---|---|---|---|---|---|---|---|---|---|---|
|  |  |  |  | 7—8岁 | 9—11岁 | 12—14岁 | 15岁（PISA抽样） | 15岁（最低要求） | 7—8岁 | 9—11岁 | 12—14岁 | 15岁（PISA抽样） | 15岁（最低要求） |
|  |  | (1) | (2) | (3) | (4) | (5) | (6) | (7) | (8) | (9) | (10) | (11) | (12) |
| 经合组织成员国 | 澳大利亚 | 15 | 5—16 | 972 | 971 | 983 | 964 | 932 | 972 | 971 | 983 | 964 | 932 |
|  | 奥地利 | 15 | 5—16 | 690 | 766 | 913 | 1005 | 960 | 735 | 811 | 958 | 1050 | 1005 |
|  | 比利时（荷语文化区） | 18 | 3—17 | a | a | a | a | a | 831 | 831 | 955 | 955 | 448 |
|  | 比利时（法语文化区）[1] | 18 | 3—17 | 840 | 840 | 960 | m | m | 930 | 930 | 1020 | m | m |
|  | 加拿大 | 16—18 | 6—17 | m | m | m | m | m | m | m | m | m | m |
|  | 智利 | 18 | 6—15 | 675 | 675 | 709 | 743 | 743 | 855 | 855 | 855 | 945 | 945 |
|  | 捷克[2] | 15 | 5—17 | 624 | 713 | 871 | 950 | 683 | 624 | 713 | 871 | 950 | 683 |
|  | 丹麦 | 16 | 3—16 | 701 | 803 | 900 | 930 | 900 | 701 | 803 | 900 | 930 | 900 |
|  | 英格兰 | 16 | 4—16 | 893 | 899 | 925 | 950 | a | 893 | 899 | 925 | 950 | a |
|  | 爱沙尼亚 | 15 | 4—17 | 595 | 683 | 802 | 840 | m | 595 | 683 | 820 | 840 | m |
|  | 芬兰 | 16 | 6—18 | 608 | 640 | 777 | 856 | a | 608 | 683 | 829 | 913 | a |
|  | 法国 | 16 | 3—17 | 847 | 847 | 971 | 1042 | a | 847 | 847 | 1065 | 1147 | a |
|  | 德国 | 18 | 4—17 | 643 | 794 | 898 | 912 | m | 643 | 794 | 898 | 912 | m |
|  | 希腊 | 14—15 | 5—17 | 720 | 812 | 821 | 798 | a | 720 | 812 | 821 | 798 | a |
|  | 匈牙利 | 18 | 4—17 | 555 | 601 | 671 | 763 | 763 | 614 | 724 | 885 | 1106 | 1106 |
|  | 冰岛 | 16 | 3—16 | 720 | 800 | 872 | 888 | a | 720 | 800 | 872 | 888 | a |
|  | 爱尔兰 | 16 | 5—18 | 941 | 941 | 848 | 802 | 713 | 941 | 941 | 907 | 891 | 891 |
|  | 以色列 | 17 | 4—16 | 914 | 991 | 981 | 964 | m | 914 | 991 | 981 | 1101 | m |
|  | 意大利 | 16 | 3—16 | 891 | 913 | 1001 | 1089 | m | 990 | 1023 | 1089 | 1089 | m |
|  | 日本 | 15 | 4—17 | 709 | 774 | 868 | m | a | 709 | 774 | 868 | m | a |
|  | 韩国 | 14 | 7—17 | 612 | 703 | 867 | 1020 | a | 612 | 703 | 867 | 1020 | a |
|  | 卢森堡 | 15 | 4—15 | 924 | 924 | 908 | 900 | 900 | 924 | 924 | 908 | 900 | 900 |
|  | 墨西哥 | 15 | 4—14 | 800 | 800 | 1167 | 1058 | a | 800 | 800 | 1167 | 1058 | a |
|  | 荷兰 | 18 | 4—17 | 940 | 940 | 1000 | 1000 | a | 940 | 940 | 1000 | 1000 | a |
|  | 新西兰 | 16 | 4—16 | m | m | m | m | m | m | m | m | m | m |
|  | 挪威 | 16 | 3—17 | 700 | 756 | 829 | 859 | a | 700 | 756 | 829 | 859 | a |
|  | 波兰 | 16 | 6—18 | 446 | 563 | 604 | 595 | a | 486 | 603 | 644 | 635 | a |
|  | 葡萄牙 | 14 | 5—16 | 875 | 869 | 908 | 893 | m | 910 | 898 | 934 | 945 | m |
|  | 苏格兰 | 16 | 4—16 | a | a | a | a | a | a | a | a | a | a |

续表

| | | 义务教育的结束年龄 | 90%以上人口入学的年龄范围 | 每年强制性课程教学小时总数 | | | | | 每年计划的课程教学小时总数 | | | | |
|---|---|---|---|---|---|---|---|---|---|---|---|---|---|
| | | | | 7—8岁 | 9—11岁 | 12—14岁 | 15岁（PISA抽样） | 15岁（最低要求） | 7—8岁 | 9—11岁 | 12—14岁 | 15岁（PISA抽样） | 15岁（最低要求） |
| | | (1) | (2) | (3) | (4) | (5) | (6) | (7) | (8) | (9) | (10) | (11) | (12) |
| 经合组织成员国 | 斯洛伐克 | 16 | 6—17 | 687 | 767 | 813 | 926 | 926 | 715 | 785 | 842 | 926 | 926 |
| | 斯洛文尼亚 | 14 | 6—17 | 621 | 721 | 791 | 908 | 888 | 621 | 721 | 791 | 908 | 888 |
| | 西班牙 | 16 | 3—16 | 875 | 821 | 1050 | 1050 | 1050 | 875 | 821 | 1050 | 1050 | 1050 |
| | 瑞典[3] | 16 | 4—18 | 741 | 741 | 741 | 741 | a | 741 | 741 | 741 | 741 | a |
| | 瑞士 | 15 | 5—16 | m | m | m | m | m | m | m | m | m | m |
| | 土耳其 | 14 | 7—13 | 720 | 720 | 750 | 810 | a | 864 | 864 | 846 | 810 | a |
| | 美国 | 17 | 6—16 | m | m | m | m | m | m | m | m | m | m |
| | 经合组织平均数 | 16 | 5—16 | 749 | 793 | 873 | 902 | 860 | 775 | 821 | 907 | 941 | 889 |
| | 欧盟21国平均数 | 16 | 4—17 | 746 | 790 | 865 | 897 | 865 | 767 | 815 | 902 | 935 | 880 |
| 其他G20国家 | 阿根廷[4] | 17 | 5—15 | m | 720 | 744 | m | m | m | m | m | m | m |
| | 巴西 | 17 | 7—15 | m | m | m | m | m | m | m | m | m | m |
| | 中国 | m | m | 531 | 613 | 793 | 748 | m | m | m | m | m | m |
| | 印度 | m | m | m | m | m | m | m | m | m | m | m | m |
| | 印度尼西亚 | 15 | 6—14 | m | 551 | 654 | m | m | m | m | m | m | m |
| | 俄罗斯 | 17 | 7—14 | 493 | 737 | 879 | 912 | m | 493 | 737 | 879 | 912 | m |
| | 沙特阿拉伯 | m | m | m | m | m | m | m | m | m | m | m | m |
| | 南非 | m | m | m | m | m | m | m | m | m | m | m | m |

1. 该地区"12—14岁"的学生范围仅覆盖了12—13岁的学生。
2. 该国提供的是每年的最低小时数。
3. 因为年龄统计的问题，该国提供的是每年大概的最低小时数。
4. 参考2008年的数据。

资料来源：OECD (2011), Education at a Glance 2011: OECD Indicators, OECD Publishing.
要得到关于替代遗失数据的符号信息，请参考Education at a Glance 2011的阅读指南。(www.oecd.org/edu/eag2011)。
统计链接：http://dx.doi.org/10.1787/888932465094

### 表A.8 按学校类型和教育程度分类的班级规模（2009）
根据学生和班级数量的计算

| | | 小学教育阶段 | | | | 初中教育阶段 | | | | |
|---|---|---|---|---|---|---|---|---|---|---|
| | | 公立教育机构 | 私立教育机构 | | | 公立和私立教育机构的总体情况 | 公立教育机构 | 私立教育机构 | | | 公立和私立教育机构的总体情况 |
| | | | 私立教育机构的总体情况 | 半官方的私立教育机构 | 完全独立的私立教育机构 | | | 私立教育机构的总体情况 | 半官方的私立教育机构 | 完全独立的私立教育机构 | |
| | | (1) | (2) | (3) | (4) | (5) | (6) | (7) | (8) | (9) | (10) |
| 经合组织成员国 | 澳大利亚 | 23.2 | 24.8 | 24.8 | a | 23.7 | 23.0 | 24.7 | 24.7 | a | 23.7 |
| | 奥地利 | 18.8 | 20.5 | x(2) | x(2) | 18.9 | 22.4 | 24.3 | x(7) | x(7) | 22.6 |
| | 比利时 | m | m | m | m | m | m | m | m | m | m |
| | 比利时（法语文化区） | 19.6 | 20.7 | 20.7 | m | 20.1 | m | m | m | m | m |
| | 加拿大 | m | m | m | m | m | m | m | m | m | m |
| | 智利 | 28.1 | 30.8 | 32.4 | 22.4 | 29.6 | 28.6 | 30.8 | 32.2 | 23.9 | 29.7 |
| | 捷克 | 20.0 | 15.9 | 15.9 | a | 19.9 | 22.0 | 19.6 | 19.6 | a | 22.0 |
| | 丹麦 | 20.0 | 16.3 | 16.3 | a | 19.4 | 20.5 | 17.3 | 17.3 | a | 19.9 |
| | 爱沙尼亚 | 18.2 | 16.8 | a | 16.8 | 18.1 | 20.3 | 15.9 | a | 15.9 | 20.1 |
| | 芬兰 | 19.8 | 18.4 | 18.4 | a | 19.8 | 20.0 | 21.7 | 21.7 | a | 20.1 |
| | 法国 | 22.6 | 23.0 | x(2) | x(2) | 22.7 | 24.3 | 25.1 | 25.4 | 14.1 | 24.5 |
| | 德国 | 21.7 | 22.0 | 22.0 | x(3) | 21.7 | 24.6 | 25.2 | 25.2 | x(8) | 24.7 |
| | 希腊 | 16.8 | 20.7 | a | 20.7 | 17.0 | 21.5 | 24.5 | a | 24.5 | 21.6 |
| | 匈牙利 | 20.8 | 19.2 | 19.2 | a | 20.7 | 21.9 | 20.6 | 20.6 | a | 21.7 |
| | 冰岛 | 17.9 | 14.3 | 14.3 | n | 17.8 | 19.6 | 12.4 | 12.4 | n | 19.5 |
| | 爱尔兰 | 24.2 | m | a | m | m | m | m | a | m | m |
| | 以色列 | 27.4 | a | a | a | 27.4 | 32.2 | a | a | a | 32.2 |
| | 意大利 | 18.7 | 20.2 | a | 20.2 | 18.8 | 21.4 | 22.4 | a | 22.4 | 21.5 |
| | 日本 | 28.0 | 32.1 | a | 32.1 | 28.0 | 32.9 | 35.2 | a | 35.2 | 33.0 |
| | 韩国 | 28.6 | 30.5 | a | 30.5 | 28.6 | 35.3 | 34.1 | 34.1 | a | 35.1 |
| | 卢森堡 | 15.3 | 19.4 | 19.7 | 19.4 | 15.6 | 19.1 | 21.0 | 21.0 | 21.1 | 19.5 |
| | 墨西哥 | 19.9 | 20.4 | a | 20.4 | 19.9 | 28.7 | 24.7 | a | 24.7 | 28.3 |
| | 荷兰[1] | 22.4 | m | m | m | m | m | m | m | m | m |
| | 新西兰 | m | m | m | m | m | m | m | m | m | m |
| | 挪威 | a | a | a | a | a | a | a | a | a | a |

续表

|  |  | 小学教育阶段 | | | | | 初中教育阶段 | | | | |
|---|---|---|---|---|---|---|---|---|---|---|---|
|  |  | 公立教育机构 | 私立教育机构 | | | 公立和私立教育机构的总体情况 | 公立教育机构 | 私立教育机构 | | | 公立和私立教育机构的总体情况 |
|  |  |  | 私立教育机构的总体情况 | 半官方的私立教育机构 | 完全独立的私立教育机构 |  |  | 私立教育机构的总体情况 | 半官方的私立教育机构 | 完全独立的私立教育机构 |  |
|  |  | (1) | (2) | (3) | (4) | (5) | (6) | (7) | (8) | (9) | (10) |
| 经合组织成员国 | 波兰 | 19.0 | 11.9 | 11.5 | 12.1 | 18.7 | 23.5 | 18.0 | 24.4 | 16.2 | 23.3 |
| | 葡萄牙 | 20.2 | 20.8 | 23.2 | 20.0 | 20.2 | 22.3 | 24.6 | 23.9 | 25.8 | 22.6 |
| | 斯洛伐克共和国 | 18.5 | 17.8 | 17.8 | n | 18.4 | 21.2 | 20.2 | 20.2 | n | 21.1 |
| | 斯洛文尼亚 | 18.5 | 20.2 | 20.2 | n | 18.5 | 19.8 | 24.0 | 24.0 | n | 19.8 |
| | 西班牙 | 19.8 | 24.5 | 24.5 | 24.5 | 21.1 | 23.5 | 25.8 | 26.0 | 24.2 | 24.3 |
| | 瑞典 | m | m | m | m | m | m | m | m | n | m |
| | 瑞士 | 19.4 | m | m | m | 18.7 | m | m | m | m | m |
| | 土耳其 | 25.8 | 19.2 | a | 19.2 | 25.6 | a | a | a | a | a |
| | 英国 | 25.7 | 13.0 | 25.7 | 12.9 | 24.5 | 21.0 | 15.2 | 19.1 | 10.5 | 19.6 |
| | 美国 | 23.8 | 19.3 | a | 19.3 | 23.3 | 23.2 | 19.1 | a | 19.1 | 22.8 |
| | 经合组织平均数 | 21.4 | 20.5 | 20.4 | 20.7 | 21.4 | 23.5 | 22.8 | 23.0 | 21.3 | 23.7 |
| | 欧盟21国平均数 | 20.0 | 19.0 | 19.6 | 18.5 | 19.8 | 21.9 | 21.7 | 22.0 | 19.8 | 21.9 |
| 其他G20国家 | 阿根廷[2] | 25.5 | 26.3 | 29.8 | 24.0 | 26.2 | 27.8 | 28.1 | 29.7 | 26.9 | 28.1 |
| | 巴西 | 26.5 | 17.7 | a | 17.7 | 25.0 | 30.2 | 25.0 | a | 25.0 | 29.5 |
| | 中国 | 36.9 | 42.5 | x(2) | x(2) | 37.1 | 54.9 | 51.8 | x(7) | x(7) | 54.6 |
| | 印度 | m | m | m | m | m | m | m | m | m | m |
| | 印度尼西亚 | 27.5 | 21.4 | a | 21.4 | 36.4 | 36.5 | 33.4 | a | 33.4 | 35.3 |
| | 俄罗斯 | 16.2 | 10.9 | a | 10.9 | 16.2 | 18.0 | 10.1 | a | 10.1 | 17.9 |
| | 沙特阿拉伯 | m | m | m | m | m | m | m | m | m | m |
| | 南非 | m | m | m | m | m | m | m | m | m | m |
| | G20国家平均数 | 24.7 | 22.9 | — | — | 24.5 | 26.8 | 24.9 | — | — | 26.6 |

1. 该国参照2006年的数据。
2. 该国参照2008年的数据。

资料来源：OECD (2011), Education at a Glance 2011: OECD Indicators, OECD Publishing.

要得到关于替代遗失数据的符号信息，请参考Education at a Glance 2011的阅读指南。(www.oecd.org/edu/eag2011)。

### 表A.9(1/2) 教师工资（2009）

公立教育机构中新入职、拥有10—15年教龄以及位于顶层的教师的年度法定工资，按教育程度分类，单位为美元（按购买力等价换算）

| | | 小学教育阶段 | | | | 初中教育阶段 | | | | 高中教育阶段 | | | |
|---|---|---|---|---|---|---|---|---|---|---|---|---|---|
| | | 起薪/最低培训 | 拥有10年教龄之后/最低培训 | 拥有15年教龄之后/最低培训 | 位于顶层的教师/最低培训 | 起薪/最低培训 | 拥有10年教龄之后/最低培训 | 拥有15年教龄之后/最低培训 | 位于顶层的教师/最低培训 | 起薪/最低培训 | 拥有10年教龄之后/最低培训 | 拥有15年教龄之后/最低培训 | 位于顶层的教师/最低培训 |
| | | (1) | (2) | (3) | (4) | (5) | (6) | (7) | (8) | (9) | (10) | (11) | (12) |
| 经合组织成员国 | 澳大利亚 | 34 664 | 48 233 | 48 233 | 48 233 | 34 664 | 48 233 | 48 233 | 48 233 | 34 664 | 48 233 | 48 233 | 48 233 |
| | 奥地利 | 30 998 | 36 588 | 41 070 | 61 390 | 32 404 | 39 466 | 44 389 | 63 781 | 32 883 | 35 539 | 45 712 | 67 135 |
| | 比利时（荷语文化区） | 32 429 | 40 561 | 45 614 | 55 718 | 32 429 | 40 561 | 45 614 | 55 718 | 40 356 | 51 323 | 58 470 | 70 382 |
| | 比利时（法语文化区） | 31 545 | m | 44 696 | 54 848 | 31 545 | m | 44 696 | 54 848 | 39 415 | m | 57 613 | 69 579 |
| | 加拿大 | m | m | m | m | m | m | m | m | m | m | m | m |
| | 智利 | 15 612 | 19 982 | 22 246 | 29 179 | 15 612 | 19 982 | 22 246 | 29 179 | 16 296 | 20 895 | 23 273 | 30 548 |
| | 捷克 | 17 705 | 22 279 | 23 806 | 25 965 | 17 711 | 22 750 | 24 330 | 26 305 | 18 167 | 24 000 | 25 537 | 28 039 |
| | 丹麦 | 46 950 | 52 529 | 54 360 | 54 360 | 46 950 | 52 529 | 54 360 | 54 360 | 47 664 | 62 279 | 62 279 | 62 279 |
| | 英格兰 | 32 189 | 47 047 | 47 047 | 47 047 | 32 189 | 47 047 | 47 047 | 47 047 | 32 189 | 47 047 | 47 047 | 47 047 |
| | 爱沙尼亚 | 14 881 | 15 758 | 15 758 | 21 749 | 14 881 | 15 758 | 15 758 | 21 749 | 14 881 | 15 758 | 15 758 | 21 749 |
| | 芬兰[1] | 32 692 | 37 632 | 41 415 | 50 461 | 34 707 | 40 550 | 44 294 | 54 181 | 35 743 | 45 444 | 49 237 | 61 089 |
| | 法国 | 24 006 | 31 156 | 33 359 | 49 221 | 27 296 | 33 653 | 35 856 | 51 833 | 27 585 | 33 942 | 36 145 | 52 150 |
| | 德国 | 46 446 | m | 57 005 | 61 787 | 51 080 | m | 62 930 | 68 861 | 55 743 | m | 68 619 | 77 628 |
| | 希腊 | 27 951 | 31 858 | 34 209 | 41 265 | 27 951 | 31 858 | 34 209 | 41 265 | 27 951 | 31 858 | 34 209 | 41 265 |
| | 匈牙利[1] | 12 045 | 13 838 | 14 902 | 19 952 | 12 045 | 13 838 | 14 902 | 19 952 | 13 572 | 16 211 | 17 894 | 25 783 |
| | 冰岛 | 28 767 | 31 537 | 32 370 | 33 753 | 28 767 | 31 537 | 32 370 | 33 753 | 26 198 | 30 574 | 32 676 | 34 178 |
| | 爱尔兰 | 36 433 | 53 787 | 60 355 | 68 391 | 36 433 | 53 787 | 60 355 | 68 391 | 36 433 | 53 787 | 60 355 | 68 391 |
| | 以色列 | 18 935 | 27 262 | 28 929 | 42 425 | 17 530 | 24 407 | 27 112 | 39 942 | 16 715 | 22 344 | 25 010 | 37 874 |
| | 意大利 | 28 907 | 31 811 | 34 954 | 42 567 | 31 159 | 34 529 | 38 082 | 46 743 | 31 159 | 35 371 | 39 151 | 48 870 |
| | 日本 | 27 995 | 41 711 | 49 408 | 62 442 | 27 995 | 41 711 | 49 408 | 62 442 | 27 995 | 41 711 | 49 403 | 64 135 |
| | 韩国 | 30 522 | 45 269 | 52 829 | 84 650 | 30 401 | 45 148 | 52 699 | 84 529 | 30 401 | 45 148 | 52 699 | 84 529 |
| | 卢森堡 | 51 799 | 67 340 | 74 402 | 113 017 | 80 053 | 100 068 | 111 839 | 139 152 | 40 053 | 100 068 | 111 839 | 139 152 |
| | 墨西哥 | 15 658 | 15 768 | 20 415 | 33 582 | 19 957 | 20 618 | 25 905 | 42 621 | m | m | m | m |
| | 荷兰 | 37 974 | 45 064 | 50 370 | 55 440 | 39 400 | 51 830 | 60 174 | 66 042 | 39 400 | 51 830 | 60 174 | 66 042 |
| | 新西兰 | m | m | m | m | m | m | m | m | m | m | m | m |
| | 挪威[1] | 35 593 | 40 392 | 43 614 | 43 861 | 35 593 | 40 392 | 43 614 | 43 861 | 38 950 | 42 258 | 46 247 | 46 495 |
| | 波兰 | 9 186 | 12 809 | 15 568 | 16 221 | 10 340 | 14 520 | 17 732 | 18 479 | 11 676 | 16 585 | 20 290 | 21 149 |
| | 葡萄牙 | 34 296 | 38 427 | 41 771 | 60 261 | 34 296 | 38 427 | 41 771 | 60 261 | 34 296 | 38 427 | 41 771 | 60 261 |
| | 苏格兰[1] | 32 143 | 51 272 | 51 272 | 51 272 | 32 143 | 51 272 | 51 272 | 51 272 | 32 143 | 51 272 | 51 272 | 51 272 |
| | 斯洛伐克 | 12 139 | 13 352 | 13 964 | 15 054 | 12 139 | 13 352 | 13 964 | 15 054 | 12 139 | 13 352 | 13 964 | 15 054 |
| | 斯洛文尼亚 | 29 191 | 32 385 | 35 482 | 37 274 | 29 191 | 32 385 | 35 482 | 37 274 | 29 191 | 32 385 | 35 482 | 37 274 |
| | 西班牙 | 40 896 | 44 576 | 47 182 | 57 067 | 45 721 | 49 807 | 52 654 | 63 942 | 46 609 | 50 823 | 58 759 | 65 267 |
| | 瑞典[1] | 30 648 | 34 086 | 35 349 | 40 958 | 30 975 | 35 146 | 36 521 | 41 255 | 32 463 | 36 983 | 38 584 | 44 141 |
| | 瑞士[2] | 48 853 | 62 903 | m | 76 483 | 55 696 | 71 456 | m | 86 418 | 64 450 | 83 828 | m | 98 495 |
| | 土耳其 | 25 536 | 26 374 | 27 438 | 29 697 | a | a | a | a | 26 173 | 27 011 | 28 076 | 30 335 |
| | 美国 | 36 502 | 42 475 | 44 788 | 51 633 | 36 416 | 42 566 | 44 614 | 54 725 | 36 907 | 43 586 | 47 977 | 54 666 |
| | 经合组织平均数 | 29 767 | 36 127 | 38 914 | 48 154 | 31 687 | 38 683 | 41 701 | 51 317 | 33 044 | 40 319 | 43 711 | 53 651 |
| | 欧盟21国平均数 | 30 150 | 35 912 | 39 735 | 47 883 | 32 306 | 38 721 | 42 967 | 50 772 | 33 553 | 40 204 | 45 442 | 53 956 |
| 其他G20国家 | 阿根廷 | m | m | m | m | m | m | m | m | m | m | m | m |
| | 巴西 | m | m | m | m | m | m | m | m | m | m | m | m |
| | 中国 | m | m | m | m | m | m | m | m | m | m | m | m |
| | 印度 | m | m | m | m | m | m | m | m | m | m | m | m |
| | 印度尼西亚 | 1 564 | m | 1 979 | 2 255 | 1 667 | m | 2 225 | 2 450 | 1 930 | m | 2 497 | 2 721 |
| | 俄罗斯 | m | m | m | m | m | m | m | m | m | m | m | m |
| | 沙特阿拉伯 | m | m | m | m | m | m | m | m | m | m | m | m |
| | 南非 | m | m | m | m | m | m | m | m | m | m | m | m |

1. 该国数据为教师实际工资。
2. 该国在第2、6、10列，提供的是拥有11年教龄的教师工资。

资料来源：OECD (2011), Education at a Glance 2011: OECD Indicators, OECD Publishing.
要得到关于替代遗失数据的符号信息，请参考Education at a Glance 2011的阅读指南。(www.oecd.org/edu/eag2011)。
统计链接：http://dx.doi.org/10.1787/888932465246

### 表A.9(2/2) 教师工资（2009）

公立教育机构中新入职、拥有10—15年教龄以及位于顶部的教师的年度法定工资，按教育程度分类，单位为美元（按购买力等价换算）

| | | 最高工资与起薪的比例 | | | 从起薪到最高工资需要的年数初中教育阶段 | 拥有15年教龄的教师在净工作（教学）时间中，每小时的薪水 | | | 高中教师与小学教师在每小时教学时间上的薪水比例（拥有15年教龄） |
|---|---|---|---|---|---|---|---|---|---|
| | | 小学教育阶段 | 初中教育阶段 | 高中教育阶段 | | 小学教育阶段 | 初中教育阶段 | 高中教育阶段 | |
| | | (13) | (14) | (15) | (16) | (17) | (18) | (19) | (20) |
| 经合组织成员国 | 澳大利亚 | 1.39 | 1.39 | 1.39 | 9 | 55 | 59 | 61 | 1.10 |
| | 奥地利 | 1.98 | 1.97 | 2.04 | 34 | 53 | 73 | 78 | 1.47 |
| | 比利时(荷语文化区) | 1.72 | 1.72 | 1.74 | 27 | 57 | 66 | 91 | 1.60 |
| | 比利时(法语文化区) | 1.74 | 1.74 | 1.77 | 27 | 61 | 67 | 94 | 1.55 |
| | 加拿大 | m | m | m | m | m | m | m | m |
| | 智利 | 1.87 | 1.87 | 1.87 | 30 | 18 | 18 | 19 | 1.05 |
| | 捷克 | 1.47 | 1.49 | 1.54 | 32 | 29 | 39 | 43 | 1.50 |
| | 丹麦 | 1.16 | 1.16 | 1.31 | 8 | 84 | 84 | 165 | 1.97 |
| | 英格兰 | 1.46 | 1.46 | 1.46 | 10 | 74 | 66 | 66 | 0.89 |
| | 爱沙尼亚 | 1.46 | 1.46 | 1.46 | 7 | 25 | 25 | 27 | 1.09 |
| | 芬兰[1] | 1.54 | 1.56 | 1.71 | 16 | 61 | 75 | 90 | 1.46 |
| | 法国 | 2.05 | 1.90 | 1.89 | 34 | 36 | 56 | 58 | 1.58 |
| | 德国 | 1.33 | 1.35 | 1.39 | 28 | 71 | 83 | 96 | 1.36 |
| | 希腊 | 1.48 | 1.48 | 1.48 | 33 | 58 | 80 | 80 | 1.38 |
| | 匈牙利[1] | 1.66 | 1.66 | 1.90 | 40 | 25 | 25 | 30 | 1.20 |
| | 冰岛 | 1.17 | 1.17 | 1.30 | 18 | 53 | 53 | 60 | 1.12 |
| | 爱尔兰[1] | 1.88 | 1.88 | 1.88 | 22 | 64 | 82 | 82 | 1.29 |
| | 以色列 | 2.24 | 2.28 | 2.27 | 36 | 37 | 46 | 48 | 1.30 |
| | 意大利 | 1.47 | 1.50 | 1.57 | 35 | 46 | 62 | 63 | 1.37 |
| | 日本 | 2.23 | 2.23 | 2.29 | 34 | 70 | 82 | 99 | 1.41 |
| | 韩国 | 2.77 | 2.78 | 2.78 | 37 | 63 | 85 | 87 | 1.38 |
| | 卢森堡 | 2.18 | 1.74 | 1.74 | 30 | 101 | 177 | 177 | 1.75 |
| | 墨西哥 | 2.14 | 2.14 | m | 14 | 26 | 25 | m | m |
| | 荷兰 | 1.46 | 1.68 | 1.68 | 17 | 54 | 80 | 80 | 1.48 |
| | 新西兰 | m | m | m | m | m | m | m | m |
| | 挪威[1] | 1.23 | 1.23 | 1.19 | 16 | 59 | 67 | 89 | 1.50 |
| | 波兰 | 1.77 | 1.79 | 1.81 | 10 | 32 | 37 | 42 | 1.31 |
| | 葡萄牙 | 1.76 | 1.76 | 1.76 | 34 | 48 | 54 | 54 | 1.14 |
| | 苏格兰[1] | 1.60 | 1.60 | 1.60 | 6 | 60 | 60 | 60 | 1.00 |
| | 斯洛伐克 | 1.24 | 1.24 | 1.24 | 32 | 17 | 22 | 23 | 1.35 |
| | 斯洛文尼亚 | 1.28 | 1.28 | 1.28 | 13 | 51 | 51 | 56 | 1.09 |
| | 西班牙 | 1.40 | 1.40 | 1.40 | 38 | 54 | 74 | 78 | 1.45 |
| | 瑞典[1] | 1.34 | 1.33 | 1.36 | a | m | m | m | m |
| | 瑞士[2] | 1.57 | 1.55 | 1.53 | 27 | m | m | m | m |
| | 土耳其 | 1.16 | a | 1.16 | a | 43 | a | 50 | 1.15 |
| | 美国[1] | 1.41 | 1.50 | 1.48 | m | 41 | 42 | 46 | 1.12 |
| | 经合组织平均数 | 1.64 | 1.64 | 1.64 | 24 | 51 | 62 | 71 | 1.34 |
| | 欧盟21国平均数 | 1.58 | 1.57 | 1.61 | 24 | 53 | 65 | 74 | 1.38 |

续表

| | | 最高工资与起薪的比例 | | | 从起薪到最高工资需要的年数(初中教育阶段) | 拥有15年教龄的教师在净工作(教学)时间中,每小时的薪水 | | | 高中教师与小学教师在每小时教学时间上的薪水比例(拥有15年教龄) |
|---|---|---|---|---|---|---|---|---|---|
| | | 小学教育阶段 | 初中教育阶段 | 高中教育阶段 | | 小学教育阶段 | 初中教育阶段 | 高中教育阶段 | |
| | | (13) | (14) | (15) | (16) | (17) | (18) | (19) | (20) |
| 其他G20国家 | 阿根廷 | m | m | m | m | m | m | m | m |
| | 巴西 | m | m | m | m | m | m | m | m |
| | 中国 | m | m | m | m | m | m | m | m |
| | 印度 | m | m | m | m | m | m | m | m |
| | 印度尼西亚 | 1.44 | 1.47 | 1.41 | 32 | 2 | 3 | 3 | 2.16 |
| | 俄罗斯 | m | m | m | m | m | m | m | m |
| | 沙特阿拉伯 | m | m | m | m | m | m | m | m |
| | 南非 | m | m | m | m | m | m | m | m |

1. 该国数据为教师实际工资。
2. 该国在第2、6、10列,提供的是拥有11年教龄的教师工资。

资料来源:OECD (2011), Education at a Glance 2011: OECD Indicators, OECD Publishing.

要得到关于替代遗失数据的符号信息,请参考Education at a Glance 2011的阅读指南。(www.oecd.org/edu/eag2011)。

统计链接:http://dx.doi.org/10.1787/888932465246

### 表A.10 教师工资与职前教师的培训要求(2009)

拥有15年教龄的教师年度法定工资与制度层面有关教师培训项目的信息

| | | 拥有15年教龄(最低培训)的教师工资与接受过高等教育25—64岁的全职工人收入的比率 | | | 教师培训项目的年数 | | | 教师的最终学历[1] | | | 当前拥有此种类型资格证书的教师百分比 | | |
|---|---|---|---|---|---|---|---|---|---|---|---|---|---|
| | | 小学教育阶段 | 初中教育阶段 | 高中教育阶段 | 小学教育阶段 | 初中教育阶段 | 高中教育阶段 | 小学教育阶段 | 初中教育阶段 | 高中教育阶段 | 小学教育阶段 | 初中教育阶段 | 高中教育阶段 |
| | | (1) | (2) | (3) | (4) | (5) | (6) | (7) | (8) | (9) | (10) | (11) | (12) |
| 经合组织成员国 | 澳大利亚[2] | 0.85 | 0.85 | 0.85 | 4 | 4 | 4 | 5A | 5A | 5A | 87% | 91% | x(11) |
| | 奥地利 | 0.58 | 0.63 | 0.65 | 3 | 5.5 | 5.5 | 5A | 5A | 5A | 94% | 95% | 78% |
| | 比利时(荷语文化区) | 0.89 | 0.89 | 1.14 | 3 | 3 | 5 | 5B | 5B | 5A,5B | 98% | 97% | 96% |
| | 比利时(法语文化区) | 0.87 | 0.87 | 1.12 | 3 | 3 | 5 | 5B | 5B | 5A | 100% | m | m |
| | 加拿大 | m | m | m | m | m | m | m | m | m | m | m | m |
| | 智利 | m | m | m | m | m | m | m | m | m | m | m | m |
| | 捷克 | 0.51 | 0.52 | 0.55 | 5 | 5 | 5 | 5A | 5A | 5A | 87% | 88% | 87% |
| | 丹麦 | 0.93 | 0.93 | 1.06 | 4 | 4 | 6 | 5A | 5A | 5A | 100% | 100% | 100% |
| | 英格兰 | 0.81 | 0.81 | 0.81 | 3,4 | 3,4 | 3,4 | 5A | 5A | 5A | 98% | 95% | 95% |
| | 爱沙尼亚 | 0.82 | 0.82 | 0.82 | 4.5 | 4.5 | 4.5 | 5A | 5A | 5A | 69% | 75% | 81% |

续表

|  |  | 拥有15年教龄（最低培训）的教师工资与接受过高等教育25—64岁的全职工人收入的比率 | | | 教师培训项目的年数 | | | 教师的最终学历[1] | | | 当前拥有此种类型资格证书的教师百分比 | | |
|---|---|---|---|---|---|---|---|---|---|---|---|---|---|
|  |  | 小学教育阶段 | 初中教育阶段 | 高中教育阶段 | 小学教育阶段 | 初中教育阶段 | 高中教育阶段 | 小学教育阶段 | 初中教育阶段 | 高中教育阶段 | 小学教育阶段 | 初中教育阶段 | 高中教育阶段 |
|  |  | (1) | (2) | (3) | (4) | (5) | (6) | (7) | (8) | (9) | (10) | (11) | (12) |
| 经合组织成员国 | 芬兰[2,3] | 0.85 | 0.91 | 1.01 | 5 | 5 | 5 | 5A | 5A | 5A | 89% | 89% | 93% |
| | 法国[4] | 0.78 | 0.85 | 0.85 | 5 | 5 | 5,6 | 5A | 5A | 5A | m | m | m |
| | 德国 | 0.88 | 0.97 | 1.06 | 5.5 | 5,5,6.5 | 6.5 | 5A | 5A | 5A | m | 96% | 98% |
| | 希腊 | m | m | m | 4 | 4 | 4,5 | 5A | 5A | 5A | m | m | m |
| | 匈牙利[3] | 0.45 | 0.45 | 0.54 | 4 | 4 | 5 | 5A | 5A | 5A | 95% | 100% | 100% |
| | 冰岛[4] | 0.50 | 0.50 | 0.61 | 3,4 | 3,4 | 4 | 5A | 5A | 5A | 87% | 87% | 78% |
| | 爱尔兰[3] | 0.88 | 0.88 | 0.88 | 3,5.5 | 4,5 | 4,5 | 5A,5B | 5A,5B | 5A,5B | m | m | m |
| | 以色列 | 0.75 | 0.70 | 0.64 | 3,4 | 3,4 | 3,4 | 5A | 5A | 5A | 82% | 92% | 86% |
| | 意大利[5] | 0.59 | 0.64 | 0.66 | 4 | 4–6 | 4–6 | 5A | 5A | 5A | 100% | 100% | 100% |
| | 日本 | m | m | m | 2,4,6 | 2,4,6 | 4,6 | 5A+5B, 5A,5A | 5A+5B, 5A,5A | 5A | 18%, 78%,1% | 7%,91%, 2% | 72%, 28% |
| | 韩国[5] | 1.08 | 1.08 | 1.08 | 4 | 4 | 4 | 5A | 5A | 5A | m | m | m |
| | 卢森堡 | 0.79 | 1.18 | 1.18 | 3,4 | 5 | 5 | 5B | 5A | 5A | 95.6%, 4.5% | 100% | 100% |
| | 墨西哥 | m | m | m | 4 | 4,6 | 4,6 | 5A | 5A,5B | 5A,5B | 96% | 90% | 91% |
| | 荷兰[5] | 0.67 | 0.81 | 0.81 | 4 | 4 | 5,6 | 5A | 5A | 5A | 100% | 100% | 100% |
| | 新西兰 | m | m | m | m | m | m | m | m | m | m | m | m |
| | 挪威[3,6] | 0.66 | 0.66 | 0.70 | 4 | 4 | 4 | 5A | 5A | 5A | 47% | 47% | 21% |
| | 波兰[5] | 0.59 | 0.68 | 0.78 | 3,5 | 3,5 | 3,5 | 5A,5B | 5A | 5A | 99% | 99% | 97% |
| | 葡萄牙 | 1.19 | 1.19 | 1.19 | 3,4,6 | 5,6 | 5,6 | 5B,5B, 5A | 5A | 5A | 97% | 91% | 93% |
| | 苏格兰[3] | 0.89 | 0.89 | 0.89 | 4,5 | 4,5 | 4,5 | 5A | 5A | 5A | m | m | m |
| | 斯洛伐克 | 0.44 | 0.44 | 0.44 | 4.7 | 5,7 | 5,7 | 5A | 5A | 5A | 93%, 7% | 91%, 9% | 37%, 13% |
| | 斯洛文尼亚 | 0.81 | 0.81 | 0.81 | 5 | 5–6 | 5–6 | 5A | 5A | 5A,5B | m | m | m |
| | 西班牙[5] | 1.16 | 1.27 | 1.32 | 3 | 6 | 6 | 5A | 5A | 5A | 100% | 100% | 100% |
| | 瑞典[3,5] | 0.74 | 0.75 | 0.81 | 3.5 | 4.5 | 4.5 | 5A | 5A | 5A | 84% | 84% | 72% |
| | 瑞士[7] | m | m | m | 3 | 5 | 6 | 5A | 5A | 5A | m | m | m |
| | 土耳其 | m | m | m | 45 | a | 4–5 | 5A | a | 5A | 90% | a | 97% |
| | 美国[3] | 0.61 | 0.61 | 0.65 | 4 | 4 | 4 | 5A | 5A | 5A | 99% | 99% | 99% |
| | **经合组织平均数** | 0.77 | 0.81 | 0.85 | | | | | | | | | |
| | **欧盟21国平均数** | 0.78 | 0.83 | 0.88 | | | | | | | | | |
| 其他G20国家 | 阿根廷 | m | m | m | m | m | m | m | m | m | m | m | m |
| | 巴西 | m | m | m | m | m | m | m | m | m | m | m | m |
| | 中国 | m | m | m | m | m | m | m | m | m | m | m | m |
| | 印度 | m | m | m | m | m | m | m | m | m | m | m | m |
| | 印度尼西亚 | m | m | m | m | m | m | m | m | m | m | m | m |
| | 俄罗斯 | m | m | m | m | m | m | m | m | m | m | m | m |
| | 沙特阿拉伯 | m | m | m | m | m | m | m | m | m | m | m | m |
| | 南非 | m | m | m | m | m | m | m | m | m | m | m | m |

1. 高等教育中A类项目（5A）的理论基础更广，提供进入高级研究项目的资格，在专业知识和技能上的要求更高。高等教育中B类项目（5B）与5A一类，处于同一能力水平，但是其职业导向更强，一般直接面向劳动力市场。
2. 在第10和12列，该国参考的是2010年的数据。
3. 在第1、2和3列，该国提供的是教师实际工资。
4. 在第1、2和3列，该国参考的是2006年的数据。
5. 在第1、2和3列，该国参考的是2008年的数据。
6. 在第1、2和3列，该国参考的是2007年的数据。
7. 该国在第1、2、3列，提供的是拥有11年教龄的教师工资。

资料来源：OECD (2011), Education at a Glance 2011: OECD Indicators, OECD Publishing.

要得到关于替代遗失数据的符号信息，请参考Education at a Glance 2011的阅读指南。(www.oecd.org/edu/eag2011)。

统计链接：http://dx.doi.org/10.1787/888932465265

### 表A.11 教师工作时间的组织（2009）

在公立教育机构一学年中，教师教学的周数、天数、净小时数以及教师工作时间

| | | 教学周数 | | | 教学天数 | | | 教学净小时数 | | | 学校要求的工作时间(单位：小时) | | | 总的法定工作时间(单位：小时) | | |
|---|---|---|---|---|---|---|---|---|---|---|---|---|---|---|---|---|
| | | 小学教育阶段 | 初中教育阶段 | 高中教育阶段，一般课程 | 小学教育阶段 | 初中教育阶段 | 高中教育阶段，一般课程 | 小学教育阶段 | 初中教育阶段 | 高中教育阶段，一般课程 | 小学教育阶段 | 初中教育阶段 | 高中教育阶段，一般课程 | 小学教育阶段 | 初中教育阶段 | 高中教育阶段，一般课程 |
| | | (1) | (2) | (3) | (4) | (5) | (6) | (7) | (8) | (9) | (10) | (11) | (12) | (13) | (14) | (15) |
| 经合组织成员国 | 澳大利亚 | 40 | 40 | 40 | 197 | 197 | 193 | 874 | 812 | 797 | 1201 | 1204 | 1186 | a | a | a |
| | 奥地利 | 38 | 38 | 38 | 180 | 180 | 180 | 779 | 607 | 589 | a | a | a | 1776 | 1776 | a |
| | 比利时（荷语文化区） | 37 | 37 | 37 | 178 | 179 | 179 | 801 | 687 | 642 | 926 | a | a | a | a | a |
| | 比利时（法语文化区） | 38 | 38 | 38 | 183 | 183 | 183 | 732 | 671 | 610 | a | a | a | a | a | a |
| | 加拿大 | m | m | m | m | m | m | m | m | m | m | m | m | m | m | m |
| | 智利 | 40 | 40 | 40 | 191 | 191 | 191 | 1232 | 1232 | 1232 | 1760 | 1760 | 1760 | 1760 | 1760 | 1760 |
| | 捷克 | 40 | 40 | 40 | 189 | 189 | 189 | 832 | 624 | 595 | a | a | a | 1664 | 1664 | 1664 |
| | 丹麦[1] | 42 | 42 | 42 | 200 | 200 | 200 | 648 | 648 | 377 | 648 | 648 | 377 | 1680 | 1680 | 1680 |
| | 英格兰[1] | 38 | 38 | 38 | 190 | 190 | 190 | 635 | 714 | 714 | 1265 | 1265 | 1265 | 1265 | 1265 | 1265 |
| | 爱沙尼亚 | 39 | 39 | 39 | 175 | 175 | 175 | 630 | 630 | 578 | 1540 | 1540 | 1540 | a | a | a |
| | 芬兰 | 38 | 38 | 38 | 188 | 188 | 188 | 677 | 592 | 550 | a | a | a | a | a | a |
| | 法国[1] | 35 | 35 | 35 | m | m | m | 918 | 642 | 628 | a | a | a | a | a | a |
| | 德国 | 40 | 40 | 40 | 193 | 193 | 193 | 805 | 756 | 713 | a | a | a | 1775 | 1775 | 1775 |
| | 希腊 | 36 | 32 | 32 | 177 | 157 | 157 | 589 | 426 | 426 | 1140 | 1170 | 1170 | a | a | a |
| | 匈牙利 | 37 | 37 | 37 | 181 | 181 | 181 | 597 | 597 | 597 | a | a | a | 1864 | 1864 | 1864 |

续表

| | | 教学周数 | | | 教学天数 | | | 教学净小时数 | | | 学校要求的工作时间(单位：小时) | | | 总的法定工作时间(单位：小时) | | |
|---|---|---|---|---|---|---|---|---|---|---|---|---|---|---|---|---|
| | | 小学教育阶段 | 初中教育阶段 | 高中教育阶段,一般课程 | 小学教育阶段 | 初中教育阶段 | 高中教育阶段,一般课程 | 小学教育阶段 | 初中教育阶段 | 高中教育阶段,一般课程 | 小学教育阶段 | 初中教育阶段 | 高中教育阶段,一般课程 | 小学教育阶段 | 初中教育阶段 | 高中教育阶段,一般课程 |
| | | (1) | (2) | (3) | (4) | (5) | (6) | (7) | (8) | (9) | (10) | (11) | (12) | (13) | (14) | (15) |
| 经合组织成员国 | 冰岛[1] | 36 | 36 | 35 | 176 | 176 | 171 | 609 | 609 | 547 | 1650 | 1650 | 1720 | 1800 | 1800 | 1800 |
| | 爱尔兰 | 37 | 33 | 33 | 183 | 167 | 167 | 915 | 735 | 735 | 1036 | 735 | 735 | a | a | a |
| | 以色列 | 43 | 42 | 42 | 183 | 176 | 176 | 788 | 589 | 524 | 1069 | 802 | 704 | a | a | a |
| | 意大利 | 39 | 39 | 39 | 172 | 172 | 172 | 757 | 619 | 619 | a | a | a | a | a | a |
| | 日本[1] | 40 | 40 | 40 | 201 | 201 | 198 | 707 | 602 | 500 | a | a | a | 1899 | 1899 | 1899 |
| | 韩国 | 40 | 40 | 40 | 220 | 220 | 220 | 836 | 618 | 605 | a | a | a | 1680 | 1680 | 1680 |
| | 卢森堡 | 36 | 36 | 36 | 176 | 176 | 176 | 739 | 634 | 634 | 900 | 828 | 828 | a | a | a |
| | 墨西哥 | 42 | 42 | 36 | 200 | 200 | 172 | 800 | 1047 | 843 | 800 | 1167 | 971 | a | a | a |
| | 荷兰 | 40 | m | m | 195 | m | m | 930 | 750 | 750 | a | a | a | 1659 | 1659 | 1659 |
| | 新西兰 | m | m | m | m | m | m | m | m | m | m | m | m | m | m | m |
| | 挪威 | 38 | 38 | 38 | 190 | 190 | 190 | 741 | 654 | 523 | 1300 | 1225 | 1150 | 1688 | 1688 | 1688 |
| | 波兰 | 37 | 37 | 37 | 181 | 179 | 180 | 489 | 483 | 486 | a | a | a | 1480 | 1464 | 1472 |
| | 葡萄牙 | 37 | 37 | 37 | 175 | 175 | 175 | 875 | 770 | 770 | 1289 | 1289 | 1289 | 1464 | 1464 | 1464 |
| | 苏格兰 | 38 | 38 | 38 | 190 | 190 | 190 | 855 | 855 | 855 | a | a | a | 1365 | 1365 | 1365 |
| | 斯洛伐克 | 38 | 38 | 38 | 187 | 187 | 187 | 832 | 645 | 617 | m | m | m | 1560 | 1560 | 1560 |
| | 斯洛文尼亚 | 40 | 40 | 40 | 190 | 190 | 190 | 690 | 690 | 633 | a | a | a | a | a | a |
| | 西班牙 | 37 | 37 | 36 | 176 | 176 | 171 | 880 | 713 | 693 | 1140 | 1140 | 1140 | 1425 | 1425 | 1425 |
| | 瑞典 | a | a | a | a | a | a | a | a | a | 1360 | 1360 | 1360 | 1767 | 1767 | 1767 |
| | 瑞士 | m | m | m | m | m | m | m | m | m | m | m | m | m | m | m |
| | 土耳其 | 38 | a | 38 | 180 | a | 180 | 639 | a | 567 | 870 | a | 756 | 1808 | a | 1808 |
| | 美国[1] | 36 | 36 | 36 | 180 | 180 | 180 | 1097 | 1068 | 1051 | 1381 | 1381 | 1378 | 1913 | 1977 | 1998 |
| | 经合组织平均数 | 38 | 38 | 38 | 186 | 185 | 183 | 779 | 701 | 656 | 1182 | 1198 | 1137 | 1665 | 1660 | 1663 |
| | 欧盟21国平均数 | 38 | 38 | 37 | 184 | 181 | 181 | 755 | 659 | 628 | 1124 | 1108 | 1078 | 1596 | 1594 | 1580 |
| 其他G20国家 | 阿根廷[2] | 36 | 36 | 36 | 170 | 171 | 171 | 680 | 1368 | m | m | m | m | m | m | m |
| | 巴西 | 40 | 40 | 40 | 200 | 200 | 200 | 800 | 800 | 800 | 800 | 800 | 800 | 800 | 800 | 800 |
| | 中国 | 35 | 35 | 35 | 175 | 175 | 175 | m | m | m | m | m | m | m | m | m |
| | 印度 | m | m | m | m | m | m | m | m | m | m | m | m | m | m | m |
| | 印度尼西亚 | 44 | 44 | 44 | 251 | 163 | 163 | 1255 | 734 | 734 | m | m | m | m | m | m |
| | 俄罗斯[1] | 34 | 35 | 35 | 164 | 169 | 169 | 615 | 507 | 507 | a | a | a | a | a | a |
| | 沙特阿拉伯 | m | m | m | m | m | m | m | m | m | m | m | m | m | m | m |
| | 南非 | m | m | m | m | m | m | m | m | m | m | m | m | m | m | m |

1. 该国提供的是教师实际的教学和工作时间。
2. 该国参考的是2008年的数据。

资料来源：OECD (2011), Education at a Glance 2011: OECD Indicators, OECD Publishing.

要得到关于替代遗失数据的符号信息，请参考Education at a Glance 2011的阅读指南。(www.oecd.org/edu/eag2011)。

统计链接：http://dx.doi.org/10.1787/888932465398

### 表A.12 教师每年的教学小时数（2000，2005—2009）

2000年、2005—2009年，公立教育机构每年教师净法定工作时间（单位：小时）

|  |  | 小学教育阶段 | | | | | | 初中教育阶段 | | | | | | 高中教育阶段 | | | | | |
| --- | --- | --- | --- | --- | --- | --- | --- | --- | --- | --- | --- | --- | --- | --- | --- | --- | --- | --- | --- |
|  |  | 2000 | 2005 | 2006 | 2007 | 2008 | 2009 | 2000 | 2005 | 2006 | 2007 | 2008 | 2009 | 2000 | 2005 | 2006 | 2007 | 2008 | 2009 |
|  |  | (1) | (2) | (3) | (4) | (5) | (6) | (7) | (8) | (9) | (10) | (11) | (12) | (13) | (14) | (15) | (16) | (17) | (18) |
| 经合组织成员国 | 澳大利亚 | 882 | 888 | 884 | 877 | 873 | 874 | 811 | 810 | 818 | 815 | 812 | 812 | 803 | 810 | 817 | 813 | 810 | 797 |
| | 奥地利 | m | 774 | 774 | 774 | 779 | 779 | m | 607 | 607 | 607 | 607 | 607 | m | 589 | 589 | 589 | 589 | 589 |
| | 比利时（荷语文化区） | 826 | 806 | 797 | 806 | 810 | 801 | 712 | 720 | 684 | 691 | 695 | 687 | 668 | 675 | 638 | 645 | 649 | 642 |
| | 比利时（法语文化区） | 804 | 722 | 724 | 724 | 724 | 732 | 728 | 724 | 662 | 662 | 662 | 671 | 668 | 664 | 603 | 603 | 603 | 610 |
| | 加拿大 | m | m | m | m | m | m | m | m | m | m | m | m | m | m | m | m | m | m |
| | 智利 | m | m | 864 | 860 | m | 1232 | m | m | 864 | 860 | m | 1232 | m | m | 864 | 860 | m | 1232 |
| | 捷克 | 650 | 813 | 854 | 849 | 849 | 832 | 650 | 647 | 640 | 637 | 637 | 624 | 621 | 617 | 611 | 608 | 608 | 595 |
| | 丹麦[1] | 640 | 640 | 648 | 648 | 648 | 648 | 640 | 640 | 648 | 648 | 648 | 648 | 560 | 560 | 364 | 364 | 364 | 377 |
| | 英格兰[1] | m | m | m | 631 | 654 | 635 | m | m | 714 | 722 | 714 | | | | | 714 | 722 | 714 |
| | 爱沙尼亚 | 630 | 630 | 630 | 630 | 630 | 630 | 630 | 630 | 630 | 630 | 630 | 630 | 578 | 578 | 578 | 578 | 578 | 578 |
| | 芬兰 | 656 | 677 | 677 | 677 | 677 | 677 | 570 | 592 | 592 | 592 | 592 | 592 | 527 | 550 | 550 | 550 | 550 | 550 |
| | 法国[1] | 907 | 918 | 910 | 914 | 926 | 918 | 639 | 639 | 634 | 632 | 644 | 642 | 611 | 625 | 616 | 618 | 630 | 628 |
| | 德国 | 783 | 808 | 810 | 806 | 805 | 805 | 732 | 758 | 758 | 758 | 756 | 756 | 690 | 714 | 714 | 714 | 715 | 713 |
| | 希腊 | 609 | 604 | 604 | 590 | 593 | 589 | 426 | 434 | 429 | 426 | 429 | 426 | 429 | 430 | 421 | 423 | 429 | 426 |
| | 匈牙利 | 583 | 583 | 583 | 583 | 597 | 597 | 555 | 555 | 555 | 555 | 597 | 597 | 555 | 555 | 555 | 555 | 597 | 597 |
| | 冰岛[1] | 629 | 671 | 671 | 671 | 671 | 609 | 629 | 671 | 671 | 671 | 671 | 609 | 464 | 560 | 560 | 560 | 560 | 547 |
| | 爱尔兰 | 915 | 915 | 915 | 915 | 915 | 915 | 735 | 735 | 735 | 735 | 735 | 735 | 735 | 735 | 735 | 735 | 735 | 735 |
| | 以色列 | 731 | 731 | 731 | 731 | 731 | 788 | 579 | 579 | 579 | 579 | 579 | 589 | 524 | 524 | 524 | 524 | 524 | 524 |
| | 意大利 | 744 | 739 | 735 | 735 | 735 | 757 | 608 | 605 | 601 | 601 | 601 | 619 | 608 | 605 | 601 | 601 | 601 | 619 |
| | 日本[1] | 635 | 578 | m | 705 | 709 | 707 | 557 | 505 | m | 600 | 603 | 602 | 478 | 429 | m | 498 | 500 | 500 |
| | 韩国 | 865 | 883 | 864 | 848 | 840 | 836 | 570 | 621 | 583 | 612 | 616 | 618 | 530 | 605 | 596 | 599 | 604 | 605 |
| | 卢森堡 | m | 774 | 774 | 774 | 739 | 739 | m | 642 | 642 | 642 | 634 | 634 | m | 642 | 642 | 642 | 634 | 634 |
| | 墨西哥 | 800 | 800 | 800 | 800 | 800 | 800 | 1182 | 1047 | 1047 | 1047 | 1047 | 1047 | m | 848 | 843 | 843 | 848 | 843 |
| | 荷兰 | 930 | 930 | 930 | 930 | 930 | 930 | 867 | 750 | 750 | 750 | 750 | 750 | 867 | 750 | 750 | 750 | 750 | 750 |
| | 新西兰 | 985 | 985 | 985 | 985 | 985 | m | 968 | 968 | 968 | 968 | 968 | m | 950 | 950 | 950 | 950 | 950 | m |
| | 挪威 | 713 | 741 | 741 | 741 | 741 | 741 | 633 | 656 | 654 | 654 | 654 | 654 | 505 | 524 | 523 | 523 | 523 | 523 |
| | 波兰 | m | m | m | m | 513 | 489 | m | m | m | m | 513 | 483 | m | m | m | m | 513 | 486 |
| | 葡萄牙 | 815 | 855 | 860 | 855 | 855 | 875 | 595 | 564 | 757 | 752 | 752 | 770 | 515 | 513 | 688 | 684 | 752 | 770 |
| | 苏格兰 | 950 | 893 | 893 | 855 | 855 | 855 | 893 | 893 | 893 | 855 | 855 | 855 | 893 | 893 | 893 | 855 | 855 | 855 |
| | 斯洛伐克 | m | m | m | m | m | 832 | m | m | m | m | 645 | m | m | m | m | m | m | 617 |
| | 斯洛文尼亚 | m | 697 | 697 | 682 | 682 | 690 | m | 697 | 697 | 682 | 682 | 690 | m | 639 | 639 | 626 | 626 | 633 |
| | 西班牙 | 880 | 880 | 880 | 880 | 880 | 880 | 564 | 713 | 713 | 713 | 713 | 713 | 548 | 693 | 693 | 693 | 693 | 693 |
| | 瑞典 | a | a | a | a | a | a | a | a | a | a | a | a | a | a | a | a | a | a |
| | 瑞士 | 884 | m | m | m | m | m | 859 | m | m | m | m | m | 674 | m | m | m | m | m |
| | 土耳其 | 639 | 639 | 639 | 639 | 639 | 639 | a | a | a | a | a | a | 504 | 567 | 567 | 567 | 567 | 567 |
| | 美国[1] | m | 1080 | 1080 | 1080 | 1097 | 1097 | m | 1080 | 1080 | 1080 | 1068 | 1068 | m | 1080 | 1080 | 1080 | 1051 | 1051 |
| | 经合组织平均数 | 773 | 781 | 792 | 780 | 770 | 779 | 693 | 696 | 711 | 706 | 696 | 701 | 620 | 653 | 662 | 657 | 649 | 656 |

续表

| | | 小学教育阶段 | | | | | | 初中教育阶段 | | | | | | 高中教育阶段 | | | | | |
|---|---|---|---|---|---|---|---|---|---|---|---|---|---|---|---|---|---|---|---|
| | | 2000 | 2005 | 2006 | 2007 | 2008 | 2009 | 2000 | 2005 | 2006 | 2007 | 2008 | 2009 | 2000 | 2005 | 2006 | 2007 | 2008 | 2009 |
| | | (1) | (2) | (3) | (4) | (5) | (6) | (7) | (8) | (9) | (10) | (11) | (12) | (13) | (14) | (15) | (16) | (17) | (18) |
| 经合组织成员国 | 经合组织所有可获得数据的国家所有可参考年份的平均数 | 764 | 772 | 773 | 770 | 771 | 771 | 679 | 681 | 684 | 683 | 685 | 684 | 609 | 625 | 618 | 616 | 622 | 623 |
| | 欧盟21国所有可获得数据的国家所有可参考年份的平均数 | 770 | 776 | 778 | 775 | 777 | 778 | 659 | 662 | 668 | 665 | 669 | 670 | 629 | 635 | 626 | 623 | 632 | 634 |
| 其他G20国家 | 阿根廷 | m | m | m | m | 680 | m | m | m | m | m | 1368 | m | m | m | m | m | 1368 | m |
| | 巴西 | 800 | 800 | 800 | 800 | 800 | 800 | 800 | 800 | 800 | 800 | 800 | 800 | 800 | 800 | 800 | 800 | 800 | 800 |
| | 中国 | m | m | m | m | m | m | m | m | m | m | m | m | m | m | m | m | m | m |
| | 印度 | m | m | m | m | m | m | m | m | m | m | m | m | m | m | m | m | m | m |
| | 印度尼西亚 | m | m | m | m | 1260 | 1255 | m | m | m | m | 738 | 734 | m | m | m | m | 738 | 734 |
| | 俄罗斯[1] | m | 615 | 615 | 615 | 615 | m | 507 | 507 | 507 | 507 | 507 | m | 507 | 507 | 507 | 507 | 507 | m |
| | 沙特阿拉伯 | m | m | m | m | m | m | m | m | m | m | m | m | m | m | m | m | m | m |
| | 南非 | m | m | m | m | m | m | m | m | m | m | m | m | m | m | m | m | m | m |

1. 该国提供的是教师实际的教学和工作时间。

资料来源：OECD (2011), Education at a Glance 2011: OECD Indicators, OECD Publishing.

要得到关于替代遗失数据的符号信息，请参考Education at a Glance 2011的阅读指南。(www.oecd.org/edu/eag2011)。

统计链接：http://dx.doi.org/10.1787/888932465417

表A.13 教师在之前18个月参加专业发展的情况（2007—2008）

对初中教师前18个月内参加专业发展的参与率、平均天数和平均强制天数的调查

| | 在前18个月内参加过一些专业发展活动教师的百分比 | | 所有教师参与专业发展的平均天数 | | 参加专业发展活动的教师的平均活动天数 | | 被强制参加发展活动的天数的平均百分比 | |
|---|---|---|---|---|---|---|---|---|
| | 百分比 | 标准误差 | 平均值 | 标准误差 | 平均值 | 标准误差 | 百分比 | 标准误差 |
| 澳大利亚 | 96.7 | (0.43) | 8.7 | (0.19) | 9.0 | (0.20) | 47.3 | (1.17) |
| 奥地利 | 96.6 | (0.37) | 10.5 | (0.17) | 10.9 | (0.16) | 31.4 | (0.66) |
| 比利时（荷语文化区） | 90.3 | (0.73) | 8.0 | (0.38) | 8.8 | (0.42) | 33.6 | (0.95) |
| 巴西 | 83.0 | (1.21) | 17.3 | (0.70) | 20.8 | (0.79) | 40.2 | (1.17) |
| 保加利亚 | 88.3 | (1.17) | 27.2 | (1.65) | 30.8 | (2.04) | 46.9 | (2.11) |
| 丹麦 | 75.6 | (1.26) | 9.8 | (0.34) | 12.9 | (0.40) | 34.6 | (1.43) |
| 爱沙尼亚 | 92.7 | (0.50) | 13.1 | (0.29) | 14.2 | (0.31) | 49.2 | (1.20) |
| 匈牙利 | 86.9 | (1.77) | 14.5 | (0.50) | 16.7 | (0.41) | 46.1 | (1.58) |
| 冰岛 | 77.1 | (1.10) | 10.7 | (0.44) | 13.9 | (0.56) | 49.9 | (1.30) |
| 爱尔兰 | 89.7 | (078) | 5.6 | (0.21) | 6.2 | (0.21) | 41.4 | (0.99) |
| 意大利 | 84.6 | (0.76) | 26.6 | (0.98) | 31.4 | (1.17) | 40.0 | (1.08) |

附录A 选自经合组织数据库的比较数据

续表

| | 在前18个月内参加过一些专业发展活动教师的百分比 | | 所有教师参与专业发展的平均天数 | | 参加专业发展活动的教师的平均活动天数 | | 被强制参加发展活动的天数的平均百分比 | |
|---|---|---|---|---|---|---|---|---|
| | 百分比 | 标准误差 | 平均值 | 标准误差 | 平均值 | 标准误差 | 百分比 | 标准误差 |
| 韩国 | 91.9 | (0.89) | 30.0 | (0.57) | 32.7 | (0.55) | 46.9 | (0.85) |
| 立陶宛 | 95.5 | (0.40) | 11.2 | (0.21) | 11.8 | (0.21) | 56.6 | (0.98) |
| 马来西亚 | 91.7 | (0.67) | 11.0 | (0.32) | 11.9 | (0.33) | 88.1 | (0.64) |
| 马耳他 | 94.1 | (0.75) | 7.3 | (0.25) | 7.8 | (0.26) | 78.4 | (1.07) |
| 墨西哥 | 91.5 | (0.60) | 34.0 | (1.60) | 37.1 | (1.78) | 66.4 | (1.22) |
| 挪威 | 86.7 | (0.87) | 9.2 | (0.30) | 10.6 | (0.34) | 55.5 | (1.25) |
| 波兰 | 90.4 | (0.67) | 26.1 | (1.10) | 28.9 | (1.20) | 41.0 | (1.14) |
| 葡萄牙 | 85.8 | (0.87) | 18.5 | (0.89) | 21.6 | (1.01) | 35.1 | (0.99) |
| 斯洛伐克共和国 | 75.0 | (1.13) | 7.2 | (0.30) | 9.6 | (0.38) | 44.1 | (1.19) |
| 斯洛文尼亚 | 96.9 | (0.35) | 8.3 | (0.20) | 8.6 | (0.20) | 60.5 | (0.93) |
| 西班牙 | 100.0 | (0.03) | 25.6 | (0.51) | 25.6 | (0.51) | 66.8 | (0.99) |
| 土耳其 | 74.8 | (2.09) | 11.2 | (0.52) | 14.9 | (0.65) | 72.8 | (1.65) |
| 国际教学调查平均数值 | 88.5 | (0.00) | 15.3 | (0.14) | 17.3 | (0.16) | 51.0 | (0.25) |

资料来源：OECD(2009), Creating Effective Teaching and Learning Environments: First Results from TALIS.

统计链接：http://dx.doi.org/10.1787/607807256201

**表A.14 教师在之前18个月参加专业发展的情况总计（2007-2008）——教师特征**

不同特征的教师参加专业发展的平均天数

[参加专业发展的初中教师]

| | 女性教师 | | 男性教师 | | 30岁以下教师 | | 30-39岁教师 | | 40-49岁教师 | | 50岁以上教师 | |
|---|---|---|---|---|---|---|---|---|---|---|---|---|
| | 平均值 | 标准误差 | 平均值 | 标准误差 | 平均值 | 标准误差 | 平均值 | 标准误差 | 平均值 | 标准误差 | 平均值 | 标准误差 |
| 澳大利亚 | 9.0 | (0.24) | 9.0 | (0.28) | 9.0 | (0.52) | 8.9 | (0.41) | 9.1 | (0.34) | 9.1 | (0.31) |
| 奥地利 | 11.2 | (0.20) | 10.3 | (0.23) | 12.4 | (0.72) | 10.5 | (0.47) | 11.3 | (0.25) | 10.5 | (0.25) |
| 比利时（荷语文化区） | 8.5 | (0.55) | 9.5 | (0.48) | 8.7 | (0.62) | 8.8 | (0.79) | 8.6 | (0.61) | 9.2 | (0.88) |
| 巴西 | 20.7 | (0.88) | 21.2 | (1.02) | 22.2 | (1.51) | 22.3 | (1.15) | 19.7 | (0.85) | 17.0 | (1.40) |
| 保加利亚 | 30.7 | (2.00) | 31.5 | (3.79) | 27.3 | (5.36) | 34.2 | (4.29) | 33.6 | (4.21) | 26.8 | (1.67) |
| 丹麦 | 13.4 | (0.53) | 12.3 | (0.68) | 17.3 | (3.02) | 13.4 | (0.70) | 15.8 | (1.07) | 10.3 | (0.50) |
| 爱沙尼亚 | 14.6 | (0.36) | 11.6 | (0.51) | 15.3 | (1.19) | 16.8 | (0.80) | 15.2 | (0.55) | 11.8 | (0.36) |
| 匈牙利 | 16.6 | (0.52) | 16.9 | (1.28) | 15.4 | (1.05) | 16.3 | (0.95) | 18.3 | (0.80) | 15.4 | (1.29) |
| 冰岛 | 14.4 | (0.68) | 12.7 | (0.83) | 11.5 | (1.41) | 12.9 | (0.84) | 15.2 | (0.96) | 14.2 | (0.99) |
| 爱尔兰 | 6.0 | (0.23) | 6.7 | (0.45) | 5.8 | (0.49) | 6.6 | (0.49) | 6.8 | (0.45) | 5.7 | (0.30) |
| 意大利 | 30.5 | (1.12) | 34.8 | (2.52) | 64.1 | (12.08) | 50.1 | (3.36) | 30.4 | (1.54) | 24.1 | (1.04) |
| 韩国 | 34.2 | (0.69) | 30.0 | (0.91) | 43.3 | (1.61) | 36.7 | (1.01) | 30.3 | (0.82) | 24.3 | (1.51) |
| 立陶宛 | 12.1 | (0.24) | 10.1 | (0.46) | 11.2 | (0.75) | 11.5 | (0.41) | 12.5 | (0.34) | 11.4 | (0.31) |
| 马来西亚 | 11.8 | (0.39) | 12.3 | (0.44) | 12.0 | (0.56) | 11.7 | (0.43) | 12.2 | (0.37) | 11.9 | (0.65) |
| 马耳他 | 7.9 | (0.39) | 7.6 | (0.32) | 7.7 | (0.51) | 7.5 | (0.42) | 8.6 | (0.86) | 7.9 | (0.50) |
| 墨西哥 | 39.9 | (2.17) | 33.9 | (2.72) | 48.5 | (5.64) | 41.8 | (3.88) | 34.5 | (2.27) | 28.1 | (2.26) |
| 挪威 | 10.9 | (0.49) | 10.1 | (0.47) | 10.2 | (0.95) | 10.4 | (0.58) | 12.6 | (0.86) | 9.7 | (0.55) |

续表

| | 女性教师 | | 男性教师 | | 30岁以下教师 | | 30-39岁教师 | | 40-49岁教师 | | 50岁以上教师 | |
|---|---|---|---|---|---|---|---|---|---|---|---|---|
| | 平均值 | 标准误差 | 平均值 | 标准误差 | 平均值 | 标准误差 | 平均值 | 标准误差 | 平均值 | 标准误差 | 平均值 | 标准误差 |
| 波兰 | 29.9 | (1.40) | 25.6 | (16.0) | 35.2 | (3.22) | 33.2 | (2.08) | 25.5 | (1.45) | 17.9 | (1.64) |
| 葡萄牙 | 20.3 | (1.06) | 24.8 | (1.95) | 38.5 | (5.51) | 21.3 | (1.29) | 20.2 | (1.12) | 17.7 | (2.21) |
| 斯洛伐克共和国 | 9.9 | (0.43) | 8.3 | (0.61) | 9.8 | (1.05) | 9.7 | (0.52) | 10.9 | (0.53) | 8.5 | (0.45) |
| 斯洛文尼亚 | 8.7 | (0.23) | 8.3 | (0.34) | 9.4 | (0.54) | 9.7 | (0.49) | 8.4 | (0.25) | 7.2 | (0.26) |
| 西班牙 | 26.7 | (0.64) | 24.2 | (0.60) | 29.4 | (1.51) | 25.7 | (0.91) | 26.8 | (0.73) | 23.0 | (0.69) |
| 土耳其 | 13.6 | (0.82) | 16.2 | (1.29) | 16.9 | (1.13) | 13.6 | (0.74) | 14.4 | (1.91) | 10.6 | (1.18) |
| 国际教学调查平均数值 | 17.5 | (0.18) | 16.9 | (0.29) | 20.9 | (0.72) | 18.9 | (0.34) | 17.4 | (0.28) | 14.4 | (0.23) |

| | 具有专科、高职及以下学历（ISCED 5B）的教师 | | 具有本科学位（ISCED 5A）的教师 | | 具有硕士（ISCED 5A）或更高学位的教师 | |
|---|---|---|---|---|---|---|
| | 平均值 | 标准误差 | 平均值 | 标准误差 | 平均值 | 标准误差 |
| 澳大利亚 | 9.8 | (1.24) | 8.7 | (0.20) | 10.6 | (0.51) |
| 奥地利 | 11.3 | (0.22) | 14.1 | (2.72) | 10.2 | (0.25) |
| 比利时（荷语文化区） | 8.6 | (0.44) | 15.5 | (4.03) | 8.0 | (0.72) |
| 巴西 | 18.9 | (2.00) | 20.8 | (0.87) | 24.8 | (2.87) |
| 保加利亚 | 28.0 | (4.37) | 28.4 | (3.40) | 32.3 | (2.93) |
| 丹麦 | 12.8 | (4.47) | 12.4 | (0.39) | 18.7 | (1.83) |
| 爱沙尼亚 | 14.7 | (1.02) | 13.3 | (0.43) | 14.9 | (0.43) |
| 匈牙利 | 23.2 | (6.28) | 17.1 | (0.53) | 15.7 | (0.59) |
| 冰岛 | 10.4 | (0.79) | 15.1 | (0.74) | 17.8 | (2.41) |
| 爱尔兰 | 5.9 | (0.66) | 5.9 | (0.25) | 7.9 | (0.65) |
| 意大利 | 28.4 | (1.53) | 26.3 | (3.81) | 32.0 | (1.25) |
| 韩国 | 55.5 | (11.32) | 31.5 | (0.65) | 34.4 | (0.82) |
| 立陶宛 | 11.1 | (0.54) | 11.5 | (0.32) | 12.5 | (0.34) |
| 马来西亚 | 10.5 | (0.65) | 12.0 | (0.34) | 13.6 | (0.76) |
| 马耳他 | 7.6 | (0.57) | 7.8 | (0.30) | 8.0 | (0.67) |
| 墨西哥 | 27.4 | (2.62) | 36.4 | (2.26) | 53.1 | (5.31) |
| 挪威 | 16.0 | (3.02) | 9.9 | (0.39) | 12.7 | (0.81) |
| 波兰 | 28.7 | (8.87) | 27.5 | (4.46) | 29.0 | (1.21) |
| 葡萄牙 | 21.1 | (3.54) | 19.8 | (1.07) | 35.3 | (3.34) |
| 斯洛伐克共和国 | 12.4 | (2.90) | 9.9 | (2.81) | 9.6 | (0.37) |
| 斯洛文尼亚 | 7.7 | (0.22) | 9.3 | (0.31) | 14.0 | (2.98) |
| 西班牙 | 23.8 | (2.20) | 22.1 | (1.22) | 26.2 | (0.49) |
| 土耳其 | 10.6 | (1.07) | 15.0 | (0.76) | 19.3 | (2.95) |
| 国际教学调查平均数值 | 17.6 | (0.80) | 17.0 | (0.41) | 20.0 | (0.41) |

■ 表示少于5%的教师类别

资料来源：OECD(2009),Creating Effective Teaching and Learning Environments: First Results from TALIS.

统计链接：http://dx.doi.org/10.1787/607807256201

### 表A.15 教师在之前18个月参加专业发展的情况总计（2007—2008）——学校特征

来自不同特征学校的教师参加专业发展的平均天数

[参加专业发展的初中教师]

| | 公立学校教师 | | 私立学校教师 | | 乡村学校教师 | | 小县城学校教师 | | 城镇学校教师 | | 城市学校教师 | | 大都市学校教师 | |
|---|---|---|---|---|---|---|---|---|---|---|---|---|---|---|
| | 平均值 | 标准误差 | 平均值 | 标准误差 | 平均值 | 标准误差 | 平均值 | 标准误差 | 平均值 | 标准误差 | 平均值 | 标准误差 | 平均值 | 标准误差 |
| 澳大利亚 | 8.9 | (0.24) | 9.2 | (0.32) | 10.1 | (0.57) | 9.4 | (0.74) | 9.0 | (0.35) | 8.8 | (0.40) | 9.0 | (0.32) |
| 奥地利 | 11.0 | (0.19) | 10.2 | (0.55) | 11.3 | (0.44) | 10.2 | (0.24) | 12.1 | (0.58) | 11.2 | (0.45) | 11.3 | (0.40) |
| 比利时（荷语文化区） | 12.2 | (1.31) | 7.6 | (0.34) | 15.6 | (4.07) | 7.7 | (0.46) | 9.1 | (0.86) | 10.3 | (0.88) | a | a |
| 巴西 | 21.1 | (0.91) | 19.0 | (1.36) | 22.8 | (3.01) | 19.5 | (1.18) | 20.2 | (1.42) | 21.3 | (1.23) | 20.2 | (1.19) |
| 保加利亚 | 30.9 | (2.08) | 20.5 | (9.36) | 27.5 | (3.54) | 32.9 | (6.88) | 32.1 | (2.56) | 30.6 | (3.18) | 30.2 | (2.55) |
| 丹麦 | 13.4 | (0.49) | 12.4 | (0.99) | 11.7 | (0.98) | 14.0 | (1.45) | 12.1 | (0.77) | 15.0 | (1.37) | 15.4 | (1.74) |
| 爱沙尼亚 | 14.2 | (0.31) | 14.9 | (3.11) | 13.9 | (0.45) | 14.1 | (0.76) | 14.8 | (0.85) | 14.3 | (0.64) | a | a |
| 匈牙利 | 16.6 | (0.50) | 17.0 | (0.81) | 16.7 | (1.17) | 17.6 | (1.06) | 16.2 | (1.04) | 17.0 | (0.91) | 16.0 | (0.81) |
| 冰岛 | 14.3 | (0.65) | 6.9 | (2.27) | 13.3 | (0.71) | 14.9 | (1.21) | 15.4 | (1.37) | 13.3 | (1.09) | a | a |
| 爱尔兰 | 6.4 | (0.33) | 5.7 | (0.35) | 5.9 | (0.45) | 5.9 | (0.40) | 6.2 | (0.57) | 6.7 | (0.97) | 5.9 | (0.51) |
| 意大利 | 30.8 | (1.20) | 44.5 | (7.40) | 30.4 | (2.91) | 33.0 | (2.38) | 29.5 | (1.48) | 29.2 | (2.43) | 35.3 | (3.84) |
| 韩国 | 34.3 | (0.76) | 25.1 | (1.29) | 32.9 | (2.74) | 33.0 | (2.12) | 32.2 | (1.58) | 32.2 | (1.43) | 33.1 | (0.94) |
| 立陶宛 | 11.8 | (0.22) | 11.4 | (1.58) | 10.9 | (0.32) | 11.7 | (0.54) | 12.3 | (0.53) | 12.2 | (o.38) | a | a |
| 马来西亚 | 12.0 | (0.33) | 10.0 | (1.45) | 12.1 | (0.60) | 11.6 | (0.47) | 12.3 | (0.96) | 11.9 | (1.04) | 13.4 | (0.41) |
| 马耳他 | 7.5 | (0.34) | 8.2 | (0.36) | 8.6 | (0.78) | 7.9 | (0.33) | 7.6 | (0.54) | a | a | a | a |
| 墨西哥 | 35.3 | (1.57) | 44.0 | (6.21) | 30.6 | (7.64) | 38.6 | (4.31) | 35.6 | (3.13) | 32.2 | (2.47) | 38.4 | (2.43) |
| 挪威 | 10.7 | (0.36) | 7.1 | (1.14) | 11.8 | (0.78) | 10.4 | (0.64) | 10.6 | (0.59) | 8.7 | (o.57) | a | a |
| 波兰 | 29.0 | (1.26) | 27.9 | (3.86) | 26.5 | (1.32) | 31.7 | (3.33) | 28.1 | (1.92) | 29.7 | (3.70) | 45.1 | (7.16) |
| 葡萄牙 | 21.9 | (1.22) | 17.9 | (1.49) | 23.8 | (2.18) | 20.2 | (2.00) | 22.9 | (1.74) | 19.9 | (3.23) | 18.0 | (3.57) |
| 斯洛伐克共和国 | 9.7 | (0.39) | 10.0 | (1.19) | 10.6 | (1.07) | 9.4 | (0.66) | 8.9 | (0.46) | 10.3 | (1.19) | a | a |
| 斯洛文尼亚 | 8.6 | (0.21) | a | a | 8.9 | (0.42) | 8.4 | (0.29) | 9.0 | (0.63) | 8.6 | (0.73) | a | a |
| 西班牙 | 27.1 | (0.62) | 21.1 | (0.79) | 25.4 | (1.50) | 27.0 | (0.88) | 25.3 | (0.86) | 25.5 | (1.28) | 24.6 | (1.18) |
| 土耳其 | 15.0 | (0.72) | 14.9 | (1.13) | 15.1 | (2.42) | 17.4 | (3.05) | 14.9 | (1.48) | 14.4 | (0.83) | 15.8 | (1.32) |
| 国际教学调查平均数值 | 17.5 | (0.18) | 16.6 | (0.66) | 17.2 | (0.50) | 17.7 | (0.46) | 17.2 | (0.28) | 17.4 | (0.34) | 22.1 | (0.44) |

▊ 表示少于5%的教师类别

资料来源：OECD(2009),Creating Effective Teaching and Learning Environments: First Results from TALIS.

统计链接：http://dx.doi.org/10.1787/607807256201

### 表A.16 教师参加的专业发展类型（2007—2008）

初中教师在前18个月内参加特定专业发展活动的百分比

| | 课程和工作坊 | | 教育会议和研讨会 | | 资格培训项目 | | 到其他学校参访 | | 专业发展网络 | | 个体与合作研究 | | 指导和同辈观察 | | 阅读专业文献 | | 非正式对话改善教学 | |
|---|---|---|---|---|---|---|---|---|---|---|---|---|---|---|---|---|---|---|
| | 平均值 | 标准误差 | 平均值 | 标准误差 | 平均值 | 标准误差 | 平均值 | 标准误差 | 平均值 | 标准误差 | 平均值 | 标准误差 | 平均值 | 标准误差 | 平均值 | 标准误差 | 平均值 | 标准误差 |
| 澳大利亚 | 90.6 | (0.81) | 64.0 | (1.34) | 11.7 | (0.80) | 22.2 | (1.42) | 60.1 | (1.38) | 36.6 | (1.21) | 48.6 | (1.30) | 82.4 | (10.9) | 93.7 | (0.70) |
| 奥地利 | 91.9 | (0.56) | 49.2 | (0.97) | 19.9 | (0.68) | 10.3 | (0.55) | 37.6 | (0.98) | 25.9 | (0.82) | 18.4 | (0.84) | 89.4 | (0.57) | 91.9 | (0.60) |
| 比利时（荷语文化区） | 85.2 | (0.89) | 32.6 | (1.33) | 17.8 | (0.83) | 15.1 | (1.06) | 25.7 | (1.05) | 31.8 | (0.87) | 22.1 | (0.92) | 79.6 | (0.98) | 91.3 | (0.71) |
| 巴西 | 80.3 | (1.31) | 61.0 | (1.52) | 40.8 | (1.27) | 32.5 | (1.03) | 21.9 | (0.95) | 54.7 | (1.17) | 47.5 | (1.37) | 82.5 | (0.78) | 94.2 | (0.58) |
| 保加利亚 | 73.7 | (2.07) | 42.2 | (3.44) | 50.2 | (2.56) | 22.5 | (2.03) | 19.8 | (2.22) | 24.5 | (1.73) | 35.4 | (3.01) | 93.5 | (0.96) | 94.7 | (0.70) |
| 丹麦 | 81.2 | (1.33) | 41.6 | (1.56) | 15.4 | (1.47) | 10.4 | (0.92) | 43.5 | (1.65) | 52.3 | (1.51) | 17.5 | (1.66) | 77.3 | (1.50) | 90.4 | (0.89) |
| 爱沙尼亚 | 92.5 | (0.66) | 50.6 | (1.29) | 27.7 | (0.96) | 26.8 | (1.37) | 42.8 | (1.16) | 26.6 | (1.00) | 31.5 | (1.35) | 87.7 | (0.85) | 93.8 | (0.58) |
| 匈牙利 | 68.7 | (1.66) | 39.9 | (1.64) | 26.1 | (1.13) | 34.6 | (2.15) | 43.7 | (1.83) | 17.0 | (0.84) | 46.7 | (1.93) | 88.4 | (1.11) | 79.1 | (1.39) |
| 冰岛 | 72.1 | (1.30) | 52.1 | (1.25) | 18.8 | (1.02) | 60.0 | (1.27) | 82.6 | (1.11) | 18.2 | (1.08) | 33.4 | (1.16) | 82.8 | (1.05) | 94.9 | (0.65) |
| 爱尔兰 | 85.7 | (0.88) | 42.0 | (1.41) | 11.4 | (0.67) | 7.6 | (0.75) | 51.1 | (1.20) | 26.3 | (1.17) | 18.2 | (1.12) | 60.3 | (0.96) | 87.4 | (0.81) |
| 意大利 | 66.3 | (1.10) | 43.5 | (1.03) | 10.8 | (0.50) | 16.0 | (0.89) | 20.0 | (0.75) | 56.5 | (0.92) | 27.4 | (0.93) | 66.2 | (0.81) | 93.1 | (0.46) |
| 韩国 | 85.0 | (0.86) | 46.9 | (1.24) | 27.5 | (0.88) | 66.8 | (1.26) | 39.6 | (1.00) | 50.1 | (1.03) | 69.4 | (1.15) | 52.5 | (1.06) | 90.0 | (0.63) |
| 立陶宛 | 95.7 | (0.43) | 67.6 | (1.10) | 43.9 | (1.16) | 57.1 | (1.21) | 37.6 | (1.05) | 48.1 | (1.00) | 39.7 | (1.16) | 93.5 | (0.50) | 96.7 | (0.38) |
| 马来西亚 | 88.6 | (0.71) | 32.4 | (0.93) | 22.0 | (1.01) | 30.0 | (1.40) | 47.8 | (1.25) | 21.7 | (1.08) | 41.8 | (1.26) | 61.5 | (1.63) | 95.7 | (0.36) |
| 马耳他 | 90.2 | (0.96) | 51.8 | (1.88) | 18.1 | (1.36) | 14.8 | (1.23) | 39.0 | (1.70) | 37.4 | (1.85) | 16.5 | (1.19) | 61.1 | (1.90) | 92.3 | (1.05) |
| 墨西哥 | 94.3 | (0.57) | 33.1 | (1.23) | 33.5 | (1.21) | 30.5 | (1.30) | 27.5 | (1.13) | 62.9 | (1.05) | 38.1 | (1.37) | 67.4 | (1.05) | 88.9 | (0.86) |
| 挪威 | 72.5 | (1.40) | 40.4 | (1.61) | 17.6 | (0.71) | 19.1 | (1.49) | 35.3 | (1.55) | 12.3 | (0.72) | 22.0 | (1.50) | 64.1 | (1.12) | 94.0 | (0.57) |
| 波兰 | 90.8 | (0.77) | 64.3 | (1.18) | 35.0 | (0.95) | 19.7 | (0.84) | 60.7 | (1.43) | 40.0 | (1.08) | 66.7 | (1.40) | 95.2 | (0.46) | 95.8 | (0.36) |
| 葡萄牙 | 77.0 | (0.91) | 51.6 | (1.31) | 29.5 | (0.87) | 26.4 | (1.03) | 15.0 | (0.82) | 47.1 | (1.15) | 14.6 | (0.84) | 73.3 | (0.97) | 94.2 | (0.49) |
| 斯洛伐克共和国 | 50.1 | (1.45) | 38.2 | (1.38) | 38.1 | (1.28) | 33.1 | (1.41) | 34.6 | (1.46) | 11.8 | (0.83) | 64.8 | (1.27) | 93.2 | (0.64) | 95.9 | (0.48) |
| 斯洛文尼亚 | 88.1 | (0.70) | 74.7 | (1.05) | 10.2 | (0.65) | 7.7 | (0.58) | 71.9 | (1.38) | 22.5 | (0.97) | 29.1 | (0.87) | 86.4 | (0.73) | 97.0 | (0.35) |
| 西班牙 | 83.9 | (0.86) | 36.2 | (1.10) | 17.2 | (0.62) | 14.7 | (0.75) | 22.6 | (0.84) | 49.2 | (0.96) | 21.4 | (1.00) | 68.1 | (0.93) | 92.6 | (0.49) |
| 土耳其 | 62.3 | (1.51) | 67.8 | (1.99) | 19.2 | (1.09) | 21.1 | (1.66) | 39.4 | (1.67) | 40.1 | (1.35) | 32.2 | (2.15) | 80.6 | (2.14) | 92.8 | (0.82) |
| 国际教学调查平均数值 | 81.2 | (0.23) | 48.9 | (0.32) | 24.5 | (0.23) | 27.6 | (0.26) | 40.0 | (0.28) | 35.4 | (0.24) | 34.9 | (0.30) | 77.7 | (0.23) | 92.6 | (0.14) |

资料来源：OECD(2009),Creating Effective Teaching and Learning Environments: First Results from TALIS.

统计链接：http://dx.doi.org/10.1787/607807256201

附录A 选自经合组织数据库的比较数据

表A.17 希望参加比在之前18个月内更多的专业发展活动的教师（2007—2008）
希望参加比在之前18个月内更多的专业发展活动的初中教师——某些教师或学校特征的百分比

| | 所有教师 | | 女性教师 | | 男性教师 | | 40岁以下教师 | | 40岁以上教师 | | 具有本科学历以下的教师 | | 具有本科学位的教师 | | 具有硕士及以上学位的教师 | | 公立学校教师 | | 私立学校教师 | |
|---|---|---|---|---|---|---|---|---|---|---|---|---|---|---|---|---|---|---|---|---|
| | 平均值 | 标准误差 | 平均值 | 标准误差 | 平均值 | 标准误差 | 平均值 | 标准误差 | 平均值 | 标准误差 | 平均值 | 标准误差 | 平均值 | 标准误差 | 平均值 | 标准误差 | 平均值 | 标准误差 | 平均值 | 标准误差 |
| 澳大利亚 | 55.2 | (1.37) | 57.9 | (1.67) | 51.3 | (1.89) | 59.0 | (1.70) | 52.5 | (1.70) | 24.6 | (11.05) | 55.0 | (1.37) | 58.9 | (2.83) | 55.5 | (1.49) | 54.8 | (2.47) |
| 奥地利 | 44.7 | (0.93) | 46.0 | (1.17) | 41.9 | (1.36) | 48.8 | (1.83) | 43.5 | (1.00) | 40.3 | (1.18) | 41.8 | (8.01) | 51.9 | (1.43) | 43.9 | (1.01) | 53.4 | (2.0) |
| 比利时（荷语文化区） | 30.5 | (0.98) | 32.3 | (1.40) | 26.5 | (2.50) | 34.9 | (1.22) | 25.6 | (1.34) | 30.4 | (1.02) | 23.0 | (3.04) | 36.0 | (3.42) | 32.7 | (1.17) | 29.7 | (1.36) |
| 巴西 | 84.4 | (0.77) | 85.9 | (0.88) | 80.5 | (1.30) | 85.8 | (1.05) | 82.6 | (1.21) | 86.4 | (2.41) | 83.9 | (0.85) | 83.3 | (3.56) | 84.8 | (0.89) | 83.6 | (1.52) |
| 保加利亚 | 68.9 | (1.77) | 69.5 | (1.62) | 65.8 | (4.77) | 70.9 | (2.83) | 68.0 | (1.87) | 67.6 | (4.25) | 71.6 | (3.98) | 38.5 | (2.33) | 68.9 | (1.78) | 64.5 | (12.29) |
| 丹麦 | 47.6 | (1.39) | 49.6 | (1.93) | 44.8 | (2.50) | 47.3 | (2.41) | 47.8 | (1.90) | 18.0 | (6.30) | 47.8 | (1.37) | 52.9 | (5.58) | 48.0 | (1.80) | 45.8 | (3.01) |
| 爱沙尼亚 | 48.7 | (1.07) | 48.6 | (1.16) | 49.2 | (2.38) | 48.3 | (1.26) | 48.8 | (1.26) | 48.7 | (2.89) | 49.8 | (1.74) | 47.8 | (1.49) | 48.6 | (1.10) | 50.4 | (9.40) |
| 匈牙利 | 40.2 | (2.00) | 39.9 | (2.45) | 41.0 | (2.10) | 41.1 | (3.19) | 39.6 | (1.81) | 39.3 | (18.39) | 38.6 | (2.07) | 44.6 | (2.22) | 40.1 | (1.63) | 40.3 | (5.22) |
| 冰岛 | 37.9 | (1.47) | 40.6 | (1.93) | 32.0 | (2.36) | 36.3 | (2.23) | 39.0 | (1.84) | 36.5 | (2.33) | 39.4 | (1.80) | 32.9 | (5.74) | 37.5 | (1.61) | 35.0 | (12.03) |
| 爱尔兰 | 54.1 | (1.37) | 55.7 | (1.54) | 50.7 | (2.56) | 54.8 | (1.87) | 53.5 | (1.61) | 46.5 | (5.83) | 54.6 | (1.45) | 53.6 | (2.8) | 53.6 | (2.28) | 53.8 | (1.81) |
| 意大利 | 56.4 | (0.98) | 58.4 | (1.08) | 49.2 | (1.78) | 57.0 | (1.85) | 56.2 | (1.07) | 54.0 | (2.38) | 62.9 | (3.09) | 56.1 | (1.07) | 56.5 | (1.03) | 48.5 | (5.20) |
| 韩国 | 58.2 | (1.16) | 60.5 | (1.28) | 54.1 | (1.92) | 67.6 | (1.57) | 52.5 | (1.53) | 68.1 | (13.27) | 58.5 | (1.42) | 57.6 | (1.72) | 59.6 | (1.41) | 50.8 | (3.98) |
| 立陶宛 | 44.7 | (1.10) | 45.4 | (1.12) | 40.9 | (2.80) | 47.9 | (1.79) | 43.3 | (1.28) | 44.0 | (2.18) | 45.2 | (1.40) | 44.2 | (1.84) | 45.0 | (1.10) | 31.6 | (6.43) |
| 马来西亚 | 82.9 | (0.95) | 83.8 | (1.10) | 81.1 | (1.30) | 86.5 | (1.12) | 77.3 | (1.28) | 75.0 | (2.21) | 83.9 | (1.05) | 85.8 | (2.12) | 83.0 | (0.97) | 66.9 | (11.42) |
| 马耳他 | 43.3 | (1.79) | 44.4 | (2.33) | 41.4 | (3.10) | 42.5 | (2.22) | 44.6 | (3.04) | 40.5 | (4.26) | 43.3 | (1.99) | 48.0 | (5.52) | 41.1 | (2.44) | 47.7 | (2.04) |
| 墨西哥 | 85.3 | (0.85) | 86.3 | (1.04) | 84.1 | (1.15) | 88.0 | (1.04) | 83.3 | (1.15) | 80.8 | (3.10) | 86.1 | (0.88) | 86.6 | (2.15) | 85.7 | (0.80) | 84.8 | (3.28) |
| 挪威 | 70.3 | (1.13) | 72.5 | (1.43) | 67.1 | (1.76) | 70.3 | (1.45) | 70.4 | (1.72) | 52.6 | (12.23) | 71.1 | (1.36) | 68.6 | (2.11) | 70.6 | (1.16) | 72.9 | (8.17) |
| 波兰 | 43.6 | (1.04) | 45.1 | (1.28) | 38.9 | (2.07) | 49.5 | (1.26) | 37.3 | (1.26) | 40.7 | (8.80) | 47.5 | (4.38) | 43.3 | (1.07) | 43.5 | (1.01) | 45.2 | (7.26) |
| 葡萄牙 | 76.2 | (0.91) | 77.5 | (1.04) | 73.1 | (1.56) | 77.3 | (1.22) | 75.1 | (1.43) | 70.7 | (4.35) | 76.0 | (0.99) | 79.8 | (2.52) | 77.0 | (0.98) | 66.2 | (3.51) |
| 斯洛伐克共和国 | 43.2 | (1.34) | 44.3 | (1.37) | 38.6 | (2.98) | 48.4 | (1.60) | 39.5 | (1.78) | 38.4 | (7.68) | 47.3 | (15.00) | 43.6 | (1.40) | 42.6 | (1.35) | 46.3 | (3.89) |
| 斯洛文尼亚 | 35.1 | (1.18) | 34.9 | (1.23) | 36.0 | (2.38) | 39.5 | (1.82) | 32.2 | (1.36) | 28.8 | (1.48) | 40.7 | (1.50) | 36.0 | (7.85) | 34.9 | (1.14) | a | a |
| 西班牙 | 60.6 | (1.02) | 63.8 | (1.28) | 56.4 | (1.43) | 68.6 | (1.59) | 56.0 | (1.29) | 47.6 | (3.83) | 56.5 | (2.53) | 62.0 | (1.16) | 60.6 | (1.23) | 59.5 | (2.31) |
| 土耳其 | 48.2 | (2.21) | 51.3 | (2.13) | 44.8 | (3.22) | 51.2 | (2.40) | 37.2 | (3.56) | 26.2 | (5.62) | 48.8 | (2.23) | 58.8 | (6.69) | 48.4 | (2.51) | 41.6 | (3.71) |
| 国际数学调查平均数值 | 54.8 | (0.27) | 56.3 | (0.32) | 51.7 | (0.49) | 57.5 | (0.40) | 52.4 | (0.36) | 48.4 | (1.47) | 55.4 | (0.85) | 56.6 | (0.74) | 54.9 | (0.31) | 53.3 | (1.26) |

■ 表示少于5%的教师类别

资料来源：OECD(2009),Creating Effective Teaching and Learning Environments: First Results from TALIS.
统计链接：http://dx.doi.org/10.1787/607807256201

表A.18 教师专业发展的高需求（2007—2008）

初中教师指出在以下领域和所有需求指标中，他们具有"高度需求"的专业发展活动

| | 所有发展需求指标（最大分值=100）[1] | | 教学内容与成绩标准 | | 学生评价实践 | | 课堂管理 | | 学科领域 | | 教学实践 | |
|---|---|---|---|---|---|---|---|---|---|---|---|---|
| | 百分比 | 标准误差 | 百分比 | 标准误差 | 百分比 | 标准误差 | 百分比 | 标准误差 | 百分比 | 标准误差 | 百分比 | 标准误差 |
| 澳大利亚 | 44 | (0.35) | 8.3 | (0.64) | 7.5 | (0.60) | 5.2 | (0.52) | 5.0 | (0.53) | 3.6 | (0.40) |
| 奥地利 | 51 | (0.31) | 13.9 | (0.69) | 12.2 | (0.53) | 13.6 | (0.64) | 14.8 | (0.59) | 18.6 | (0.75) |
| 比利时（荷语文化区） | 47 | (0.39) | 12.0 | (0.65) | 15.6 | (0.74) | 12.1 | (0.59) | 17.5 | (0.74) | 14.1 | (0.77) |
| 巴西 | 58 | (0.55) | 23.1 | (1.31) | 21.1 | (1.15) | 13.7 | (0.98) | 14.9 | (1.06) | 14.8 | (1.06) |
| 保加利亚 | 50 | (0.59) | 25.7 | (2.33) | 16.1 | (1.45) | 12.7 | (1.46) | 21.2 | (1.53) | 18.3 | (1.67) |
| 丹麦 | 44 | (0.59) | 17.1 | (1.25) | 13.6 | (0.97) | 2.3 | (0.55) | 4.6 | (0.54) | 4.7 | (0.57) |
| 爱沙尼亚 | 55 | (0.49) | 17.7 | (0.95) | 10.4 | (0.65) | 13.4 | (0.76) | 22.6 | (1.01) | 18.2 | (0.78) |
| 匈牙利 | 45 | (0.51) | 9.2 | (0.55) | 5.9 | (0.51) | 3.3 | (0.36) | 7.4 | (0.64) | 14.7 | (0.81) |
| 冰岛 | 52 | (0.48) | 7.3 | (0.74) | 14.3 | (1.00) | 11.6 | (0.90) | 10.3 | (0.91) | 8.2 | (0.76) |
| 爱尔兰 | 49 | (0.48) | 6.7 | (0.52) | 8.2 | (0.77) | 6.4 | (0.59) | 4.1 | (0.49) | 5.4 | (0.60) |
| 意大利 | 63 | (0.30) | 17.6 | (0.69) | 24.0 | (0.83) | 18.9 | (0.84) | 34.0 | (0.75) | 34.9 | (0.89) |
| 韩国 | 70 | (0.30) | 26.8 | (0.92) | 21.5 | (0.79) | 30.3 | (0.91) | 38.3 | (0.96) | 39.9 | (0.91) |
| 立陶宛 | 62 | (0.41) | 39.2 | (1.01) | 37.3 | (1.03) | 27.9 | (0.96) | 43.4 | (0.89) | 44.5 | (0.90) |
| 马来西亚 | 72 | (0.64) | 49.8 | (1.59) | 43.8 | (1.43) | 41.6 | (1.41) | 56.8 | (1.53) | 55.2 | (1.47) |
| 马耳他 | 48 | (0.57) | 8.1 | (1.00) | 7.2 | (0.82) | 5.3 | (0.78) | 6.7 | (0.86) | 3.9 | (0.60) |
| 墨西哥 | 50 | (0.59) | 13.7 | (0.77) | 15.0 | (0.83) | 8.8 | (0.66) | 11.0 | (0.88) | 12.3 | (0.92) |
| 挪威 | 55 | (0.51) | 12.9 | (0.85) | 21.9 | (1.29) | 7.7 | (0.66) | 8.6 | (0.70) | 8.2 | (0.61) |
| 波兰 | 49 | (0.50) | 11.9 | (0.74) | 12.8 | (0.77) | 17.6 | (0.95) | 17.0 | (0.87) | 17.5 | (0.75) |
| 葡萄牙 | 56 | (0.31) | 9.8 | (0.62) | 6.9 | (0.51) | 5.8 | (0.47) | 4.8 | (0.43) | 7.7 | (0.54) |
| 斯洛伐克共和国 | 48 | (0.56) | 8.2 | (0.66) | 9.0 | (0.57) | 9.8 | (0.81) | 17.2 | (0.96) | 13.4 | (0.89) |
| 斯洛文尼亚 | 57 | (0.35) | 13.4 | (0.67) | 22.3 | (0.89) | 24.0 | (0.79) | 15.9 | (0.78) | 19.9 | (0.80) |
| 西班牙 | 49 | (0.44) | 6.0 | (0.38) | 5.8 | (0.42) | 8.1 | (0.57) | 5.0 | (0.47) | 5.5 | (0.39) |
| 土耳其 | 43 | (0.72) | 9.8 | (0.81) | 9.2 | (0.90) | 6.7 | (1.29) | 8.9 | (0.93) | 9.0 | (0.92) |
| 国际教学调查平均数值 | 53 | (0.10) | 16.0 | (0.20) | 15.7 | (0.19) | 13.3 | (0.18) | 17.0 | (0.18) | 17.1 | (0.18) |

## 附录A　选自经合组织数据库的比较数据

| | 信息通讯技术教学技能 | | 教授有特殊需求的学生 | | 学生纪律行为问题 | | 学校行政管理 | | 多元文化背景下教学 | | 学生心理咨询 | |
|---|---|---|---|---|---|---|---|---|---|---|---|---|
| | 百分比 | 标准误差 | 百分比 | 标准误差 | 百分比 | 标准误差 | 百分比 | 标准误差 | 百分比 | 标准误差 | 百分比 | 标准误差 |
| 澳大利亚 | 17.8 | (0.94) | 15.1 | (0.98) | 6.6 | (0.71) | 5.9 | (0.53) | 4.0 | (0.43) | 7.3 | (0.61) |
| 奥地利 | 23.8 | (0.64) | 30.3 | (0.94) | 32.6 | (1.03) | 3.9 | (0.37) | 10.0 | (0.68) | 13.1 | (0.65) |
| 比利时（荷语文化区） | 14.8 | (0.72) | 12.8 | (0.76) | 11.8 | (0.71) | 2.4 | (0.31) | 3.7 | (0.46) | 110 | (0.68) |
| 巴西 | 35.6 | (1.33) | 63.2 | (1.21) | 26.5 | (1.12) | 20.0 | (0.78) | 33.2 | (1.22) | 20.7 | (1.14) |
| 保加利亚 | 26.9 | (1.58) | 24.4 | (1.47) | 14.9 | (1.82) | 8.5 | (0.95) | 15.5 | (2.35) | 10.4 | (1.30) |
| 丹麦 | 20.1 | (1.67) | 24.6 | (1.44) | 9.8 | (1.21) | 3.9 | (0.49) | 7.1 | (0.98) | 5.5 | (0.66) |
| 爱沙尼亚 | 27.9 | (0.91) | 28.1 | (0.95) | 23.6 | (1.02) | 4.6 | (0.37) | 9.7 | (0.77) | 21.5 | (0.95) |
| 匈牙利 | 23.0 | (1.15) | 42.0 | (1.57) | 31.2 | (1.50) | 3.4 | (0.96) | 10.7 | (0.68) | 8.4 | (0.83) |
| 冰岛 | 17.3 | (1.08) | 23.2 | (1.16) | 20.0 | (0.97) | 7.9 | (0.84) | 14.0 | (0.92) | 12.9 | (0.86) |
| 爱尔兰 | 34.2 | (1.30) | 38.3 | (1.32) | 13.9 | (0.98) | 11.8 | (0.94) | 24.3 | (1.31) | 24.9 | (1.33) |
| 意大利 | 25.8 | (0.81) | 35.3 | (1.05) | 28.3 | (1.04) | 8.6 | (0.49) | 25.3 | (0.85) | 19.7 | (0.87) |
| 韩国 | 17.7 | (0.67) | 25.6 | (0.88) | 34.6 | (0.92) | 10.8 | (0.62) | 10.4 | (0.61) | 41.5 | (1.04) |
| 立陶宛 | 36.1 | (0.93) | 25.4 | (0.95) | 24.3 | (0.89) | 9.8 | (0.68) | 9.8 | (0.79) | 18.6 | (1.09) |
| 马来西亚 | 43.8 | (1.18) | 25.9 | (1.08) | 41.6 | (1.41) | 29.9 | (1.14) | 30.3 | (1.35) | 35.1 | (1.21) |
| 马耳他 | 22.8 | (1.51) | 34.4 | (1.56) | 10.5 | (1.18) | 12.9 | (1.31) | 14.0 | (1.36) | 15.8 | (1.29) |
| 墨西哥 | 24.9 | (1.09) | 38.8 | (1.27) | 21.4 | (1.04) | 11.9 | (0.71) | 18.2 | (0.93) | 259 | (1.12) |
| 挪威 | 28.1 | (1.19) | 29.2 | (1.04) | 16.5 | (0.93) | 5.8 | (0.57) | 8.3 | (0.75) | 7.8 | (0.63) |
| 波兰 | 22.2 | (0.90) | 29.4 | (1.28) | 23.5 | (0.94) | 7.8 | (0.57) | 6.6 | (0.58) | 25.4 | (1.01) |
| 葡萄牙 | 24.2 | (0.89) | 50.0 | (1.06) | 17.4 | (0.88) | 18.2 | (0.90) | 17.0 | (0.73) | 8.5 | (0.61) |
| 斯洛伐克共和国 | 14.8 | (0.97) | 20.1 | (0.97) | 19.2 | (1.26) | 4.8 | (0.46) | 4.6 | (0.52) | 7.9 | (0.58) |
| 斯洛文尼亚 | 25.1 | (0.81) | 40.4 | (1.09) | 32.0 | (1.04) | 7.0 | (0.59) | 9.9 | (0.68) | 21.1 | (0.83) |
| 西班牙 | 26.2 | (1.08) | 35.8 | (1.04) | 18.3 | (0.76) | 14.2 | (0.64) | 17.5 | (0.73) | 12.0 | (0.62) |
| 土耳其 | 14.2 | (0.85) | 27.8 | (1.70) | 13.4 | (1.44) | 9.3 | (0.78) | 14.5 | (1.10) | 9.5 | (1.16) |
| 国际教学调查平均数值 | 24.7 | (0.23) | 31.3 | (0.25) | 21.4 | (0.23) | 9.7 | (0.15) | 13.9 | (0.21) | 16.7 | (0.20) |

1. 指标来自每一位教师工作所有方面发展需求的集合：3分代表高度需求水平；2分代表中等需求水平；1分代表较低的需求水平；0分代表教师根本没有提到需求。这些需求被整合，并分成最大可能得分33分，总计100分。

资料来源：OECD(2009),Creating Effective Teaching and Learning Environments: First Results from TALIS.

统计链接：http://dx.doi.org/10.1787/607807256201

表A.19 教师专业发展获得的支持（2007—2008）

初中教师中获得以下类型专业发展支持的百分比

| | 教师在专业发展过程中承担的成本 | | | | | | 教师获得的预设时间 | | 教师获得的薪酬补助 | |
|---|---|---|---|---|---|---|---|---|---|---|
| | 不承担成本 | | 承担部分成本 | | 承担全部成本 | | | | | |
| | 百分比 | 标准误差 | 百分比 | 标准误差 | 百分比 | 标准误差 | 百分比 | 标准误差 | 百分比 | 标准误差 |
| 澳大利亚 | 74.5 | (1.24) | 24.3 | (1.24) | 1.2 | (0.26) | 85.5 | (0.86) | 5.5 | (0.57) |
| 奥地利 | 43.7 | (1.00) | 49.7 | (1.01) | 6.6 | (0.45) | 89.0 | (0.72) | 11.7 | (0.68) |
| 比利时（荷语文化区） | 81.4 | (1.32) | 15.3 | (1.10) | 3.2 | (0.46) | 78.1 | (1.63) | 2.2 | (0.49) |
| 巴西 | 54.8 | (1.59) | 26.9 | (1.36) | 18.3 | (1.22) | 56.2 | (1.67) | 10.9 | (0.88) |
| 保加利亚 | 73.4 | (2.06) | 20.5 | (2.16) | 6.1 | (0.68) | 40.4 | (1.88) | 8.1 | (0.91) |
| 丹麦 | 77.3 | (1.45) | 16.3 | (1.13) | 6.4 | (0.93) | 71.8 | (2.34) | 9.2 | (1.64) |
| 爱沙尼亚 | 72.5 | (0.98) | 25.6 | (0.93) | 2.0 | (0.28) | 64.2 | (1.37) | 12.0 | (0.88) |
| 匈牙利 | 71.5 | (1.99) | 20.5 | (1.76) | 8.0 | (0.76) | 44.4 | (2.95) | 5.9 | (0.85) |
| 冰岛 | 67.8 | (1.34) | 27.8 | (1.42) | 4.5 | (0.61) | 70.3 | (1.39) | 17.9 | (1.24) |
| 爱尔兰 | 79.3 | (1.03) | 17.5 | (0.99) | 3.2 | (0.46) | 94.7 | (0.53) | 5.8 | (0.67) |
| 意大利 | 68.7 | (1.04) | 13.7 | (0.65) | 17.6 | (0.78) | 30.9 | (1.38) | 9.6 | (0.74) |
| 韩国 | 27.1 | (1.07) | 58.5 | (1.06) | 14.4 | (0.79) | 24.3 | (0.94) | 19.8 | (1.02) |
| 立陶宛 | 65.2 | (1.75) | 30.0 | (1.48) | 4.8 | (0.57) | 69.1 | (1.26) | 6.5 | (0.58) |
| 马来西亚 | 43.5 | (1.52) | 52.7 | (1.54) | 3.9 | (0.38) | 88.6 | (0.80) | 2.5 | (0.31) |
| 马耳他 | 87.1 | (1.29) | 10.6 | (1.18) | 2.2 | (0.51) | 78.2 | (1.62) | 48.7 | (1.94) |
| 墨西哥 | 43.2 | (1.31) | 38.0 | (1.12) | 18.8 | (1.14) | 71.1 | (1.52) | 2.9 | (0.45) |
| 挪威 | 79.8 | (1.14) | 17.0 | (1.05) | 3.3 | (0.44) | 66.3 | (1.56) | 7.2 | (0.74) |
| 波兰 | 44.2 | (1.30) | 45.1 | (1.12) | 10.7 | (0.85) | 57.0 | (1.68) | 5.4 | (0.61) |
| 葡萄牙 | 50.3 | (1.43) | 25.2 | (1.14) | 24.5 | (1.24) | 25.1 | (1.68) | 2.0 | (0.33) |
| 斯洛伐克共和国 | 70.4 | (1.37) | 24.1 | (1.21) | 5.5 | (0.57) | 69.2 | (1.47) | 28.3 | (1.72) |
| 斯洛文尼亚 | 85.3 | (0.91) | 13.7 | (0.87) | 1.0 | (0.22) | 79.3 | (1.28) | 29.7 | (1.18) |
| 西班牙 | 54.8 | (1.33) | 29.6 | (1.00) | 15.6 | (0.87) | 29.5 | (1.48) | 3.3 | (0.41) |
| 土耳其 | 82.9 | (1.87) | 12.1 | (1.90) | 5.0 | (0.95) | 61.2 | (2.96) | 6.9 | (1.19) |
| 国际教学调查平均数值 | 65.2 | (0.29) | 26.7 | (0.27) | 8.1 | (0.15) | 62.8 | (0.34) | 11.4 | (0.20) |

资料来源：OECD(2009),Creating Effective Teaching and Learning Environments: First Results from TALIS.

统计链接：http://dx.doi.org/10.1787/607807256201

### 表A.20 教师入职培训的频率（2007—2008）

初中教师所在学校校长报告的现行新教师参加入职培训项目的百分比

| | 学校现行的正规入职程序 | | | | | | 学校现行的入职指导项目或政策 | | | | | |
|---|---|---|---|---|---|---|---|---|---|---|---|---|
| | 是的，针对所有新教师 | | 是的，但是只针对第一次从事教学工作的新教师 | | 没有正规的入职程序 | | 是的，针对所有新教师 | | 是的，但是只针对第一次从事教学工作的新教师 | | 没有正规的指导项目 | |
| | 百分比 | 标准误差 | 百分比 | 标准误差 | 百分比 | 标准误差 | 百分比 | 标准误差 | 百分比 | 标准误差 | 百分比 | 标准误差 |
| 澳大利亚 | 93.1 | (2.41) | 5.6 | (2.21) | 1.3 | (0.96) | 70.4 | (4.59) | 23.8 | (4.27) | 5.8 | (1.84) |
| 奥地利 | 32.1 | (3.15) | 23.6 | (2.61) | 44.3 | (2.99) | 23.0 | (2.73) | 23.0 | (2.64) | 54.1 | (3.24) |
| 比利时（荷语文化区） | 94.4 | (1.69) | 3.9 | (1.21) | 1.7 | (1.08) | 90.5 | (2.08) | 8.8 | (2.02) | 0.7 | (0.49) |
| 巴西 | 19.8 | (2.38) | 6.5 | (1.42) | 73.7 | (2.46) | 17.7 | (2.11) | 11.7 | (2.03) | 70.7 | (2.91) |
| 保加利亚 | 53.2 | (4.94) | 30.7 | (6.13) | 16.2 | (3.85) | 29.6 | (3.95) | 53.5 | (48.7) | 16.9 | (3.51) |
| 丹麦 | 47.7 | (5.22) | 23.5 | (4.51) | 28.8 | (3.81) | 62.6 | (4.52) | 27.0 | (3.77) | 10.4 | (2.65) |
| 爱沙尼亚 | 23.1 | (3.68) | 59.1 | (4.19) | 17.8 | (3.14) | 25.8 | (3.49) | 64.9 | (3.81) | 9.2 | (1.98) |
| 匈牙利 | 34.8 | (5.06) | 46.4 | (5.26) | 18.8 | (3.46) | 44.8 | (4.50) | 44.2 | (4.68) | 11.0 | (2.40) |
| 冰岛 | 72.8 | (0.17) | 15.7 | (0.13) | 11.5 | (0.12) | 44.7 | (0.17) | 48.4 | (0.16) | 6.9 | (0.04) |
| 爱尔兰 | 83.7 | (3.67) | 7.2 | (2.68) | 9.0 | (2.64) | 63.8 | (4.21) | 10.7 | (2.44) | 25.5 | (4.10) |
| 意大利 | 36.6 | (2.87) | 34.4 | (2.91) | 29.0 | (2.81) | 26.3 | (2.70) | 61.3 | (2.99) | 12.4 | (2.16) |
| 韩国 | 33.6 | (3.33) | 49.8 | (3.75) | 16.6 | (3.03) | 26.8 | (3.76) | 44.3 | (4.37) | 29.0 | (4.18) |
| 立陶宛 | 17.1 | (2.61) | 14.0 | (2.49) | 68.9 | (3.26) | 29.0 | (3.59) | 50.6 | (4.08) | 20.4 | (3.13) |
| 马来西亚 | 43.0 | (3.62) | 40.9 | (4.00) | 16.2 | (2.87) | 45.0 | (3.71) | 38.1 | (3.82) | 16.9 | (2.61) |
| 马耳他 | 25.3 | (0.17) | 11.8 | (0.11) | 62.9 | (0.18) | 22.4 | (0.18) | 12.3 | (0.12) | 65.3 | (0.20) |
| 墨西哥 | 22.7 | (3.35) | 14.7 | (2.91) | 62.6 | (3.94) | 19.2 | (3.47) | 20.4 | (3.52) | 60.5 | (4.14) |
| 挪威 | 29.9 | (3.83) | 18.3 | (3.25) | 51.8 | (4.27) | 43.3 | (3.85) | 25.4 | (3.67) | 31.3 | (3.67) |
| 波兰 | 14.3 | (3.13) | 79.4 | (3.63) | 6.3 | (2.15) | 23.5 | (3.97) | 71.9 | (4.32) | 4.6 | (1.87) |
| 葡萄牙 | 73.1 | (3.52) | 4.2 | (1.69) | 22.7 | (3.20) | 41.3 | (4.48) | 20.4 | (3.53) | 38.3 | (4.32) |
| 斯洛伐克共和国 | 62.1 | (3.85) | 35.5 | (3.67) | 2.4 | (1.53) | 26.4 | (4.06) | 71.3 | (4.22) | 2.4 | (1.32) |
| 斯洛文尼亚 | 41.1 | (3.83) | 51.5 | (4.06) | 7.4 | (2.01) | 23.5 | (3.55) | 64.6 | (4.02) | 11.9 | (2.65) |
| 西班牙 | 20.9 | (3.22) | 15.7 | (2.71) | 63.4 | (3.70) | 17.6 | (2.77) | 18.1 | (2.74) | 64.3 | (3.60) |
| 土耳其 | 50.2 | (5.27) | 16.2 | (4.04) | 33.6 | (5.10) | 22.3 | (4.85) | 69.6 | (5.51) | 8.1 | (3.22) |
| 国际教学调查平均数值 | 44.5 | (0.73) | 26.5 | (0.70) | 29.0 | (0.62) | 36.5 | (0.75) | 38.4 | (0.76) | 25.1 | (0.60) |

资料来源：OECD(2009),Creating Effective Teaching and Learning Environments: First Results from TALIS.

统计链接：http://dx.doi.org/10.1787/607807256201

表A.21（1/2） 公立学校校长聘任（2006—2007）

| | 决策级别 | | 标准 | | 程序 |
|---|---|---|---|---|---|
| | 聘任校长的决策级别 | 决策自主性水平 | 资格标准 | 选拔标准 | 聘任程序 |
| 澳大利亚 | 州政府 | 完全自主 | 教师资格证；教学经验；学校范围内领导和管理职责的经验 | m | m |
| 奥地利 | 中央政府或者省政府（取决于学校类型） | 在中央政府设置的框架下 | 教师资格证；教学经验 | 教师教龄；管理或领导经验；学校工作提案的质量；学校领导的愿景和价值取向；其他资格证书 | 面试；工作提案议展示；核心潜能分析评价 |
| 比利时（荷语文化区） | 学校董事会 | m | 教师资格证 | 由学校董事会决定 | 由学校董事会决定 |
| 比利时（法语文化区） | 省或地区当局 | 完全自主 | 教师资格证；教学经验 | m | 面试；名誉晋升 |
| 智利 | 地方当局 | 在中央政府设置的框架下 | 教师资格证；教学经验（5年） | 学校工作提案的质量 | 公开演讲；工作提案议展示 |
| 丹麦 | 地方当局 | 完全自主 | 教学资格；教学经验 | 管理或领导经验；面试中表现的人际沟通技巧；学校领导的愿景和价值取向 | 面试 |
| 英格兰 | 学校；学校董事会或委员会 | 与地方当局协商 | 具有或者正在努力获得校长专业资格证书（NPQH） | 由学校管理委员会决定 | 由学校管理委员会决定 |
| 芬兰 | 地方当局 | 完全自主 | 教师资格证；教学经验；笔试评估教育管理知识；其他正规资格证书 | 由地方当局决定 | 由地方当局决定 |
| 法国（中学） | 中央政府 | 与省或地区当局协商 | 教师资格证；教学经验（5年） | 笔试和面试评估知识与技能 | 国家考试；（竞赛）；面试 |
| 匈牙利 | 地方当局 | 与学校协商 | 教师资格证；教学经验(5年)；（自2015年起：顺利完成学校领导培训） | 学校工作提案质量（申请文件） | 学校工作提案申请文件 |
| 爱尔兰 | 学校；学校董事会或委员会 | 获得管理委员会或学校资助人的同意 | 教师资格证；教学经验（5年） | 管理或领导经验；面试评估人际沟通和其他技能；学校领导愿景和价值取向；其他学术资格认证 | 公开竞争；面试 |

表A.21（2/2） 公立学校校长聘任（2006—2007）

| | 决策级别 | | 标准 | | 程序 |
|---|---|---|---|---|---|
| | 聘任校长的决策级别 | 决策自主性水平 | 资格标准 | 选拔标准 | 聘任程序 |
| 以色列 | m | m | 教师资格证；（硕士学位或高中领导职位）；教学经验；顺利完成两年一期的领导培训项目 | 管理或领导经验；学校领导愿景和价值取向 | 问卷调查；自我评价；面试 |
| 韩国 | 省或地区当局 | 在中央政府设置的框架下 | m | m | 晋升或邀请 |
| 荷兰 | 学校；学校董事会或委员会 | 完全自主 | 无 | m | m |
| 新西兰 | 学校；学校董事会或委员会 | 完全自主 | 当前的注册教师 | 由受托管理委员会决定 | 由受托管理委员会决定 |
| 北爱尔兰 | 学校；学校董事会或委员会 | m | 教师资格证 | 管理或领导经验；学校领导愿景和价值取向；面试评估人际沟通能力和专业知识；其他资格（包括PQH(NI)） | 面试（通常包括预选主题演说） |
| 挪威 | 地方当局 | 在中央政府设置的框架下 | 由地方当局决定 | 由地方当局决定 | 面试 |
| 葡萄牙 | 学校；学校董事会或委员会 | 完全自主 | 管理经验或学校管理培训 | 没有学校管理经验的申请人需要具有学校管理的学术资格（250小时） | 选举（自2008年起，学校委员会将直接指派校长） |
| 苏格兰 | 地方当局 | m | m | m | m |
| 斯洛文尼亚 | 学校；学校委员会 | 完全自主 | 教师资格证；教学经验（5年）；校长执照（可以在开始上任后一年内获得） | 学校管理机构在选择前必须寻求教学人员、当地社区、家长和教育部长的意见 | 学校工作提案展示 |
| 西班牙 | 学校；学校董事会或委员会 | 在中央政府设置的框架下 | 教师资格证；作为公务员的教学经验（5年）；当前任公立学校教师；顺利完成学校领导培训或具有至少两年的领导经验 | 申请日期；教师教龄；管理或领导经验；学校工作甜质量；学校给予申请人的优先权；其他学术资格认证 | 学校工作提案展示；学术或专业品质评估 |
| 瑞典 | 地方当局 | 完全自主 | 教育经验；"教育的洞察力" | 由地方当局决定 | 面试 |

表A.22 教师没有参加更多专业发展活动的原因（2007—2008）

希望参加更多专业发展活动并给出以下无法参加的原因的初中教师百分比

| | 无法参加更多专业发展活动的原因 | | | | | | | | | | |
|---|---|---|---|---|---|---|---|---|---|---|---|
| | 没有预先要求 | | 费用太昂贵 | | 缺少雇主的支持 | | 与工作时间安排冲突 | | 家庭责任 | | 没有合适的专业发展活动 | |
| | 百分比 | 标准误差 | 百分比 | 标准误差 | 百分比 | 标准误差 | 百分比 | 标准误差 | 百分比 | 标准误差 | 百分比 | 标准误差 |
| 澳大利亚 | 3.2 | (0.59) | 32.6 | (1.61) | 26.5 | (0.52) | 61.7 | (1.93) | 27.6 | (1.73) | 40.5 | (1.80) |
| 奥地利 | 2.6 | (0.46) | 18.0 | (0.93) | 9.3 | (0.79) | 41.5 | (1.34) | 29.0 | (1.21) | 64.2 | (1.15) |
| 比利时（荷语文化区） | 3.6 | (0.86) | 11.8 | (1.33) | 10.9 | (1.40) | 43.2 | (1.69) | 40.6 | (1.70) | 38.8 | (1.73) |
| 巴西 | 5.1 | (0.46) | 51.0 | (1.46) | 24.6 | (1.35) | 57.8 | (1.46) | 18.4 | (0.92) | 27.0 | (1.22) |
| 保加利亚 | 7.0 | (1.61) | 34.6 | (2.41) | 2.9 | (0.47) | 24.4 | (1.46) | 16.6 | (1.22) | 48.3 | (2.35) |
| 丹麦 | 1.8 | (0.44) | 29.6 | (1.94) | 38.3 | (1.76) | 23.7 | (1.90) | 15.4 | (1.21) | 42.1 | (1.99) |
| 爱沙尼亚 | 4.2 | (0.62) | 35.1 | (1.59) | 15.3 | (1.30) | 60.5 | (1.65) | 25.2 | (1.35) | 52.3 | (1.61) |
| 匈牙利 | 5.6 | (0.85) | 46.9 | (2.40) | 23.0 | (1.90) | 40.3 | (1.88) | 24.5 | (1.77) | 25.9 | (1.89) |
| 冰岛 | 1.8 | (0.70) | 18.6 | (1.61) | 6.7 | (1.18) | 43.0 | (2.41) | 35.4 | (1.99) | 47.0 | (23.6) |
| 爱尔兰 | 5.5 | (0.75) | 12.2 | (0.96) | 13.9 | (1.47) | 42.6 | (1.53) | 29.4 | (1.57) | 45.2 | (1.83) |
| 意大利 | 5.1 | (0.44) | 23.5 | (1.23) | 5.8 | (0.50) | 43.1 | (1.47) | 40.8 | (1.38) | 47.2 | (1.37) |
| 韩国 | 11.9 | (0.95) | 19.9 | (0.98) | 8.7 | (0.93) | 73.3 | (1.26) | 32.7 | (1.30) | 42.2 | (1.28) |
| 立陶宛 | 7.7 | (0.90) | 25.7 | (1.45) | 15.9 | (1.19) | 46.7 | (1.63) | 26.4 | (1.20) | 53.2 | (1.60) |
| 马来西亚 | 28.4 | (1.38) | 22.2 | (1.41) | 13.7 | (1.14) | 58.9 | (1.30) | 31.3 | (1.32) | 45.9 | (1.25) |
| 马耳他 | 4.7 | (1.06) | 18.4 | (2.06) | 10.2 | (1.73) | 38.8 | (2.37) | 45.4 | (2.85) | 40.5 | (2.84) |
| 墨西哥 | 17.2 | (1.07) | 49.0 | (1.44) | 21.1 | (1.01) | 48.7 | (1.31) | 37.4 | (1.29) | 20.3 | (0.97) |
| 挪威 | 2.5 | (0.38) | 31.6 | (1.36) | 26.4 | (1.79) | 50.4 | (1.44) | 26.5 | (1.37) | 30.0 | (1.36) |
| 波兰 | 3.4 | (0.51) | 51.2 | (1.72) | 12.3 | (1.20) | 40.7 | (1.90) | 32.6 | (1.63) | 38.7 | (1.84) |
| 葡萄牙 | 6.5 | (0.63) | 36.3 | (1.14) | 10.4 | (0.66) | 65.5 | (1.26) | 35.6 | (1.28) | 48.2 | (1.23) |
| 斯洛伐克共和国 | 9.S | (0.96) | 18.8 | (1.48) | 12.8 | (1.32) | 38.2 | (1.95) | 20.6 | (1.35) | 58.0 | (1.81) |
| 斯洛文尼亚 | 3.7 | (0.74) | 35.9 | (1.57) | 18.2 | (1.48) | 47.8 | (1.75) | 22.3 | (1.25) | 32.6 | (1.52) |
| 西班牙 | 6.7 | (0.67) | 19.2 | (0.99) | 6.3 | (0.66) | 50.3 | (1.23) | 48.4 | (1.43) | 38.4 | (1.25) |
| 土耳其 | 16.9 | (2.03) | 12.4 | (1.48) | 11.9 | (1.51) | 34.7 | (3.47) | 31.2 | (2.68) | 46.6 | (2.22) |
| 国际教学调查平均数值 | 7.2 | (0.19) | 28.5 | (0.32) | 15.0 | (0.27) | 46.8 | (0.37) | 30.1 | (0.33) | 42.3 | (0.36) |

资料来源：OECD(2009),Creating Effective Teaching and Learning Environments: First Results from TALIS.

统计链接：http://dx.doi.org/10.1787/607807256201